KB107700

지도로 읽는다
세계의 전쟁·분쟁 지식도감

세계의 전쟁·분쟁 지식도감

라이프사이언스 지음 · 안혜은 옮김

이다미디어

전쟁과 분쟁을 입체적으로 이해, 국제 정세를 조감하는 길라잡이!

각 지역의 패권 다툼이나 영토 쟁탈전, 국내 주도권 노리는 내전은 끝없이 계속

'인류의 역사는 전쟁의 역사'라는 말을 증명하듯, 지금 전 세계는 분쟁과 테러로 가득하다. 제2차 세계대전으로부터 80여 년이 흐른 지금, 전 지구적 전쟁은 일어나지 않지만, 각 지역의 패권 다툼이나 국가 간 영토 쟁탈전, 국내 세력끼리의 내전은 끝없이 계속되며 세상을 폭력으로 물들이고 있다.

분쟁의 원인과 형태도 다양하다. 동서 냉전 시대에는 세계 패권을 노리는 미국과 구소련이 각지에서 대리전쟁을 벌였다. 냉전이 종식된 후에는 민족 · 종교 전쟁과 이념 · 자원 전쟁이 많아졌다. 그리고 2000년대 이후에는 이슬람 극단주의 무장 단체 등에 의한 테러가 세계로 확산했다.

최근에는 미국과 중국의 패권 다툼이 치열하다. 명실공히 세계 2위의 경제와 군사 대국에 오른 중국이 초강대국 미국과 서태평양, 남중국해 등지에서 마찰을 빚고 있다.

또한 미국이 대테러 전쟁의 하나로 20년간 주둔하던 아프가니스탄에서 군대를 철수하자, 이슬람 극단주의 탈레반이 다시 고개를 들게 된다. 장기간 게릴라전을 벌이던 탈레반은 전광석화처럼 진격해 국내를 제압한 후 정권을 탈취했다. 아프가니스탄 국민은 다시 돌아온 탈레반의 공포 정치에 몸서리쳤고, 나라는 국제사회에서 철저하게 고립되었다.

세계 곳곳에서 미국과 패권 다툼을 벌이고 있는 중국이 당면한 내부 문제도 심각하다. 민주화를 요구하는 홍콩과의 갈등, 대만의 통일과 독립 문제, 위구르족과 티베트족 탄압 등 다민족 인구 대국으로서 여러 가지 난제를 안고 있다.

지금도 지구촌 곳곳에서는 국가, 민족, 종교, 자원 등 여러 문제로 전쟁과 분쟁이 끊이질 않고 있다. '아랍의 봄' 이후 10년째 진행 중인 시리아 내전은 최악의 인도주의 참상을 겪는 국제전으로 확대되었다,

군부 쿠데타로 시작되어 민주화 과정 중에 다시 소수민족의 항쟁으로 악화일로를 걷고 있는 미얀마 내전은 로힝야족에 대한 '인종

청소'로 국제적인 비난이 쏟아지고 있다.

우크라이나를 지원하는 미국 등 친서방과 러시아를 지지하는 중국 등 반서방이 대립

러시아는 2014년에 흑해 크림반도를 병합한 후, 2022년 2월 21일 우크라이나를 전격적으로 침공해 전 세계를 경악시켰다. 이후 우크라이나를 지원하는 미국과 EU(유럽연합)를 비롯한 친서방과 러시아를 지지하는 중국, 벨라루스, 북한 등 반서방이 대립하는 신냉전 구도의 고착화로 나아가고 있다.

3년째 진행 중인 우크라이나-러시아 전쟁은 언제 끝날지 모르는 장기전으로 변했다. 그리고 2023년 10월에 시작한 이스라엘-하마스 전쟁도 미국과 이란이 참전한 이상 국제전이 되고 말았다. 이처럼 전쟁이나 분쟁, 테러 등으로 발생하는 인류의 참상을 전하는 뉴스를 접하지 않는 날이 거의 없다.

세계화와 탈세계화를 살아가는 오늘날, 전 세계에서 발발하는 전쟁과 분쟁의 뉴스는 더 이상 남의 나라 이야기가 아니다. 국제전은 물론이고 비록 국지전이라 할지라도 전쟁 상황이 인터넷이나 SNS를 통해 실시간으로 중계하듯 전해지고, 또 유가 등 세계 경제에 미치는 파장이 만만치 않기 때문이다.

세계 각지에서 발생하는 전쟁이나 분쟁, 테러 등은 대부분 복수의 국가나 반정부 조직과 테러 단체 같은 비국가 조직의 이해관계가 얽히고설켜 전체 상황을 파악하기가 쉽지 않다.

이 책은 전 세계에서 일어나는 전쟁과 분쟁, 그 원인과 현황을 객관적인 입장에서 다루고 있다. 세계의 종교와 민족, 경제 등을 다각도로 들여다보며 전쟁과 분쟁의 수수께끼를 풀어 나가고 있다. 즉 독자들의 쉬운 이해를 위해 많은 공을 들였다.

또한 이 책은 지금 세계 곳곳에서 벌어지고 있는 전쟁과 분쟁 지역의 지도와 도표를 실었기 때문에 국제 정세를 입체적으로 조감하는데 친절한 길잡이 역할을 할 것이다.

라이프사이언스

차례

들어가는 글

전쟁과 분쟁을 입체적으로 이해, 국제 정세를 조감하는 길라잡이! — 4

1장

아시아의 분쟁

미국과 중국이 충돌하는 신냉전, 패권국 노리는 중국의 세계 전략 — 14

홍콩 민주화운동 이후, 일국양제에서 일국일제로 — 24

대만의 독립과 통일을 두고 중국과 미국이 싸우는 이유 — 32

신장웨이우얼에서 사라지는 이슬람 위구르족의 비극 — 42

한족 이주와 몽골어 사용 억제로 네이멍구 몽골족도 소멸 위기 — 49

히말라야 동서에서 벌어진 중국과 인도의 국경 분쟁 — 53

'인도의 스위스' 카슈미르가 '아시아의 화약고'로 변했다! — 58

중국과 동남아 국가들이 남중국해 영유권으로 충돌 — 64

센카쿠 열도의 영유권 놓고 일본, 중국, 대만 3개국이 격돌 — 69

핵 개발을 멈추지 않는 북한이 중러의 비호로 핵보유국 선언 — 76
러시아와 일본이 충돌하는 쿠릴 열도 4개 섬의 분쟁 — 83
미얀마는 소수민족 문제로 70여 년 쿠데타와 내전 반복 — 90
필리핀의 내전과 테러는 과격 이슬람과 공산주의가 주도 — 99

2장

남북 아메리카의 분쟁

러시아의 우크라이나 침공과 미중 대립으로 신냉전 개막 — 106
이민의 나라에서 인종차별 갈등, 미국 민주주의의 위기인가? — 113
핵전쟁 위기를 넘긴 미국과 쿠바, 60년 만에 화해의 손을 내밀었다? — 120
'좀비 마약' 펜타닐을 둘러싸고 미국, 멕시코, 중국의 줄다리기 — 127
마약과 테러 온상지 콜롬비아가 2024년 반군과 평화 협상에 성공 — 135

3장

중동의 분쟁

세상에서 가장 해결하기 힘든 이스라엘-팔레스타인 분쟁 — 142
중동전쟁의 불씨를 지피는 이란 핵 개발과 무장 단체 지원 — 153
중동 최악의 시리아 내전에서 살아남은 알아사드 독재 정권 — 160
소련에 이어 미국에도 승리한 아프가니스탄은 '강대국의 무덤' — 169
이슬람 극단주의 IS의 발상지 이라크는 종파와 민족 대립 극심 — 177
'나라가 없는 세계 최대 민족' 쿠르드족은 중동의 화약고? — 187
이스라엘-이란 전쟁 발발은 제5차 중동전쟁의 신호탄! — 194
'아랍 최빈국' 예멘의 내전은 사우디와 이란의 대리전쟁 — 201
튀르키예의 신오스만주의는 국제 질서에 도전하는 팽창주의 — 210

4장

아프리카의 분쟁

여성을 성노예로 삼고 인신매매하는 나이지리아 테러 단체 '보코하람' — 218
540만 명이 희생한 '콩고 내전'은 주변 8개국 참전한 '아프리카 대전' — 226
군벌 간 항쟁과 해적으로 유명한 '코뿔소의 뿔' 소말리아 내전 — 234

반군의 내전과 주변국의 분쟁 등 에티오피아의 심각한 내우외환 — 241
나일강 상류에 댐 건설한 에티오피아, 하류 이집트와 물 분쟁 — 247
남아프리카의 인종차별 철폐로 흑인끼리의 경제 격차도 심화 — 253
반군의 내전과 군부 쿠데타로 말리는 무정부 상태의 혼란 — 259
'사헬 쿠데타 삼총사'로 불리는 말리, 부르키나파소, 니제르 — 265
모로코와 원주민 사흐라위족의 서사하라에 대한 영유권 분쟁 — 270

5장

유럽의 분쟁

우크라이나-러시아 전쟁으로 세계는 신냉전 구도의 고착화 — 278
아제르바이잔과 아르메니아의 나고르노카라바흐 분쟁은 종식 — 287
영국의 브렉시트 강행으로 스코틀랜드와 북아일랜드 독립? — 294
주민투표 결과 90%가 찬성한 스페인 카탈루냐의 독립운동 — 302
이슬람 원리주의자의 테러가 유럽 극우 테러리스트를 자극 — 307
북극 연안 8개국과 강대국이 북극 항로와 지하자원 쟁탈전 — 314

아시아의 분쟁

미국과 어깨를 나란히 할 만큼 강대국으로 성장한 중국이 전방위로 세력을 확장하면서 대만, 인도 등 주변국과의 마찰도 적지 않다. 신장웨이우얼과 네이멍구 등 소수민족에 대한 탄압도 관심을 기울여야 할 문제다.
북한의 핵 문제, 미얀마 내전, 남중국해 분쟁 등 아시아태평양에서 빈발하는 전쟁과 분쟁도 이 지역의 안정과 평화를 위협하는 심각한 수준이다.

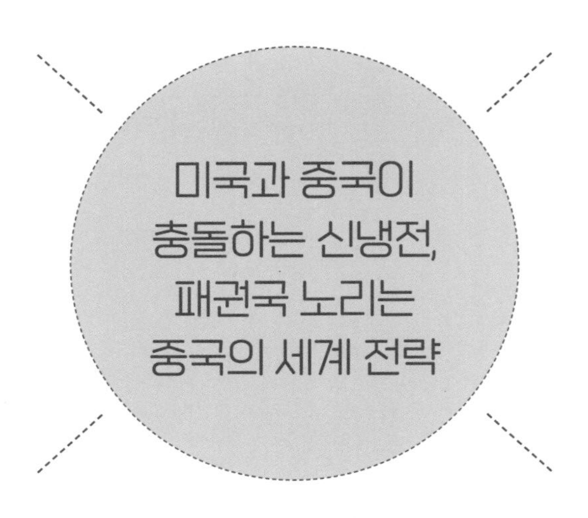

미국과 중국이 충돌하는 신냉전, 패권국 노리는 중국의 세계 전략

중국은 건국 100주년인 2049년 안에 미국을 앞지르겠다는 '중국몽'을 제시

현재 세계 최고의 강대국이 미국이라는 사실에 이견은 없을 것이다. 제2차 세계대전 이후 미국은 서방=자유주의(자본주의) 진영의 맹주로서 동방=공산주의(사회주의) 진영의 맹주인 구소련과 동서 냉전을 벌였고, 1989년 냉전이 종식되자 유일한 초강대국이 되어 전 세계 패권을 장악했다.

그로부터 약 30년이 지난 현재, 미국은 전성기만은 못 할지라도, 경제 · 군사력에서 여전히 일인자의 자리를 유지하며 패권국으로 군림하고 있다. 그런 미국에 과감하게 도전하는 나라가 바로 중국이다.

중국은 2010년 GDP(국내총생산)가 일본을 넘어선 후, 세계 2위의 경제력과 군사력을 갖추며 미국의 턱밑까지 추격하는 신흥 대국으로 성장했다. 그리고 중국은 건국 100주년을 맞이하는 2049년 안에 미국을 앞지르겠다는 '중국몽'을 목표로 세웠다. 즉, 세계의 질서를 주도하는 미국의 패권을 빼앗으려는 것이다.

남중국해 제해권 장악과 태평양 진출로 해양 지배력을 키우려는 중국의 전략

미국과 경쟁하는 중국의 야심은 세계 곳곳에서 세력권 확장을 노리는 야욕을 통해 드러나고 있다. 먼저 전통적으로 대륙 국가인 중국은 남중국해의 제해권 장악과 태평양 진출을 통해 해양의 지배력을 키우는 것을 국가의 최고 전략으로 삼고 있다.

제2차 세계대전 이후 아시아 · 태평양 지역의 해상권은 미국이 장악해 왔으나, 중국이 해상에 제1도련선(일본 규슈를 기점으로 오키나와에서 대만, 필리핀, 보르네오섬에 이르는 선)과 제2 도련선(이즈 제도를 기점으로 오가사와라 제도, 괌, 사이판, 파푸아뉴기니에 이르는 선)을 긋고, 제1도련선 안에 방어망을 구축하기 위해 움직인 것이 그 시작이다.(2020년까지)

제1도련선은 중국 본토 근해와 주변 지역의 지배력 확보가 목적

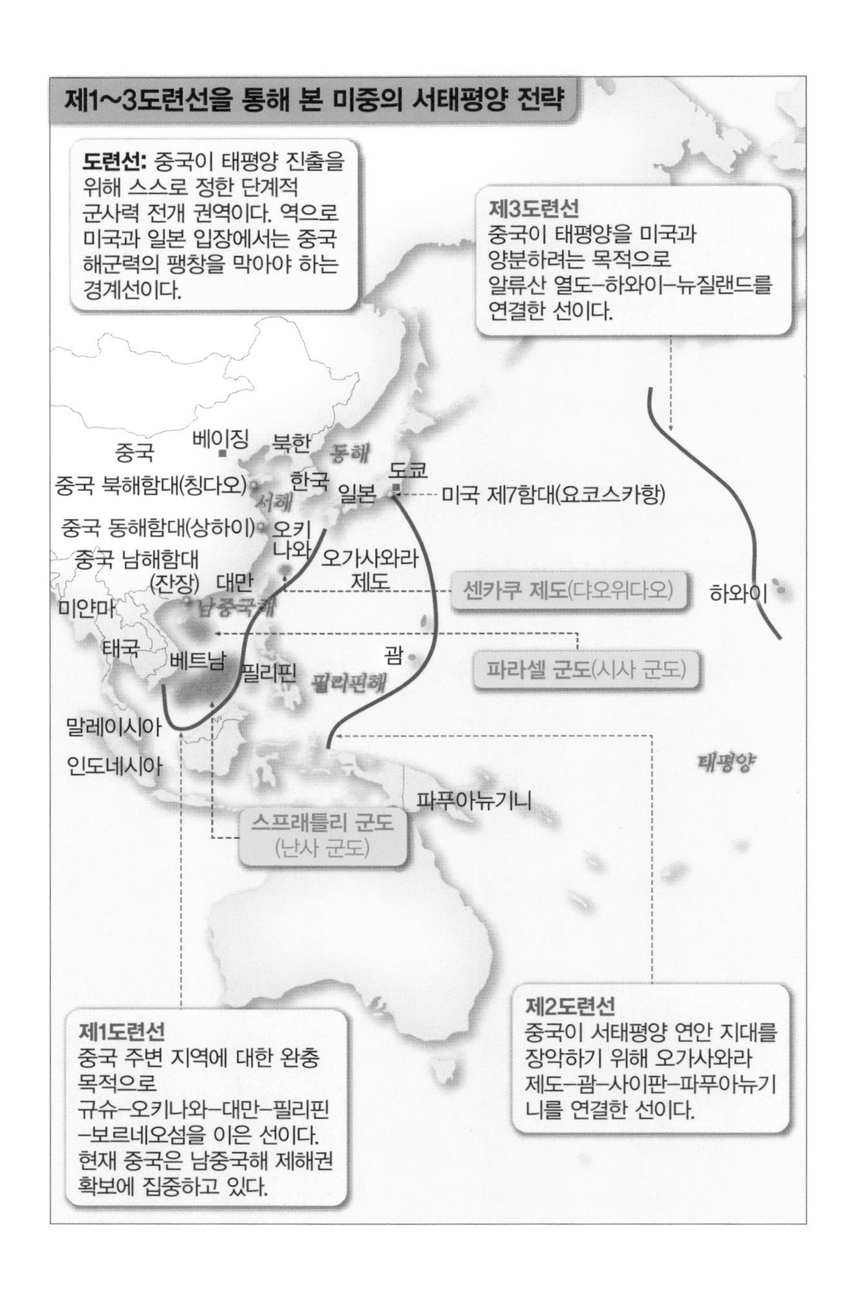

제1~3도련선을 통해 본 미중의 서태평양 전략
도련선: 중국이 태평양 진출을 위해 스스로 정한 단계적 군사력 전개 권역이다. 역으로 미국과 일본 입장에서는 중국 해군력의 팽창을 막아야 하는 경계선이다.
제3도련선
중국이 태평양을 미국과 양분하려는 목적으로 알류산 열도–하와이–뉴질랜드를 연결한 선이다.
중국
베이징
북한
동해
도쿄
중국 북해함대(칭다오)
한국
서해
일본
미국 제7함대(요코스카항)
중국 동해함대(상하이)
오키나와
중국 남해함대(잔장)
오가사와라 제도
대만
센카쿠 제도(댜오위다오)
하와이
미얀마
남중국해
태국
베트남
필리핀
괌
필리핀해
파라셀 군도(시사 군도)
말레이시아
인도네시아
태평양
파푸아뉴기니
스프래틀리 군도 (난사 군도)
제2도련선
중국이 서태평양 연안 지대를 장악하기 위해 오가사와라 제도–괌–사이판–파푸아뉴기니를 연결한 선이다.
제1도련선
중국 주변 지역에 대한 완충 목적으로 규슈–오키나와–대만–필리핀–보르네오섬을 이은 선이다. 현재 중국은 남중국해 제해권 확보에 집중하고 있다.

인데, 중국은 실제로 영유권을 주장하면서 주변국들과 영해 분쟁을 이어가고 있다. 제2도련선은 동아시아 지역과 서태평양 일대의 진출을 목표로 하고 있지만, 역내 국가들이 대부분 미국의 동맹국이어서 세력 확대가 쉽지 않은 실정이다. 최근 중국은 동중국해(오가사와라 제도)에서 일본과 마찰을 빚고, 남중국해에서는 베트남, 필리핀 등과 자주 마찰을 빚고 있는데, 주변국 모두 중국의 해양 진출을 심각한 위협으로 느끼고 있기 때문이다.

한편 중국은 내부적으로 2040년부터 2050년까지 서태평양과 인도양에서 미군에 대항할 수 있는 해군력을 갖추어 하와이 인근에 제3도련선, 미국 서해안 부근에 제4도련선을 그어 진출하려는 장기적 전략까지 마련하고 있다.

중국은 일대일로 정책으로 세력 확대 추구, 미국은 인도 · 태평양 전략으로 중국 견제

2013년에 시진핑 주석은 카자흐스탄에서 중국이 주도하는 신경제벨트인 '일대일로(一帶一路, 하나의 띠 하나의 길)' 구상을 발표했다. 이것은 고대 중국과 유럽을 잇던 교역로 '실크로드'의 현대판으로, 아시아와 유럽을 잇는 물류 루트를 정비해 무역을 활성화하려는 광역경제권 구상이다. 일대일로 사업의 회원으로 참여한 국가는 150여 개국이며, 인구는 전 세계 인구의 약 60%를 차지하고, GDP 규모로는 약 30%에 달한다.

일대일로는 중국 서부에서 중앙아시아를 가로질러 유럽에 이르는 '육상 실크로드(일대)'와, 남중국해를 가로지르고 인도양과 아프리카를 거쳐 유럽에 이르는 '해상 실크로드(일로)'가 있다. 육상 실크로드에서는 주로 화물 열차를 통한 전자기기, 자동차, 식품류의 무역이 이루어지고, 해상 실크로드에서는 중동 등지의 원유와 천연가스 등 에너지 운송과 기타 물류의 교역을 담당한다.

특히 해상 실크로드는 중국이 참여국의 요충지인 항구에다 자국의 자금과 인력, 자재를 사용해 인프라를 건설하고 사용권을 얻는 식이다. 스리랑카 남부의 함반토타 항구도 대출 상환이 힘들어지자, 중국이 스리랑카의 '채무'를 탕감하는 형태로 99년간 운영권을 취득한 바 있다.

2022년에 디폴트(채무불이행)를 선언한 스리랑카의 경우, 국가 부도의 한 원인이 항구 건설 당시에 발생한 중국에 대한 채무라는 지적까지 있다. 또한 일대일로 사업에 참여한 파키스탄과 방글라데시도 국가 부채의 폭증과 경제 파탄으로 신음하고 있다.

해상로의 주요 항구를 장악한다는 것은 교역뿐 아니라 군사적 거점 확보가 목표라서 그 일로 주변국들을 자극하는 중국에 '신식민지주의'라는 비난도 쏟아지고 있다.

일대일로를 추진하는 중국의 의도를 간파한 인도는 참여를 거부했고, 유럽의 강대국 가운데 유일하게 참여한 이탈리아도 미국의 견제와 자국의 불이익을 이유로 일대일로의 탈퇴를 중국에 공식적으로 통보했다.

중국의 광역경제권 구축을 위한 일대일로 정책

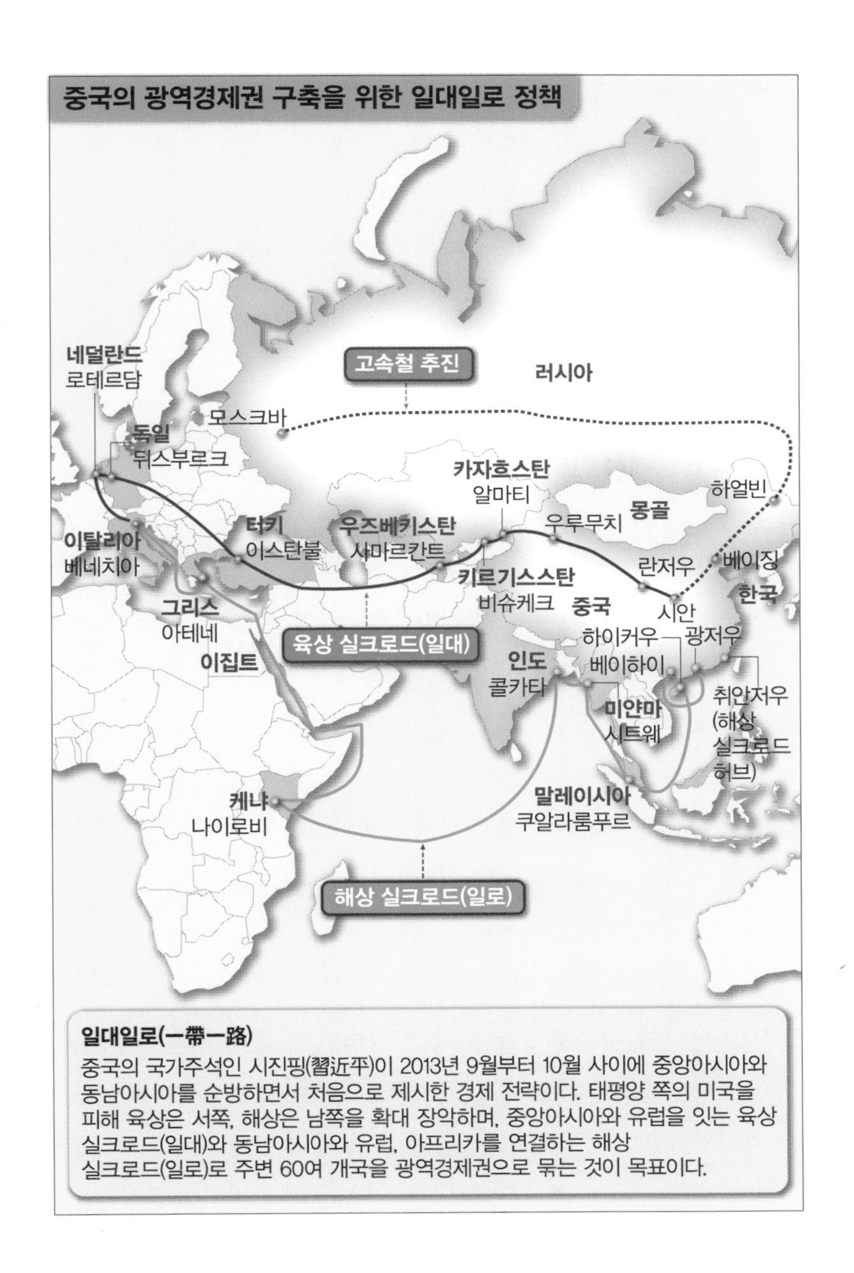

일대일로(一帶一路)

중국의 국가주석인 시진핑(習近平)이 2013년 9월부터 10월 사이에 중앙아시아와 동남아시아를 순방하면서 처음으로 제시한 경제 전략이다. 태평양 쪽의 미국을 피해 육상은 서쪽, 해상은 남쪽을 확대 장악하며, 중앙아시아와 유럽을 잇는 육상 실크로드(일대)와 동남아시아와 유럽, 아프리카를 연결하는 해상 실크로드(일로)로 주변 60여 개국을 광역경제권으로 묶는 것이 목표이다.

중국이 일대일로 정책을 통해 패권 추구를 노골화하자 미국과 일본은 인도 · 태평양 구상을 내세워 인도를 적극적으로 참여시키며 본격적인 견제에 나섰다. 미국의 인도 · 태평양 전략은 태평양과 인도양을 연결하고 유럽을 참여시켜 동남아의 발전을 지원하면서 중국의 해양 진출을 봉쇄하는 것이 목적이다.

세계 패권국 자리를 노리는 미국과 중국이 무역 전쟁에서 안보 · 기술 전쟁으로 확전

중국이 태평양, 인도양, 아프리카, 유럽으로 거침없이 세계 전략을 펼쳐 나가자, 패권국 미국도 본격적인 압박에 들어갔다. 2017년 1월에 시작된 트럼프 정권의 대중국 관세 정책은 무역 전쟁의 신호탄이었다.

트럼프 정권이 가장 힘을 실은 것은 중국에서 생산하는 제품에 고율의 관세를 부과하는 강경 무역 정책이었다.

특히 미국은 2018년에 대중 제재 관세 1탄을 발동한 이후, 제재 대상을 점차 확대해 최종적으로 연 3,600억 달러의 중국 제품에 고율의 관세를 부과하는 제재를 가했다.

뿐만 아니라 미국은 중국의 통신 장비업체 화웨이 등 첨단기술 기업에 안보상의 문제를 구실로 삼아 수입을 금지하는 조치도 취했다. 이는 최첨단 5G 통신 기술을 보유한 중국 기업을 배제해 미국 기업의 기술 우위를 확보하려는 첨단기술 전쟁이기도 했다.

미국의 트럼프 전 대통령, 중국의 시진핑 주석. © 유럽연합, 2024

군사적으로는 남중국해에서 횡포를 일삼는 중국을 억제하기 위해 미국은 시어도어 루스벨트함, 로널드 레이건함 등 니미츠급 항공모함을 서태평양에 정기적으로 순환 배치했다.

2020년 7월에는 미국의 폼페이오 국무장관이 남중국해에서 중국이 벌인 군사 기지 건설 등을 '완전히 불법'이라고 표현하며 중국을 맹비난했다.

2021년 1월, 미국의 대통령이 트럼프에서 바이든으로 교체된 후에도 미국은 자신들의 패권에 도전하는 중국을 압박하는 정책들을 전방위로 쏟아냈다. 트럼프가 미국 홀로 중국에 대응했다면, 바이든은 유럽과 일본 등 동맹국들을 규합해 안보와 경제를 통합하는 전략으로 중국 견제에 집중하면서 효과를 극대화하고 있다.

'쿼드'와 '파이브 아이즈', '칩4 동맹'으로 중국 포위망 짜는 미국의 다자주의 전략

먼저 미국과 중국의 대립이 군사 전략적 차원으로 확대되면서 여러 국가가 공조해 태평양과 인도양에 진출하려는 중국을 봉쇄하려는 시도가 있었다. 그중 하나가 2020년 8월에 4자 안보회의체인 '쿼드(Quad, Quadrilateral security dialogue)'의 출범인데, 쿼드는 장차 북대서양조약기구 나토와 같은 안보 동맹체로 확대하겠다는 선언을 했다.

쿼드는 미국, 호주, 인도, 일본 4개국의 안보 및 경제 협의체로서, 2006년에 아베 신조 총리(당시)가 중국을 견제하기 위해 제안한 구상안이다. 현재 군사적인 측면에서 대중 포위망의 핵이 되지는 않겠지만, 바이든 정권은 4개국 공조를 통해 중국을 압박하는 하나의 수단으로 활용할 전망이다.

'파이브 아이즈(Five Eyes)'도 빼놓을 수 없다. 파이브 아이즈는 미국, 영국, 캐나다, 호주, 뉴질랜드의 앵글로색슨계 영어권 5개국이 맺은 기밀정보 공유 동맹체이다. 2010년 이후 중국의 사이버 공격이 증가하면서 파이브 아이즈의 활동도 활발해졌다. 현재 미국과 영국에서 한국과 일본의 참여를 추진하는 것으로 알려졌다.

미국이 주도해서 완성한 칩4(Chip 4) 반도체 동맹도 반도체 굴기를 추진하는 중국에 치명타를 가하고 있다. 칩은 반도체를 의미하고 4개국은 미국, 한국, 일본, 대만을 뜻한다. 4개 동맹국은 반도체의 안정적인 생산과 공급망을 구축해 중국의 반도체 생산과 기술의 발전을 견제하는 게 목적이다. 미국은 반도체 설계를 전문으로 하는 팹리스(Fabless) 시장에 집중하고, 한국과 대만은 반도체의 제조와 생산을 담당하고, 일본은 반도체의 장비 및 소재 부분을 특화하는 방향으로 각각 역할을 나누었다.

글로벌 차원에서 '경제 안보'라는 신조어가 생겨날 정도로 안보와 경제 전 분야에서 벌어지는 미국과 중국의 충돌은 새로운 세계 질서를 구축하는 신냉전 구도로 점차 확대하고 있다.

사회주의 중국과 민주주의 홍콩을 공존시키기 위한 '일국양제'가 흔들

중국은 중국공산당이 지배하는 일당 독재 국가다. 공산당의 통치가 헌법으로 보장되며 입법, 행정, 사법의 삼권이 공산당의 지배하에 놓여 있다. 명목상 중국의 국가 최고 권력기관인 전국인민대표대회(전인대)가 있지만, 실제로는 공산당이 행정기관의 인사권을 갖고 군대와 경찰, 공안 등 통치 기구를 장악한다. 게다가 공산당이 방송, 신문, 출판 등 선전매체도 직접 관리한다.

1979년에 덩샤오핑(鄧小平)이 개혁개방 정책을 시행한 이후, 경제

1997년 7월 1일, 영국이 홍콩을 중국에 반환하는 행사 사진. W-C

는 특이하게도 사회주의 간판을 내걸고 시장경제를 도입해 고도성장의 발판을 마련했다. 그러나 정치 체제는 지금도 일당 독재 체제를 유지하면서 궁극적으로는 공산주의 실현을 목표로 하는 사회주의 국가이다.

그런 중국에서 홍콩은 민주주의와 자본주의 체제를 오랫동안 유지해 왔다. 1842년 아편전쟁이 끝난 후, 난징(南京)조약에 의해 홍콩은 영국의 식민지가 되었고, 150년 넘게 영국의 통치하에 정치 · 경제가 작동하면서 국제적인 금융도시로 발전해 왔다. 1984년 영국과 중국의 홍콩반환합의서 서명에 따라, 1997년 중국에 반환된 후에도 중국과 영국이 정한 '일국양제'를 바탕으로 홍콩은 민주주의와 자본주의 체제를 유지할 수 있었다.

'한 국가 두 체제'라는 뜻의 일국양제는 1997년부터 2047년까지 50년간 홍콩을 특별행정구로 지정하고, 외교와 국방을 제외한 '고도의 자치'를 인정한다는 의미이다. 즉, 사회주의 국가인 중국과 민주주의, 자본주의를 유지하는 홍콩을 공존시키기 위한 제도다.

행정장관의 민주적 직선제를 요구하는 홍콩 시민의 '우산혁명'을 중국이 탄압

이러한 일국양제 하에서 홍콩 시민들은 정치적 · 경제적 자유를 누려왔으나, 세월이 흐르면서 중국이 친중 성향으로 바뀐 홍콩 당국을 앞세워 점점 거센 압박을 가하고 있다.

2003년에는 홍콩 정부가 국가의 분열 조장 행위 등을 금하는 '국가안전 조례'라는 법안을 냈다. 그러자 50만 명의 홍콩 시민은 시위에 나섰고, 사상 초유의 대규모 시위에 놀란 홍콩 정부는 법안을 철회하고 행정장관이 사퇴하면서 수습에 나섰다. 홍콩 정부의 수장인 행정장관은 선거위원회를 통해 선출되는데, 위원회는 친중파가 다수여서 행정장관도 친중 성향일 수밖에 없다.

국가보안법 사태를 겪으면서 학생을 대상으로 하는 사상교육의 필요성을 절감한 홍콩 정부는 2012년 초등 · 중학교에서 친중국 내용의 애국 교육을 필수과목으로 지정하려 했다. 이러한 강제적인 조치는 당시 중고등학생을 중심으로 하는 항의 시위를 초래해 다시

홍콩의 민주화 운동가 아그네스 차우, 2019년. © 홍 라우

철회하는 상황으로 내몰렸다.

그동안 홍콩의 행정장관은 의회의 간선제를 통해 선출되었는데, 홍콩 시민들이 자신들이 직접 뽑는 직선제를 줄기차게 요구했다. 중국 정부가 직선제를 수용하는 대신 중국 의회가 추천하는 인물을 후보자로 임명한다고 선언하자 개악으로 판단한 시민들이 대규모

시위에 나선 것이다.

2014년에 조슈아 웡과 아그네스 차우라는 학생을 중심으로 행정장관의 민주적 직선제를 요구하는 '우산혁명'이 일어났다. 이때 중국 당국은 거리를 점거한 학생들을 강제 연행하고 자유선거를 요구하는 시민들의 목소리를 철저히 무시했다. 홍콩 행정장관의 완전 직선제를 요구한 저항운동은 시위대가 경찰의 최루가스 공격을 막기 위해 우산을 사용하면서 '우산혁명' 혹은 '우산운동'이라 불리게 되었다.

'우산혁명'은 무자비한 탄압에 나선 중국공산당의 실체를 드러내는 계기가 되었다. 이후에도 중국 정부는 강도 높은 압박으로 홍콩 시민들의 불만과 분노를 자극했다. 일국양제는 형식적인 공수표일 뿐이었고, 홍콩에서 자유가 사라질 수도 있다는 불안이 고조되면서 수많은 홍콩인이 외국으로 이주하기 시작했다.

2024년 3월, 홍콩입법회는 반역이나 내란에 종신형 선고할 수 있는 '국가보안법' 제정

그런 가운데 2019년 홍콩 정부는 홍콩에서 일어난 형사 사건의 용의자를 중국 본토로 송환하는 '범죄인 송환법' 개정안을 제출했다. 앞서 얘기한 대로 중국은 사법도 공산당 손안에 있으므로 개정안이 통과되면 공산당 눈에 거슬리는 홍콩 시민에게 죄를 덮어씌워 체포하거나 연행할 우려가 있었다.

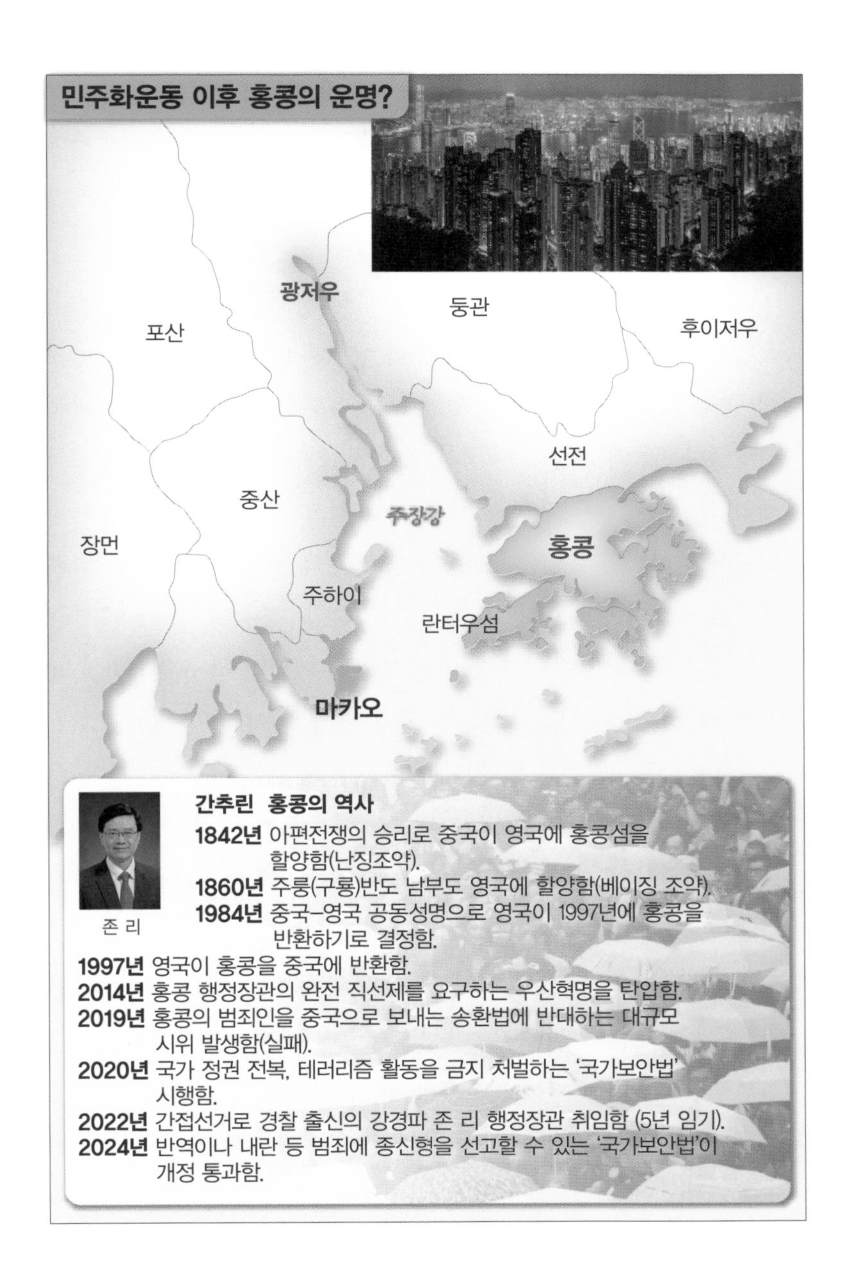
민주화운동 이후 홍콩의 운명?
광저우
둥관
포산
후이저우
선전
중산
주장강
장먼
홍콩
주하이
란터우섬
마카오
존 리
간추린 홍콩의 역사
1842년 아편전쟁의 승리로 중국이 영국에 홍콩섬을 할양함(난징조약).
1860년 주룽(구룡)반도 남부도 영국에 할양함(베이징 조약).
1984년 중국-영국 공동성명으로 영국이 1997년에 홍콩을 반환하기로 결정함.
1997년 영국이 홍콩을 중국에 반환함.
2014년 홍콩 행정장관의 완전 직선제를 요구하는 우산혁명을 탄압함.
2019년 홍콩의 범죄인을 중국으로 보내는 송환법에 반대하는 대규모 시위 발생함(실패).
2020년 국가 정권 전복, 테러리즘 활동을 금지 처벌하는 '국가보안법' 시행함.
2022년 간접선거로 경찰 출신의 강경파 존 리 행정장관 취임함 (5년 임기).
2024년 반역이나 내란 등 범죄에 종신형을 선고할 수 있는 '국가보안법'이 개정 통과함.

더욱 위기감을 느낀 홍콩 시민들은 그해 3월부터 수십, 수백만 규모의 항의 시위를 전개했다. 6월에는 시위 규모가 200만 명에 달했다. 무려 6개월이나 지속한 반중 시위에 홍콩 시민의 4분의 1이 참가한 것이다.

이 시위로 개정안은 철회되었으나 중국 정부의 압박은 계속됐다. 국방 · 외교 분야에서는 홍콩 정부와 협의해 법률을 제정할 수 있기에 중국 전인대는 2020년 6월에 '국가보안법'을 제정하고 곧바로 시행했다. '국가보안법'은 국가 분열, 국가 전복, 테러 활동, 외국 세력과의 결탁 등 4가지 범죄에 대해 최고 종신형으로 처벌할 수 있도록 했다. 중국 정부가 민주화 시위 등의 반정부 활동을 강력하게 진압하겠다는 내용이었다.

그리고 국가보안법이 홍콩 반환 23주년 기념일 하루 전인 6월 30일에 시행되어 기념일 당일 항의 운동을 한 10여 명이 체포되었다. 8월 10일에는 '민주화 여신'이라 불리며 민주화운동의 상징이 된 아그네스 차우도 체포되고 말았다.

9월에는 시위 참가자가 급감하면서 민주화운동의 기세가 한풀 꺾였다. 금고 10개월의 실형 판결을 받은 아그네스 차우는 2021년 6월 출소했으나 이후 대외 활동을 하지 않다가 2023년 가을 대학원 진학을 목적으로 캐나다로 출국했다. 그리고 2023년 12월, 캐나다 정부로부터 망명 허가를 받은 사실을 공개하며 홍콩으로 영원히 돌아가지 않겠다고 선언했다. 이에 홍콩 정부도 수배령을 내리며 아그네스 차우에 대한 처벌을 강조했다.

2024년 3월, 홍콩입법회는 반역이나 내란 등 범죄에 대해 최고 종신형을 선고할 수 있도록 2020년 6월에 제정된 법보다 한층 강화된 '국가보안법'을 만장일치로 통과시켰다. 이번에 개정된 '국가보안법'은 기본적으로 일국양제의 원칙을 부정한 것으로, 앞으로 홍콩은 중국과 통합이라는 명분 아래 사회주의 체제로 점점 변화할 것으로 보인다. 과연 홍콩은 2047년이 되기도 전에 중국과 '일국일제(一國一制)'로 통합될 것인지 세계의 이목이 집중되고 있다.

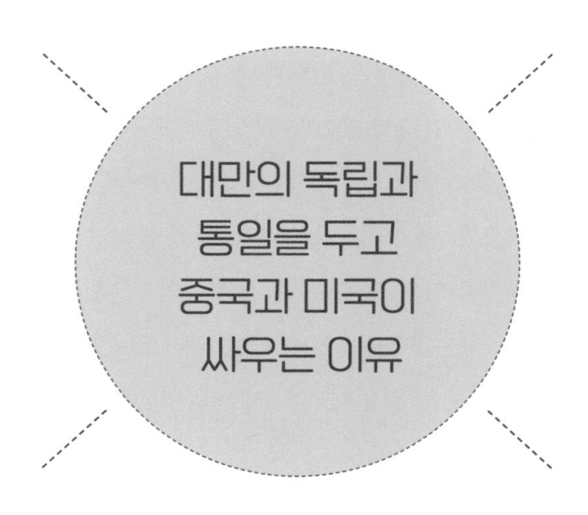

마오쩌둥 공산당은 '중화인민공화국' 건국,
국민당 장제스가 대만에서 '중화민국' 수립

대만(臺灣, 타이완)은 2020년 도쿄올림픽에 '차이니즈 타이베이'라는 이름으로 참가했다. 올림픽뿐 아니라 대만이 국제 경기에 참여할 때는 '차이니즈 타이베이'라는 명칭을 사용하는 것이 관례인데, 그것은 중국이 '대만'이나 '중화민국(대만의 국호)'이라는 명칭의 사용을 반대하기 때문이다.

대만을 하나의 성 정도로 여기는 중국은 대만과 독립 문제를 놓고 대립 관계에 있다. 그 이유를 알기 위해서는 20세기 초 중화민국

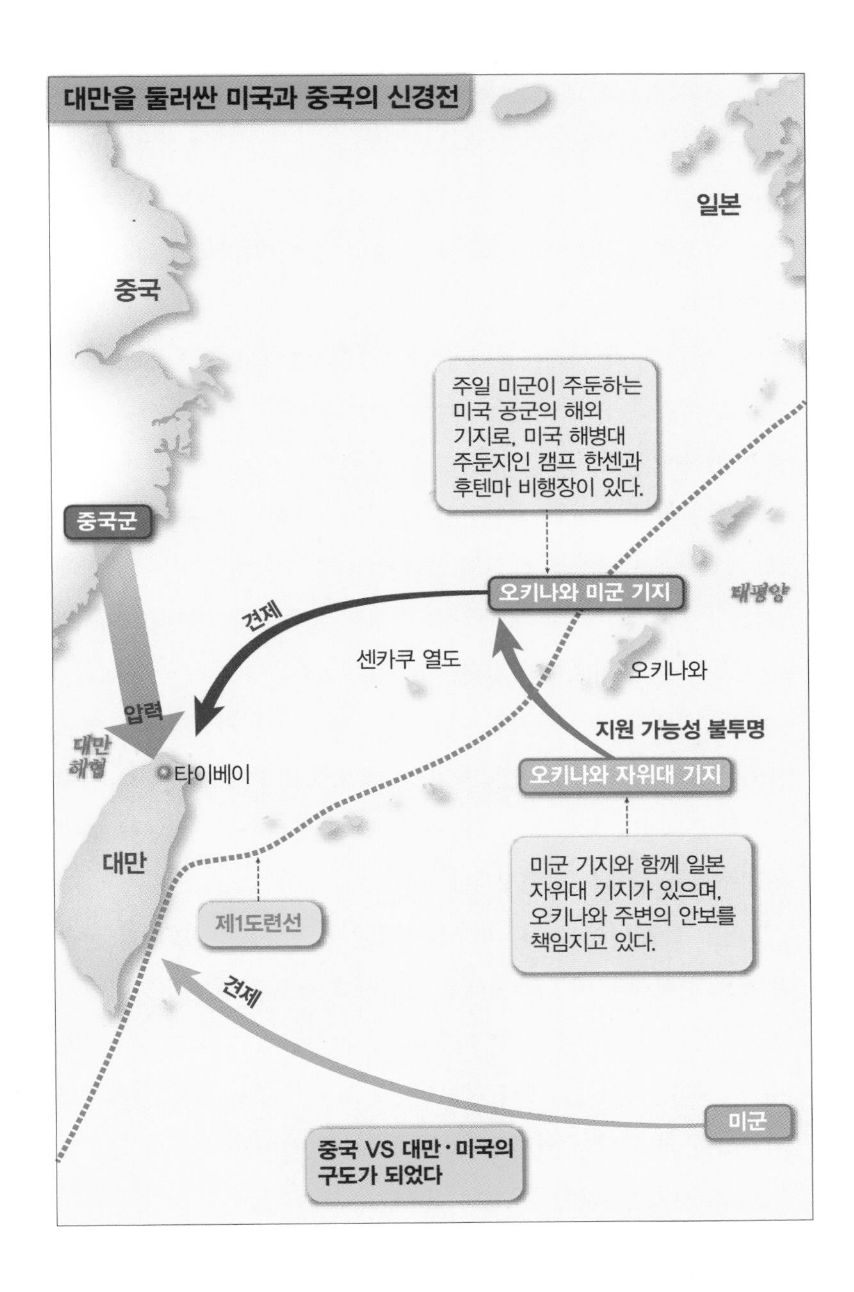
대만을 둘러싼 미국과 중국의 신경전
일본
중국
주일 미군이 주둔하는 미국 공군의 해외 기지로, 미국 해병대 주둔지인 캠프 한센과 후텐마 비행장이 있다.
중국군
오키나와 미군 기지
태평양
견제
센카쿠 열도
오키나와
압력
지원 가능성 불투명
대만 해협
타이베이
오키나와 자위대 기지
대만
미군 기지와 함께 일본 자위대 기지가 있으며, 오키나와 주변의 안보를 책임지고 있다.
제1도련선
견제
미군
중국 VS 대만·미국의
구도가 되었다

이 탄생한 역사적 배경을 살펴봐야 한다. 중화민국은 1912년에 청 왕조를 무너뜨리고 중국 본토를 대표하는 새로운 민주주의 국가로 건국되었다. 중화민국 건국을 주도한 중국국민당의 창립자 쑨원(孫文)의 사후에는 국민당과 공산당 등 중국 내 여러 정파의 대립이 본격화되었다.

1945년, 제2차 세계대전이 끝난 후 중국에서는 장제스(蔣介石)가 이끄는 국민당과 마오쩌둥(毛澤東)이 이끄는 중국공산당 사이에 국공 내전이 벌어졌다.

그 전투에서 승리한 공산당이 '중화인민공화국(현 중국)'을 세웠고, 국민당은 대만으로 도피해 '중화민국'을 수립했다. 이후 대만해협을 사이에 두고 중국과 대만이 대립하면서 주로 '양안관계(兩岸關係)'라는 표현을 사용하고 있다.

제2차 세계대전이 종결된 이후 동서 냉전이 시작되면서 유엔을 비롯한 국제기관은 중화민국을 중국 대표로 인정했으나, 1971년에 유엔이 중화인민공화국을 유일한 중국 대표로 받아들이면서 대만은 유엔에서 탈퇴를 선언했다.

그리고 1972년에는 미국의 닉슨 정권이 중화인민공화국과 손을 잡고 동서 화해의 데탕트 시대를 선언하고 스포츠와 문화 분야에서 본격적인 교류를 시작했다. 마침내 1979년에 미중 국교 정상화가 이루어지자, 국제사회에서 중화인민공화국(이하 중국)과 중화민국(이하 대만)의 입장이 역전되었다. 대부분의 국가가 중국과 국교를 수교하면서 대만과는 단교 조치를 했기 때문이다.

대만을 교두보로 태평양 진출하려는 중국, 대만을 방파제로 중국을 견제하려는 미국

중국이 개방정책으로 고도의 경제 성장을 이루고, 미국의 패권에 도전하는 강대국으로 급부상하면서 국제사회는 대만의 지정학적 가치에 주목하기 시작했다. 대만을 교두보로 삼아 태평양에 진출하려는 중국과 대만을 방파제로 삼아 중국의 태평양 진출을 저지하려는 미국의 이해관계가 정면으로 충돌하는 것이다.

'하나의 중국'을 주장하며 대만을 독립 국가로 인정하지 않는 중국은 대만 근해에서 군사 훈련을 시행하거나 연안부에 단거리 탄도 미사일을 발사하는 등 대만의 안보를 지속해서 위협했다. 한편 대만은 국제사회에서 고립된 상태에서도 중국의 대만 병합을 저지하려는 미국으로부터 무기를 지원받아 대항했다. 양안 사이에 언제라도 무력 충돌이 일어날 수 있는 긴박한 상황의 연속이었다.

긴장감이 절정에 이른 것은 1990년대 중반이었다. 대만 본토 출신의 리덩후이(李登輝) 당시의 총통이 독립을 주장하고, 중국 정부가 대만 해협에서 군사 도발을 거듭하는 가운데 1996년 3월, 대만에서 사상 최초로 총통과 부총통 직접 선거가 치러졌다. 이때 중국은 대만 근해에서 미사일 발사 훈련 등을 강행하며 대만을 위협했다. 그러자 미국은 2척의 항공모함이 이끄는 기동부대를 파견하며 대응했다. 중국이 대미 관계를 악화시키면서까지 대만을 무력으로 통일하려는 이유는 남중국해의 패권 장악과 태평양 진출의 교두보로 삼

대만의 방공식별구역

방공식별구역(ADIZ : Air Defense Identification Zone)
영공 외곽 공해 상공에 설정되는 공역(空域)으로, 자국 공군이 국가 안보의 필요성에 따라 영공과는 별도로 설정한 곳이다. 나라의 안보에 위협이 되면 퇴각을 요청하거나 격추할 수 있다고 미리 국제사회에 선포해 놓은 구역으로, 방공을 감시하고 비행 계획 없이는 어떤 항공기도 진입할 수 없다. 또한 영공 침범의 위험이 감지되면 상대 항공기에 군사적 예방조치로 경고 사격이나 경고 통신, 격추 등을 하기도 한다. 방공 식별권이라고도 하는데, 한국을 비롯한 미국, 중국, 일본, 대만 등 20여 개국이 설정하고 있다.

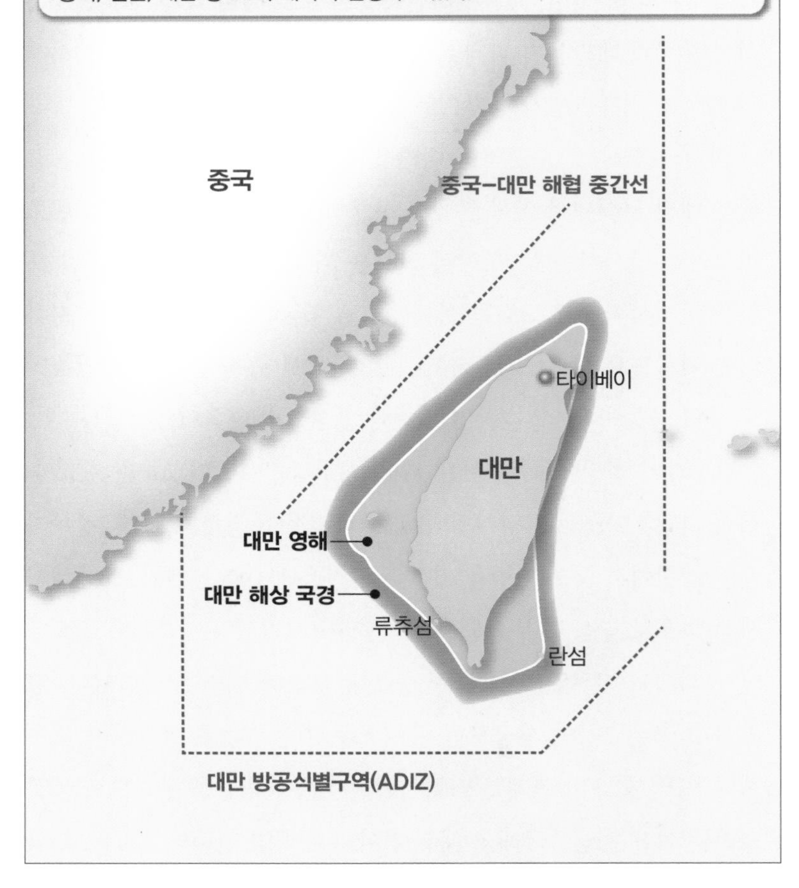

기 위함이다.

결국 군사 충돌로 이어지지는 않았으나 이후에도 중국과 대만의 대립은 계속됐다. 대만의 총통 선거에 영향을 미치려는 중국의 군사 활동은 대만 사람들에게 중국공산당 정권에 강한 경계심을 가지도록 만들었다. 그 결과 1996년 선거에서 리덩후이 후보가 압도적인 지지로 승리했다.

마침내 2000년 총통 선거에서는 대만 독립을 공공연하게 주장한 민진당의 천수이볜(陳水扁)이 당선되면서 최초의 정권 교체로 50년에 걸친 국민당의 대만 지배가 막을 내렸다. 그러나 21세기에 들어서자, 급변하는 국제 정세와 함께 중국과 대만의 관계도 변하기 시작했다. 중국이 빠른 경제 성장을 이루는 동안 대만은 2002년 WTO(세계무역기구)의 회원국이 되었다.

대만의 독립과 중국의 대만 통일 사이의 힘겨루기는 어떤 결과로 이어질 것인가?

2008년 정권 교체로 총통이 된 홍콩 출생의 국민당 마잉주(馬英九)는 중국과 무역, 이동, 우편의 자유(3통)를 용인하는 '경제협력기본협정'을 체결, '하나의 중국'을 서로 확인하고 중국과의 직접 거래를 허용하는 정책을 폈다. 중국도 관세 인하와 대만 기업의 세제 우대로 경제 교류를 활발히 했다. 이렇게 중국과 대만의 관계가 가까워지면서 대만 내 독립을 요구하는 목소리가 줄어들었다.

대만의 14대, 15대 총통을 지낸 차이잉원, 2016년. © 대만 총통부

그러나 경제 교류의 이득은 생각처럼 많은 사람에게 돌아가지 않았고, 그 불만이 마잉주 정권의 쇠퇴로 이어졌다. 그 결과 2016년 친중파 국민당 후보자를 제치고 민진당의 차이잉원(蔡英文)이 새로운 총통으로 취임했다. 이후 다시 양안관계의 조류가 바뀐다.

최초의 여성 총통이 된 차이잉원은 대중 관계에 있어 '하나의 중국'이라는 원칙을 인정하지 않았으며, 그 영향으로 다시 '대만 의식'이 고조되기 시작했다. 중국의 시진핑(習近平) 주석도 대만의 통

중국과 대만 양안관계(兩岸關係)

중국과 대만이 자연적으로 군사분계선 역할을 하게 된 대만 해협을 사이에 두고 서안(중국 대륙)과 동안(대만)으로 마주 본다고 해서 양안(兩岸)이라고 한다.

1949년 7월	중국 공산당 정부 수립, 대만 국민당 정부 수립
1987년 11월	대만 탐친법(探親法) 제정, 대륙 내 친척 방문 허용
1992년 11월	'하나의 중국'을 인정하되 중국과 대만이 각자 편의대로 명칭을 사용하기로 한 92공식(一中各表) 합의.
1993년 4월	왕다오한 중국해협양안관계협회(해협회) 회장-구전푸 대만해협교류기금회(해기회) 이사장 싱가포르에서 첫 양안 회담 개최
2000년 3월	대만 총통선거에서 민진당 후보 천수이볜 당선
2002년 8월	천수이볜, 대만 공식 독립을 위한 국민투표 의사 밝히며 일변일국론(一邊一國:대만 해협을 사이에 두고 한쪽에 한나라만 존재한다)을 천명.
2005년 3월	중국 전국인민대표대회(전인대), 대만이 독립을 추구할 경우 군사적 대응을 승인하는 '반국가분열법' 제정함.
4월	후진타오 국가주석-롄잔 대만 국민당 주석, 60년 만에 첫 국공 수뇌회담
2008년 3월	마잉주 대만 총통 당선
2010년 9월	중국-대만 경제협력 기본협정(ECFA:Economic Cooperation Framework Agreement) 정식 발효
2014년 2월	중국-대만 65년 만에 첫 장관급 회담
2015년 5월	시진핑, 주리룬 국민당 주석 국공회담
2015년 11월 7일	시진핑-마잉주 첫 정상회담
2016년 1월 16일	민진당 차이잉원(여성 최초) 대만 총통 당선
2020년 1월 11일	차이잉원 대만 총통 연임
2024년 1월 14일	친미 독립주의 라이칭더 대만 총통 당선

일과 중화민족의 부흥을 목표로 삼아 무력 침공도 불사하겠다며 노골적으로 협박했다. 미국과 대만도 외교 · 군사 분야에서 교류를 확대하면서 중국의 무력 도발에 적극적으로 대응하고 있다.

한편 중국은 2020년부터 대만 주변에 전투기의 비행과 항공모함의 운항 등 유사시 대만 봉쇄 작전을 위한 군사 훈련에 박차를 가했다. 2021년 1월, 차이잉원 총통이 "이미 중화민국은 독립적인 국가이기 때문에 별도의 독립선언이 필요 없다"라고 밝히자, 중국 당국자가 "불장난하는 사람은 화상을 입는다. 대만 독립은 곧 전쟁을 의미한다"라고 경고했다.

이것은 대만이 새로 출범한 미국의 바이든 정권과 긴밀한 관계를 맺으려 하자 보낸 협박성 발언이었다. 이에 질세라 미국도 그해 4월 대만 해협으로 해군 구축함을 파견했다.

2020년 이후 대만 시민들 다수가 중국에 대해 한층 적대적으로 변하고 있으며, 대만인의 정체성도 더욱 강화하는 것으로 보인다. 2019~2020년의 홍콩 민주화 시위에서 보여준 중국과 홍콩 당국의 억압적인 탄압으로 인해 일국양제 정책에 대한 불신도 더욱 깊어지고 있다. 따라서 상대적으로 친중 성향이었던 국민당도 선거를 의식해 중국 본토와의 관계를 재고할 필요가 있다거나, 대만 독립에 대한 지지 의사를 내세우는 중이다.

대만을 둘러싼 미중의 대립 구도에서 시행한 2024년 1월의 16대 총통 선거에서는 민진당의 라이칭더(賴清德)가 당선되면서 차이잉원에 이어 대만 독립 세력의 중심으로 떠올랐다. 이 선거는 라이칭더

16대 대만 총통에 취임한 친미 반중 성향의 라이칭더, 2020년, © 대만 총통부

를 '대만 독립분자'로 낙인찍고 무력 침공을 불사하겠다고 협박을 일삼은 중국도 대만인의 반중 정서를 확인하는 계기가 되었다.

중국을 견제하려는 미국과 태평양 진출을 노리는 중국이 충돌하는 대만의 지정학적 환경은 시간이 흐를수록 더욱 거센 풍랑을 예고하고 있다. 대만의 독립과 중국의 대만 통일 사이에서 국제사회의 힘겨루기는 어떤 결과로 이어질 것인가?

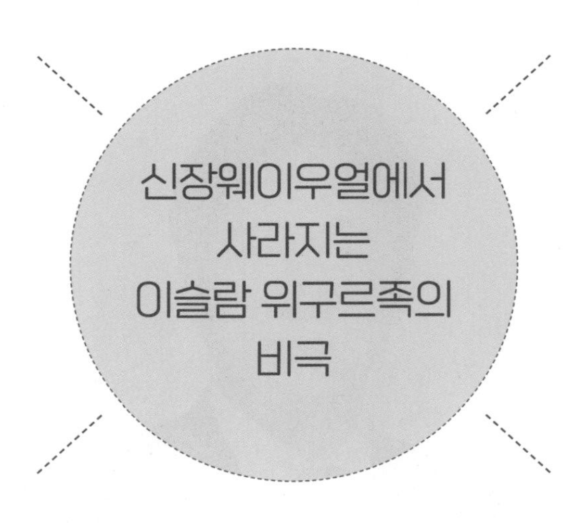

신장웨이우얼에서 사라지는 이슬람 위구르족의 비극

유목민족인 위구르족은 중국의 한족과 생김새와 언어, 종교, 문화가 다르다

초강대국으로 세계에 영향력을 행사하려는 중국은 미국과 여러 방면에서 대립하고 있다. 그중에 미국이 홍콩, 대만 문제만큼 우려하는 것이 신장웨이우얼자치구(新疆維吾爾自治區) 문제다.

미국은 신장에서 100만 명 이상의 위구르족이 구속되고 강제 노동과 성폭력, 고문을 당하고 있다며, 이 탄압이 '제노사이드(genocide, 민족 집단 학살)'라고 거세게 비판했다.

위구르족도 안팎으로 자신들의 참담함을 호소하고 있으나, 중국

신장의 주도 우루무치 바자르 중심가 밤거리, 고대 이슬람 문명을 엿볼 수 있는 첨탑이 특징이다, 2005년. © 29cm 홍콩, W-C

정부의 통제 때문에 외부 세계로 알려지지 않고 있다.

중국 북서부에 있는 신장웨이우얼(신장위구르) 지역은 튀르키예계 이슬람교도 위구르족이 다수 거주하는 지역이다. 이곳은 유라시아 대륙의 한가운데에 위치해 고대 시대 서역이라고 불리던 지역 일부분으로 실크로드의 중심지였다. 19세기 말 청나라가 신장성을 설치한 이후로는 '신장'이라고 부르기 시작했다.

중앙아시아와 몽골 사이의 타클라마칸사막과 타림분지에 거주하는 유목민족인 위구르족은 중국의 압도적 다수파인 한족과 생김새와 언어, 종교, 문화가 전혀 다르다. 그들이 사는 신장도 중국의 일부라기보다는 중앙아시아의 이슬람 국가라는 느낌이 강하다. 그러나 현재 신장은 독립국이 아니며 어디까지나 중국의 일부이다. 신장은 중국 면적의 약 6분의 1을 차지하며, 천연가스와 석탄 매장량이 풍부해 중국으로서는 상당히 중요한 지역이다.

소련 붕괴로 중앙아시아 5개국이 독립하자, 독립운동에 나선 위구르족을 중국이 탄압

9세기 중반 신장에 정착한 위구르족은 18세기부터 청나라의 지배를 받았다. 당시 위구르족의 독립운동을 청나라 군대가 진압했기 때문에 반중 정서가 뿌리 깊다. 이들은 청나라가 멸망한 20세기 초, '동튀르키스탄'이라는 나라를 두 차례 수립했으나 모두 단기간에 무너졌다. 이후 중국의 지배를 받게 되었고, 1955년에 자치구가 되었다.

이로써 자치는 인정된 셈이었지만 그들은 중국에 분리와 독립을 요구하며 테러와 폭동을 일으켰다. 1990년대 초, 소련이 붕괴하면서 위구르족과 관계가 깊은 중앙아시아 5개국(카자흐스탄, 우즈베키스탄 등)이 독립을 이루자, 위구르족도 여기에 고무되어 독립운동에 박차를 가한 것이다.

물론 중국 정부는 그들을 무자비하게 탄압했다. 1997년 2월에 이닝시(伊寧市)에서 일어난 시위에서는 약 200명이 사망했고, 2009년

신장웨이우얼자치구의 위구르족 탄압과 중국의 한화 정책

중국은 무신론인 중국공산당의 교리와 대다수 한족 사회의 관습을 따르도록 하는 중국화와 한화를 추진하고 있다.

2014년부터 중국은 라마단 기간에 하는 단식은 물론 여러 가지 무슬림 의식이나 언행을 못하도록 감시하고 있으며, 수많은 모스크를 파괴했다고 한다. 현재는 무슬림 모습(의복, 행사)이 많이 없어졌다고 하며, 한화 정책은 성공적으로 이루어지고 있다고 보고되어 있다.

7월 주도 우루무치의 시위에서는 약 2,000명의 사상자가 발생했다.

중국이 빠르게 경제 성장을 이루는 사이 신장도 꾸준히 발전했다. 하지만 그것은 어디까지나 중국의 주류인 한족이 주도한 발전이었으며 소수민족인 위구르족은 배제되었다. 위구르족의 분리와 독립 요구가 거센 것도 한족의 대량 이주와 민족 동화 정책, 경제적 주도권 장악 등이 배경이다.

그리고 어려운 경제적 여건과 억압된 사회 분위기가 위구르인의 불만과 분노를 사고 있다. 가령 취업 시장에서도 중국 기업은 한족만 고용하며 노골적으로 위구르족을 차별했다고 한다. 경제 격차와 차별에 직면한 위구르족이 독립을 요구하는 것은 당연하다.

한편 중국 정부는 오랫동안 신장웨이우얼의 한화 정책을 추진했다. 다른 지역에서 한족을 이주시켜 신장웨이우얼의 인구 비율을 조정하려 한 것이다. 그 결과 1955년 약 6%에 불과했던 한족이 신장 지역에서 인구 약 2,600만 명(2020년 현재)의 45%를 차지하고 있고, 위구르족의 인구도 비슷한 수준을 유지하고 있다.

중국이 위구르족에 대해 불임과 중절 수술을 강제로 시킨다며 국제 인권 단체가 비판

중국은 지금까지 국제사회의 비판에도 불구하고 위구르족의 독립운동에 강경한 탄압으로 대응해 왔다. 최근에는 중국 정부의 탄압이 거센 만큼 테러를 시도하는 과격파나 대규모 폭동, 소동은 거의 없다. 시위에 참여하는 위구르족은 대부분 정치, 문화적 권리를 주장하는 선에서 그치고 있다.

그러나 중국 정부는 '3단 세력(테러, 분리주의, 종교적 극단주의)' 박멸 운동을 벌였고, 위구르족을 필두로 한 이슬람교도 탄압에 열을 올리고 있다.

뿐만 아니라 중국 당국이 주민들에게 불임 수술과 임신중절 수술을 강제로 시킨다는 국제 인권 단체들의 비판이 계속되고 있다. 2014년부터 2018년까지 약 10만 명의 신장웨이우얼 주민이 불임 수술을 강요당했으며, 연간 건수가 18배나 증가했다고 한다.

또한 중국 당국은 위구르족의 개인 정보를 수집해 철저한 감시 시스템을 구축, 수상한 사람은 바로 체포해 수용소에 구금한다고 한다.

수용소에서는 강제 노동과 고문을 당하며, 영국의 BBC 보도에 따르면 수많은 여성 수용자가 경비원과 경찰에게 성적 학대를 당한다고 전해진다.

하지만 중국 정부는 이 같은 인권 침해 행위를 전면적으로 부정한다. 수용소는 신장 주민이 직업 훈련을 받거나 과격 사상에서 해방되기 위해 자발적으로 이용하는 시설이며, '(서방의) 제노사이드 비판은 금세기 최고의 거짓말'이라고 반발할 뿐이다. 물론 미국과 EU, 영국, 캐나다는 이런 중국의 변명을 믿지 않고 대중 제재를 단행했다.

사실 중국은 정보 통제가 엄격해서 문제의 진상을 파악하기가 어렵다. 이 또한 신장웨이우얼 문제의 해결을 어렵게 하는 요인이기도 하다. 최근에는 신장 지역에 대규모의 석유와 천연가스가 발견되어 중국 당국은 통제의 고삐를 더욱 조이고 있다.

결국 소수민족 독립 문제와 지하자원 등 전략적 가치가 맞물려 신장웨이우얼의 독립은 점점 더 멀어지고 있는 게 현실이다.

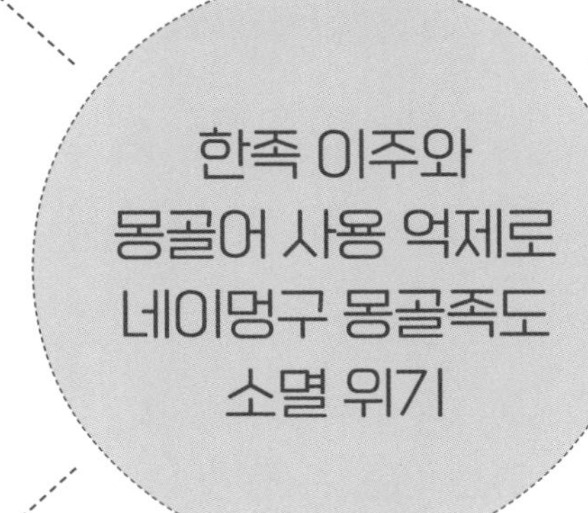

네이멍구의 몽골족과 몽골국의 몽골인은 같은 민족이며, 언어와 종교도 비슷하다

현재 중국 내 입지가 좁아지고 있는 소수민족은 신장웨이우얼자치구의 위구르족뿐만 아니다. 네이멍구자치구의 몽골족도 마찬가지로 어려운 상황이다.

몽골족은 칭기즈칸이 몽골초원의 유목민이었던 여러 몽골 부족을 통일해 몽골 제국을 세우면서 민족적 문화적 정체성을 확립해 오늘에 이르고 있다. 칭기즈칸 사후 몽골 제국이 해체하는 과정에서 몽골의 칸으로 즉위한 쿠빌라이가 원나라를 세우고 남송까지 정

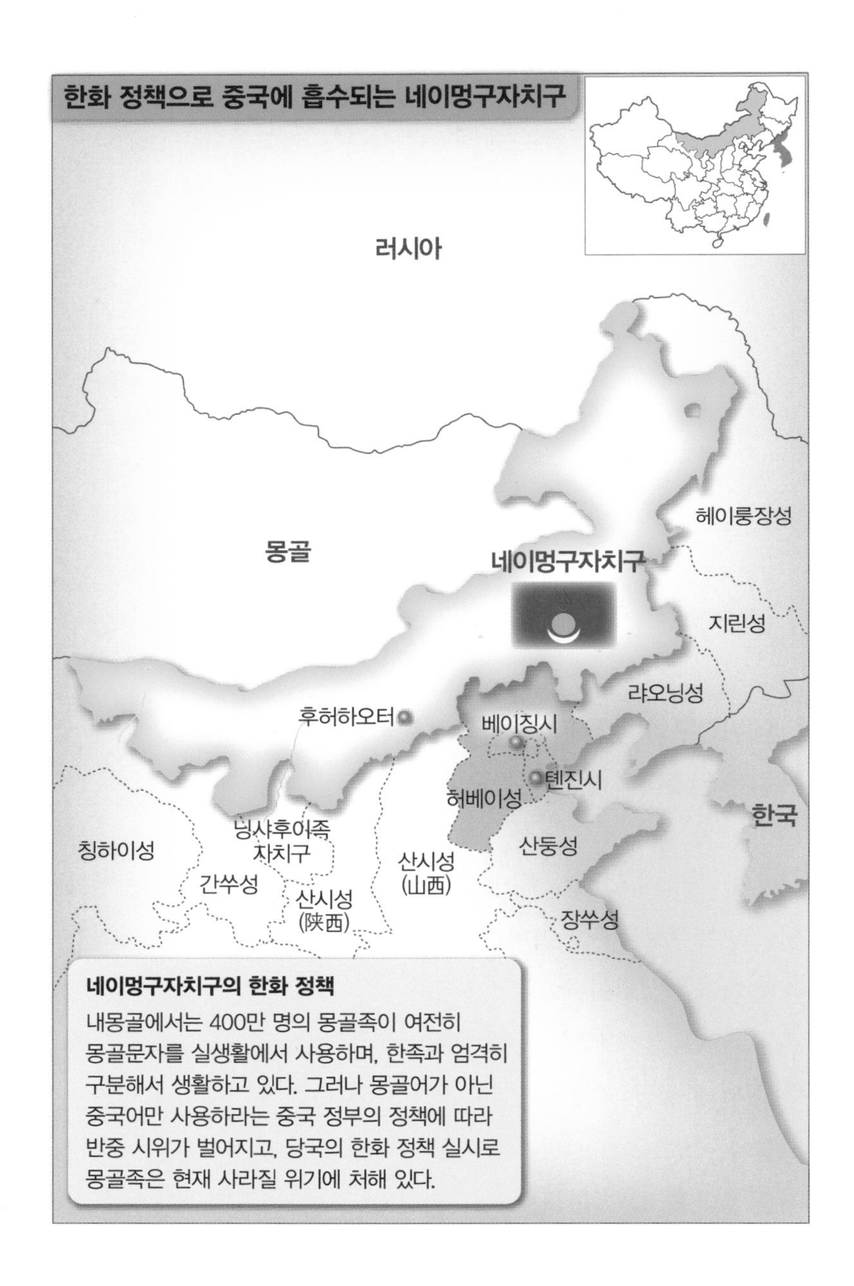

한화 정책으로 중국에 흡수되는 네이멍구자치구

네이멍구자치구의 한화 정책

내몽골에서는 400만 명의 몽골족이 여전히 몽골문자를 실생활에서 사용하며, 한족과 엄격히 구분해서 생활하고 있다. 그러나 몽골어가 아닌 중국어만 사용하라는 중국 정부의 정책에 따라 반중 시위가 벌어지고, 당국의 한화 정책 실시로 몽골족은 현재 사라질 위기에 처해 있다.

벌해 중국 대륙과 몽골 지역이 자연스럽게 통합되었다. 이후 만주족이 세운 청나라에 병합되었고, 신해혁명으로 청나라가 멸망하자 와이멍구(外蒙古, 현재의 몽골)는 독립을 선언했고, 네이멍구(內蒙古)는 중화민국에 합류하기로 했다.

제2차 세계대전 후 와이멍구는 소련에 의해 몽골인민공화국으로 독립되었고, 네이멍구는 1947년 5월에 중국공산당에 의해 네이멍구자치구가 설치되어 오늘에 이르고 있다. 현재는 약 2,400만 명(2020년 기준)이 네이멍구자치구에 살고 있다. 경제적으로 네이멍구는 중국 영토의 거의 10분의 1에 해당하며, 석탄과 희토류 등 막대한 광물자원을 보유하고 있어 전략적 가치도 높은 편이다.

한족이 네이멍구 인구의 약 80%로 증가, 몽골족은 약 17%로 감소했다

네이멍구의 몽골족과 몽골국의 몽골인은 같은 민족이며, 언어(몽골어)와 종교(티베트 불교)도 거의 비슷하다. 문화적으로는 몽골족이 중국과 비슷하고(한문화), 몽골인은 러시아와 비슷하지만 몽골 씨름 등의 전통문화는 함께 공유하고 있다. 즉, 사는 곳이 중국과 몽골이라는 차이밖에 없는데 몽골족은 중국에 편입되어 있다는 이유로 중국 정부의 탄압을 받게 된 것이다.

중국의 몽골족 탄압은 신장의 위구르족을 탄압한 방식과 매우 비슷하다. 먼저 중국 정부는 한족의 이주 정책을 장기간에 걸쳐 추진

중이다. 그 결과 현재는 한족이 네이멍구 인구의 약 80%로 증가했지만, 몽골족은 약 17%로 감소했다.

몽골족은 종교의 자유도 인정되지 않는다. 그들의 종교는 달라이 라마가 최고 지도자로 있는 티베트 불교이다. 그러나 중국 정부는 공산당 산하의 중국 불교협회만 허용한다.

1980년대에는 네이멍구 학생들의 주도로 중국 정부에 항의 시위를 벌였으나, 정부는 참가자를 벽지로 보내고 숙청하는 등 무자비하게 탄압했다. 1981년에도 이들은 한족 수십만 명을 네이멍구로 집단이주시키겠다는 정부의 계획에 항의해 대규모 시위를 했다. 하지만 몽골족들의 분리 · 독립 움직임은 이제 자취를 감추었다.

한편 최근에는 몽골어 교육을 제한하는 방식으로 몽골족을 다시 못살게 굴고 있다. 이미 몽골어를 공용어로 쓰는데도 2020년 가을부터 학교 등에서 몽골어 사용이 제한되고 문학, 정치, 역사 과목을 표준 중국어로 가르치겠다고 발표해 학생과 학부모들의 강한 반발을 사고 있다. 중국공산당에 순종적인 몽골족의 집단 시위는 이례적이어서 무자비한 탄압과 주동자를 색출해 구속하는 일도 있었다고 한다.

네이멍구에 관한 정보는 신장웨이우얼자치구나 티베트자치구에 비해서도 적은 편이다. 그러나 중국은 네이멍구에서도 거침없는 동화 정책을 펼쳐 몽골족이 점차 사라지는 유례없는 위기로 몰아넣고 있다.

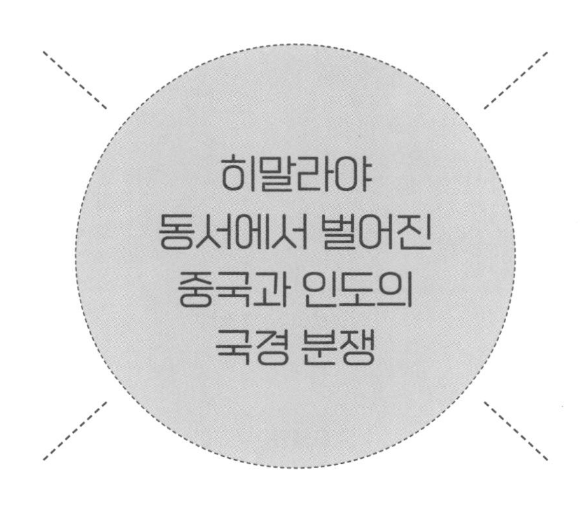

중국은 카슈미르 동부 악사이친을 영토로 편입,
인도는 부탄 동부의 아루나찰프라데시주를 지배

현재 세계에서 인구가 가장 많은 나라는 중국과 인도로 모두 14억 명이 넘는 최대의 인구 대국이다. 두 나라 모두 정치, 경제적으로 차세대 아시아는 물론 세계를 이끌어갈 대국이지만 양국의 관계는 별로 좋지 않다. 두 나라가 오랫동안 대립하는 이유 중 하나는 국경 문제이다.

중국과 인도의 국경은 1914년, 당시 티베트 정부와 영국령 인도가 체결한 '맥마흔라인'을 기준으로 한다. 그러나 중국은 이것을

중국과 인도의 국경 분쟁 지역
카슈미르 악사이친(중국 통치)
카슈미르 동부에 있으며, 인도와 중국이 국경 분쟁을 벌이고 있다. 서로 자기 나라 땅이라고 주장하는데, 1962년부터 중국이 지배하고 있다.
맥마흔라인
1914년에 티베트와 인도 사이에 만든 국경선으로, 중국과 인도가 국경 분쟁을 벌이고 있다.
신장웨이우얼자치구
중국
중국 관할
인도 관할
국경 분쟁 지대
도클람(부탄명)
중국과 인도가 군사 대치하면서 전운이 감돌았던 곳으로, 중국군이 도클람(인도명 도카라, 중국명 둥랑)에 영구 주둔 기지를 건설해 양국 분쟁의 씨앗을 뿌려두었다.
히말라야 산맥
티베트자치구
뉴델리
네팔
부탄
인도의 시킴주
중국, 티베트, 인도를 지나가는 차마고도 길목에 위치하며, 인도가 뒤늦게 시킴의 지정학적 가치를 재인식하고 있다.
방글라데시
미얀마
실리구리 회랑
인도의 안보에 중요한 길목이다. 중국의 국경 부근에 티베트자치구의 춤비계곡이 있는 긴장 지역이기도 하다.
아루나찰프라데시주(인도 관할)
'새벽빛 땅'이라는 뜻으로, 인도 동북쪽 끝의 주이며, 중국과 인도가 영토 분쟁 중인 지역이다. 인도는 아루나찰프라데시를 하나의 주로 간주하지만, 중국은 여기가 한때 청나라 땅이었다면서 영유권을 주장하고 있다.
인도

'제국주의 시대의 유물'로 치부하고 역사적으로 티베트의 관할 지역이라며 인도와 대립해 왔다. 히말라야산맥 지역의 동쪽 국경이 불분명한 상태인 것은 그 때문이다.

중국과 인도가 처음으로 대규모 충돌을 빚은 것은 20세기 중반이었다. 1954년, 양국은 서로의 영토와 주권을 존중한다는 '평화공존 5원칙'을 체결했으나 티베트 영토의 영역을 어디까지로 볼 것이냐는 점에서 합의점을 찾지 못했다. 그런데 1959년 인도가 티베트 불교 최고 지도자인 달라이 라마 14세의 망명을 받아들인 것이다. 이 사건으로 인해 불안정한 상태로 유지되던 양국의 관계가 순식간에 긴장이 고조되었고, 1962년에 중국의 기습적인 침공으로 서부와 동부 국경에서 무력 충돌이 발생했다.

부탄의 서부 도클람과 아루나찰프라데시주에서 중국이 군용도로를 건설하면서 인도와 충돌

이 중인 국경 분쟁(중국-인도 전쟁)에서 군사적으로 열세였던 인도가 일방적으로 밀리면서 중국은 악사이친 지구(인도 북부 카슈미르 지방 동부)를 자국 영토로 편입시켰다. 한편 동부 국경에서는 미국의 참전과 국제사회의 비난 등으로 중국이 후퇴했기 때문에 인도가 아루나찰프라데시주(부탄 동쪽)를 실효 지배하게 되었다.

이후에도 중국과 인도는 계속 적대 관계에 있었다. 1980년대부터 대립 완화를 위한 협상이 몇 차례 진행되었지만, 국경 문제는

중국이 도클람에 도로를 건설하면서 티베트고원 공군 기지에 띄운 선양 J-11 전투기, 신장웨이우얼구의 특전 부대가 실전을 방불케 하는 훈련을 했다. W-C

여전히 미해결 상태로 남아 있었다. 2013년 베이징에서 '중인 국경 방위 협정'이 체결되었다. 국경 문제는 잠시 보류하고 관계 안정화를 도모하자는 것이었는데, 국경 지대에서는 계속 이상 기류가 감지되었다.

그러던 중 2017년 충격적인 사건이 일어난다. 그해 6월, 중국은 부탄이 실효 지배하고 있는 서부 도클람(인도명 도카라, 중국명 둥랑) 고지에서 군용도로 건설을 시작한 것이다. 도클람 인근의 인도 시킴주는 중국, 네팔, 부탄과 국경을 접한 요충지다.

중국의 군용도로 건설이 인도군의 심기를 건드려 양측은 한 달 내내 대립했으나, 중국이 이내 후퇴해 일시적으로 긴장이 풀리는 듯했다. 하지만 12월, 중국은 인도가 실효 지배하던 아루나찰프라데시주에서 또다시 도로를 건설하기 시작했다. 한 번도 아니고 두 번이나 선을 넘은 중국의 만행에 인도는 크게 분노했다.

중국이 인도의 국경 근처 땅에 집착하는 것은 일대일로 정책 때문으로 보인다. 대륙에서 인도양으로 나가는 루트를 만드는 데 이 지역의 땅이 필요한 것이다.

한편 인도는 중국, 네팔, 부탄, 방글라데시에 인접한 실리구리 회랑을 확보하고자 했다. 실리구리 회랑은 인도 본토와 북동부의 7개 주를 연결하는 요충지였다. 이곳을 중국이 차지하면 인도가 분단되기 때문에 인도는 어떻게든 실리구리 회랑을 사수하기 위해 필사적으로 노력하고 있다. 인도가 중국과의 국경 분쟁에서 이 지역을 절대 양보할 수 없는 이유다.

중국이나 인도나 국경 지대의 땅은 앞으로도 늘 자신들의 영토라는 생각에 변함이 없을 것이다. 그래서 지금은 사소한 분쟁 정도로 끝나지만 양국이 군사적으로 정면충돌하는 전쟁이 발생해도 전혀 이상하지 않을 것이라는 관측이 나오고 있다.

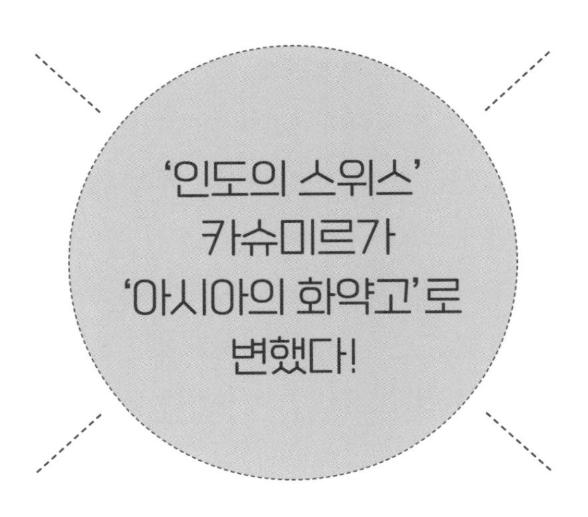

인도 카슈미르의 라다크 지방 갈완계곡에서 일어난 중국군과 인도군의 험악한 육박전

현대전에서 분쟁이나 전쟁이라 하면 총, 미사일, 전투기, 드론 등의 첨단 무기를 활용하는 전투가 연상될 것이다. 그런데 2020년 6월, 돌을 던지고 못 박은 막대기를 휘두르고 주먹질이 난무하는 구시대적 전투가 일어났다. 인도 북부 카슈미르 라다크 지방의 갈완계곡에서 중국군과 인도군이 거의 육박전에 가까운 치열한 전투를 한 것이다.

약 3시간여의 충돌 끝에 인도군 30명이 사망했고, 중국군은 사상자가 43명이나 발생했다. 강으로 굴러떨어져 죽은 병사도 많았다고 한다. 이 땅에서 사망자가 나온 것은 1975년 이후 45년 만이어서 인도는 큰 충격에 빠졌고 국민 사이에 반중 감정이 고조됐다.

전술한 대로 중국과 인도는 국경 문제가 있는데, 여기에 파키스탄까지 가세해 모두 세 나라가 카슈미르 지방을 놓고 반세기 내내 다투는 중이다. 인도와 중국의 국경을 이루는 갈완계곡의 충돌도 카슈미르 분쟁의 일환이다.

인도와 파키스탄 북단에 있는 카슈미르 지역은 인도, 파키스탄, 중국 3개국의 국경선으로 분단

인도와 파키스탄의 북단에 있는 카슈미르 지방은 인도, 파키스탄, 중국의 국경선으로 나뉘어 있다. 특히 인도와 파키스탄은 반세기 넘게 카슈미르 지방을 둘러싸고 국경 분쟁을 벌이고 있다. 이 분쟁은 힌두교도가 많은 인도와 이슬람 국가인 파키스탄의 종교 전쟁이기도 하다. 지금까지 여러 차례 전쟁, 핵실험, 테러 활동 등이 끊이질 않는 분쟁 지역이다.

원래 영국령 인도 시대, 인도 · 파키스탄 일대에 무수히 흩어져 있던 크고 작은 번왕국(영국령은 아니지만, 영국의 지도와 감독 아래 인도인 전제 군주가 통치하던 나라)들은 영국의 통치 아래 질서를 유지했다. 그러나 제2차 세계대전 후인 1947년, 이슬람교도가 많은 파키스탄과 동파키스탄(현 방글라데시)이 인도에서 분리 독립하자 그동

카슈미르 계곡에서 폭력 시위대와 맞서고 있는 인도 경찰, 2018년.
© 세예드 사제드 하산 라자비(타스임 통신)

안 잠잠했던 종교 문제가 수면 위로 떠올랐다.

이때 각 번왕국은 인도와 파키스탄 가운데 어느 쪽으로 귀속할지를 선택해야 했다. 주민의 80%가 이슬람교도인 잠무카슈미르번은 이슬람교도가 많은 파키스탄으로 귀속되기를 희망했으나, 힌두교도였던 번왕(마하라자)이 파키스탄 귀속을 거부하며 인도로 귀속하기로 결정하자 이슬람계 주민들이 반발해 폭동을 일으켰다. 이에 파키스탄이 잠무카슈미르번에 군대를 보내 카슈미르 지방을 점령하자, 번왕의 지원 요청을 받은 인도도 파키스탄에 대항해 군대를 보내 인도와 파키스탄의 무력 충돌이 발생한 것이다.

제1차 인도-파키스탄 전쟁은 1949년 유엔의 개입으로 휴전에 들

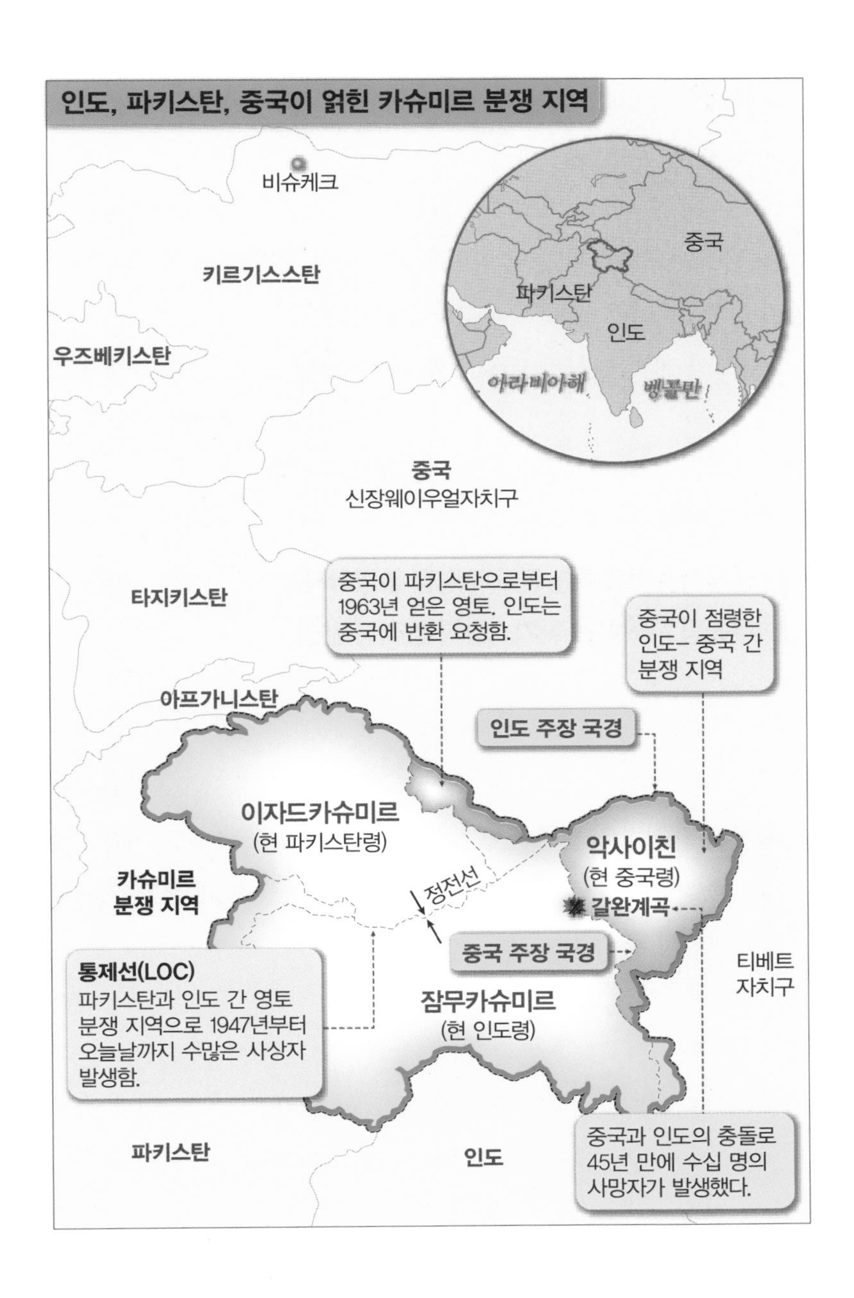
인도, 파키스탄, 중국이 얽힌 카슈미르 분쟁 지역
비슈케크
키르기스스탄
우즈베키스탄
중국
파키스탄
인도
아라비아해
벵골만
중국
신장웨이우얼자치구
중국이 파키스탄으로부터 1963년 얻은 영토. 인도는 중국에 반환 요청함.
타지키스탄
중국이 점령한 인도- 중국 간 분쟁 지역
아프가니스탄
인도 주장 국경
이자드카슈미르
(현 파키스탄령)
악사이친
(현 중국령)
카슈미르
분쟁 지역
정전선
갈완계곡
중국 주장 국경
통제선(LOC)
파키스탄과 인도 간 영토 분쟁 지역으로 1947년부터 오늘날까지 수많은 사상자 발생함.
잠무카슈미르
(현 인도령)
티베트
자치구
파키스탄
인도
중국과 인도의 충돌로 45년 만에 수십 명의 사망자가 발생했다.

어갔다. 카슈미르 지방에 휴전선이 그어졌고, 인도가 영토의 약 50%(잠무카슈미르주), 파키스탄이 36%(아자드카슈미르주)를 차지하면서 마무리되었다. 또한 1950년에는 나머지 지역(악사이친 지구)을 중국이 관리하게 되었다. 이렇게 카슈미르 지방은 세 개로 분단되어 3개국이 각각 실효 지배하게 된 것이다.

인도와 파키스탄은 1965년 제2차, 1971년에 제3차 전쟁을 치렀다. 카슈미르 지방의 휴전선도 그때마다 조금씩 바뀌어 지도를 보면 실선이 아니라 점선으로 표시된 부분이 있다.

잠무카슈미르주를 인도가 직접 통치하자, 무슬림 지원하는 파키스탄과 총격전 발생

이후에도 인도와 파키스탄의 대립은 계속되었고, 급기야 핵 개발 경쟁으로 이어지며 위기가 고조되었다. 1998년에 인도가 24년 만에 지하 핵실험을 재개하자 파키스탄도 이슬람 국가로는 처음으로 지하 핵실험으로 대항하며 핵전쟁 위기가 고조됐다. 지금은 양국 모두 비공식적인 핵보유국으로 인정받고 있다.

2000년대에는 평화 합의가 이루어져 카슈미르 분쟁도 잠잠해지는 듯했다. 그러나 파키스탄 귀속을 원하는 이슬람 극단주의가 파키스탄의 원조로 인도에 테러 공격을 감행, 휴전선 부근에서 여러 차례의 총격전이 발생하는 등 분쟁이 멈추지 않았다.

2013년에는 중국군이 인도의 실효 지배 지역을 침공하는 사건

잠무카슈미르의 달호수, 2019년. © 수하일 스킨다르 소피, W-C

이 발생했다. 한편 인도는 중국이 지배하는 악사이친 지구에 희소 금속이 매장돼 있다는 이유로 영유권을 주장하기도 했다. 그리고 2019년 이후, 카슈미르에서 유혈 사태가 재연되고 말았다. 인도 정부가 잠무카슈미르주의 자치권을 박탈했기 때문이었다.

잠무카슈미르주를 인도가 직접 통치하게 되자, 그곳의 이슬람교도와 그들을 지원하는 파키스탄이 거칠게 반발하며 총격전을 벌였다. 2020년에도 총격전이 일어나 양국 통틀어 13명 이상의 희생자가 발생했다. 앞서 언급한 인도군과 중국군이 갈완계곡에서 충돌한 육박전도 이 같은 상황에서 발생한 것이다.

'인도의 스위스'라 불리던 아름다운 카슈미르 지방이 지금은 '아시아의 화약고'가 되고 말았다.

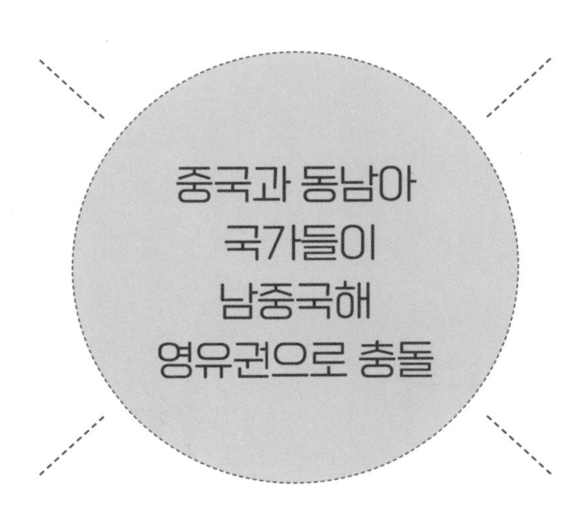

동아시아와 인도양을 잇는 남중국해에는 해저에 막대한 양의 원유와 천연가스 매장

최근 중국은 무서운 기세로 해상 진출에 박차를 가하는 중이다. 특히 그 화살이 남중국해를 향해 있어 필리핀과 베트남 등 동남아시아 국가들과 잦은 마찰을 빚고 있다.

남중국해는 북쪽으로 대만과 중국 대륙의 남안, 동쪽으로 필리핀 군도, 서쪽은 베트남 주변, 남쪽으로는 보르네오해로 이어지는 해역을 말한다. 남중국 해역 내에는 스프래틀리 군도(난사 군도), 파라셀 군도(시사 군도), 프라타스 군도(둥사 군도), 메이클즈필드 뱅크(중사 군도) 등 크고 작은 온갖 섬이 흩어져 있다.

대부분 도서군은 산호초와 같이 작은 섬과 암초로 이루어져 있으며, 만조 시에는 물에 잠기는 섬도 적지 않다. 사람이 살지 못하면 섬 자체의 가치가 떨어지지만 해상 수송로나 자원 매장지로서의 가치는 매우 높아진다.

구체적으로 어떤 가치가 있는지 살펴보자. 먼저 전 세계 해상로를 이용하는 화물의 3분의 1은 남중국해를 거친다. 동아시아와 인도양을 잇는 해상 수송의 대동맥인 셈이다.

또한 해역 내에는 전 세계 어획량의 10%를 차지하는 황금어장이 있다. 해저에는 방대한 양의 원유와 천연가스가 매장되어 있는데, 특히 스프래틀리 군도의 해저 유전 매장량은 20억 또는 2,000억 배럴로 추정된다. 중국은 이러한 이익을 독차지하기 위해 주변국과의 충돌을 무릅쓰고 남중국해를 손에 넣으려는 것이다.

국제재판소의 불법 판결을 무시한 중국은 스프래틀리에 활주로와 레이더 기지 건설

중국이 남중국해 영유권을 주장하기 시작한 것은 의외로 오래전이다. 그들은 1950년대 '구단선'이라는 경계선을 자의적으로 설정해 남중국해 대부분에 자국의 주권과 권익이 있다고 주장해 왔다. 하지만 여기에 대항하는 베트남, 필리핀, 말레이시아, 브루나이, 대만 등 주변국도 만만치 않다. 이 나라들도 중국과 마찬가지로 자국의 근해

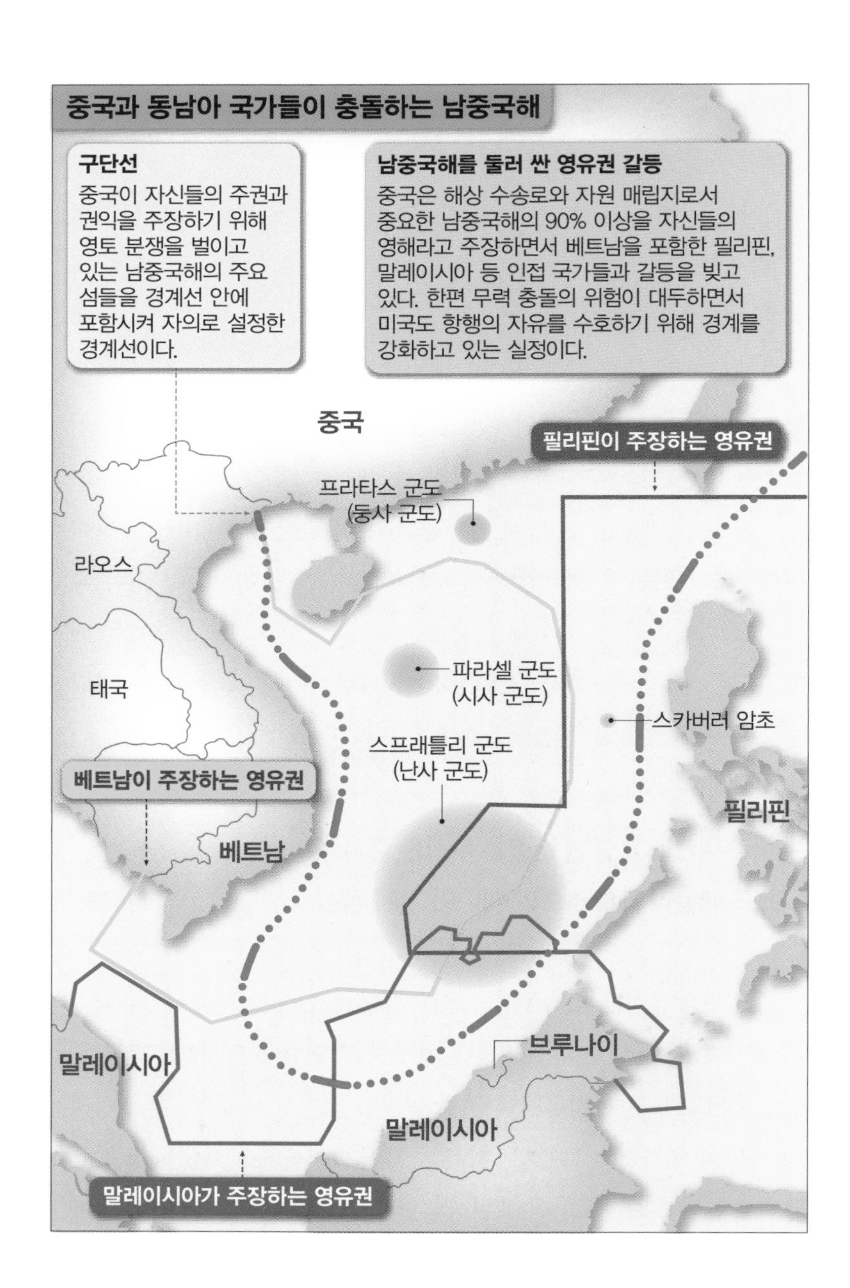
중국과 동남아 국가들이 충돌하는 남중국해
구단선
중국이 자신들의 주권과 권익을 주장하기 위해 영토 분쟁을 벌이고 있는 남중국해의 주요 섬들을 경계선 안에 포함시켜 자의로 설정한 경계선이다.
남중국해를 둘러 싼 영유권 갈등
중국은 해상 수송로와 자원 매립지로서 중요한 남중국해의 90% 이상을 자신들의 영해라고 주장하면서 베트남을 포함한 필리핀, 말레이시아 등 인접 국가들과 갈등을 빚고 있다. 한편 무력 충돌의 위험이 대두하면서 미국도 항행의 자유를 수호하기 위해 경계를 강화하고 있는 실정이다.
중국
필리핀이 주장하는 영유권
프라타스 군도
(동사 군도)
라오스
파라셀 군도
(시사 군도)
태국
스카버러 암초
스프래틀리 군도
(난사 군도)
베트남이 주장하는 영유권
필리핀
베트남
브루나이
말레이시아
말레이시아
말레이시아가 주장하는 영유권

에 대한 영유권을 주장하며 한 발짝도 물러서지 않기 때문이다.

베트남은 1974년과 1988년에 중국과 무력 충돌을 일으켰다. 또한 2012년, 베트남이 스프래틀리 군도와 파라셀 군도를 자국령으로 하는 해양법을 제정하자, 중국도 하이난성에 스프래틀리 군도와 파라셀 군도가 포함되는 '싼사시(三沙市)'를 설치하는 등 양국은 팽팽한 신경전을 벌였다.

그런 가운데 2016년 네덜란드 헤이그의 중재재판소가 중요한 판결을 했다. 중재재판소는 1994년 발효한 '유엔해양법조약'에 의거, 남중국해에 대한 중국의 영유권 주장을 기각했다. 암초로 형성된 스프래틀리 군도는 영해와 EEZ(배타적 경제수역)의 기준이 되지 않으므로 중국의 인공섬 건설은 불법이라고 규정했다. 이에 따라 구단선을 비롯한 중국의 영유권 주장이 무력화되었다.

필리핀은 미국, 일본과 함께 군사 훈련으로 중국의 군사적 위협에 적극적으로 대처

한편 중국은 중재재판소의 판결을 따르지 않았다. 오히려 판결을 '휴지 조각'이라고 헐뜯으며 암초를 메워 만든 인공섬에 활주로와 레이더 기지를 건설하기 시작했다. 이는 국제법에 반하는 명백한 군사 시설로서, 중국의 해상 진출을 경계하던 미국이 항행의 자유를 내세우며 남중국해에서 긴장의 파고가 높아지고 있다.

그러나 중국은 미국의 견제에도 아랑곳하지 않고 남중국해의 영유권을 주장하는 주변국들을 계속 자극했다. 2020년에는 중국의 순시선이 베트남 어선을 들이받아 침몰시켰고, 말레이시아 국영 석유회사가 자원 개발 중인 해역에 자국의 조사선을 파견하는 등 주변국의 활동을 무력으로 도발하는 행동을 멈추지 않았다.

중국의 행보에 위험을 느낀 미국은 남중국해에서 항공모함을 동원하는 등 군사 훈련을 시행했다. 그러자 중국도 같은 해역에서 실탄 훈련을 하며 대응했다. 2021년에도 중국의 도발 행위는 계속됐다. 필리핀이 스프래틀리 군도에서 실효 지배 중인 섬의 군사 거점화 계획을 추진하자, 그해 3월 200척이 넘는 중국 선단이 나타나 장기간 배를 정박시켰다. 그 선단 가운데에는 중국 해군 군함도 있었다고 한다.

2023년 12월에는 스프래틀리 군도의 세컨드토마스 암초 근처에 필리핀이 좌초시킨 폐군함 시에라마드레함의 주둔 군인에게 하는 주기적인 보급을 중국이 방해하는 등 양국 배들의 충돌이 끊이질 않는다. 그리고 스카버러 암초에서는 중국 해경선이 필리핀 선박을 향해 물대포를 쏘는 등 무력 충돌도 불사하면서 영유권을 주장하고 있다. 이에 따라 필리핀 정부는 미국과 일본, 호주 등 이해 당사국들과 연대해 군사 훈련을 하는 등 중국의 군사적 위협에 적극적으로 맞서고 있다.

이제 미국과 중국을 중심으로 남중국해의 주도권을 둘러싼 주변국들의 다툼은 점점 심각해지고 있다.

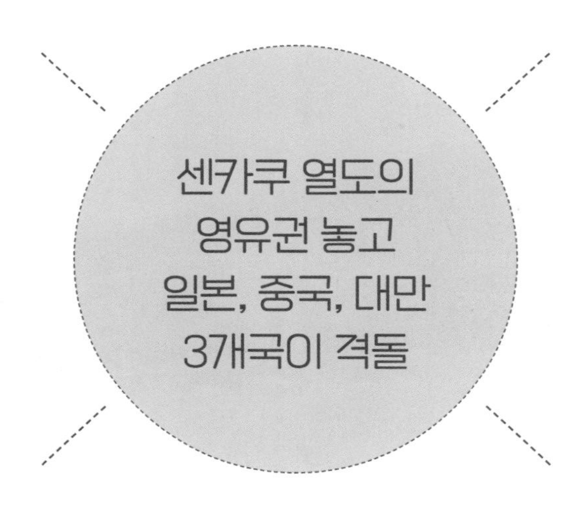

일본 오키나와에서 서쪽으로 약 300㎞, 대만에서 북동쪽으로 약 200㎞ 떨어진 무인도

중국의 태평양 진출은 일본에도 큰 영향을 미친다. 긴박함을 더해가는 센카쿠 열도(중국명 댜오위다오) 영유권 문제가 그것이다.

중국이 태평양으로 나가려면 센카쿠 열도가 있는 동중국해를 횡단할 수밖에 없다. 센카쿠 열도를 영유하면 태평양 진출의 거점으로 삼을 수 있고, 주변 해역의 제해권을 장악하는 데 유리하기 때문이다. 그래서 중국은 일본 영토인 센카쿠 열도를 탐내고, 실효지배 중인 일본과의 무력 충돌도 마다하지 않는 것이다.

우오쓰리섬의 가다랑어 수산 공장에서 일하던 노동자들, 1910년. 나하시 역사박물관

센카쿠 열도는 일본 오키나와에서 서쪽으로 약 300㎞, 대만에서 북동쪽으로 약 200㎞ 떨어진 무인도로, 5개의 작은 섬과 3개의 산호초로 이루어져 있다. 동중국해의 남서부 이시가키섬 북서 약 170㎞에 있는 작은 군도로서 가장 큰 우오쓰리섬(중국명 댜오위다오), 그 근처의 기타코섬, 미나미코섬, 구바섬, 다이쇼섬의 5개 섬과 오키노키타이와, 오키노미나미이와, 도비세 등의 암초로 이루어져 있다. 옛날에는 일본인이 살았으나 모두 거주가 어려운 바위산이라 현재는 무인도로 남아 있다.

중국에서는 1873년에 출판된 지도에 센카쿠 열도가 중국 영토로 표시되어 있다고 주장하고 있다. 반면 일본은 1895년에 메이지 정부가 당시 청나라가 이 군도를 지배하지 않는 것을 확인한 후 정식으로 자국 영토로 편입해 영유하고 있다는 입장이다. 일본이 센카쿠 열도를 오키나와현에 편입한 얼마 후 바닷새 깃털 채집, 가다랑어포 제조업 등이 시작되었고, 1910년경에는 주민이 250여 명으로 증가했다.

동중국해와 태평양을 연결하는 요충지인 센카쿠 열도는 천연가스 등 지하자원도 풍부

그러나 1970년대 이후 중국과 대만이 영유권을 주장하기 시작했다. 제2차 세계대전 후 센카쿠 열도는 미국이 관리하다, 1971년 오키나와반환협정에 따라 오키나와와 함께 일본에 반환되었다. 이때 대만이 먼저 센카쿠 열도의 일본 이관에 항의했다. 그리고 반년 후 중국이 센카쿠 열도의 일본 이관을 '불법'이라고 주장하고 나선 것이다.

일본을 비롯한 대만과 중국이 센카쿠 열도의 영유권을 주장하는 이유는 무엇일까. 아마 열도 주변 해역에 매장된 자원 때문일 것으로 추정된다.

1969년 아시아태평양경제사회위원회(ECAFE)가 조사한 바에 따르면, 대만과 일본 사이에 있는 얕은 바다에 원유와 천연가스가 매장되어 있다고 한다. 즉, 이 자원의 권익을 위해 센카쿠 열도의 영유권을 주장하는 것이다.

한편 중국 입장에서는 동중국해와 태평양을 연결하는 지정학적

중국의 태평양 진출과 센카쿠 열도
EEZ(배타적 경제수역)
바다를 끼고 있는 모든 국가는
연안에서 200해리(370.4km)까지의
모든 자원에 대해 독점적 권리를
갖는다는 국제 해양법상의
개념이다.
한국
황해
일본
남해
중국
태평양
중간 수역 EEZ
중국주장 EEZ
일본주장 EEZ
센카쿠 열도
(중국명 댜오위다오)
동중국해
센카쿠 열도를 둘러싼 중일 분쟁사
1865년 중일 전쟁에서 일본이 승리해서 중국의 영토였던 타이완과 그 부속 도서를 차지.
1951년 제2차 세계대전에서 패한 일본이 미국과 맺은 평화협정으로 미국이 오키나와와 센카쿠 열도를 차지.
1972년 미국이 센카쿠 열도를 일본에 반환하고 일본이 지배함. 중일 외교관계 수립시 센카쿠 문제는 보류함. 이후 지금까지 중국과 일본은 각자 영유권 주장하며 대치중.
센카쿠 열도
동중국해의 이시가키섬에서 북쪽으로 약 170km, 오키나와 섬에서는 서쪽으로 약 300km 해상에 있다. 고유종을 포함해 많은 동식물이 서식하며 매우 좋은 어장을 이루고 있다. 1895년에 일본 영토로 편입된 이후, 일본인이 이주하여 신천옹(매우 큰 바다새)의 깃털을 채취하거나, 가다랑어포 등을 제조하며 살았고, 한때는 200명이 넘는 일본인이 거주했다. 그러나 지금은 무인도이다.

요충지로써의 역할도 무시할 수 없을 것이다.

1972년, 중일 국교 정상화 협상에서 중국의 저우언라이 총리는 센카쿠 열도 영유권 문제의 보류를 제안했고, 이후 얼마간은 일본의 실효 지배가 묵인되었다. 그러나 빠른 경제 성장을 이루며 강대국의 위치에 올라선 중국은, 1992년 영해법을 제정해 센카쿠 열도를 자국 영토로 명기했다. 또한 2003년에는 중일 중간선 부근에서 가스전 개발을 시작하는 등 센카쿠 열도에 대한 영유 의사를 적극적으로 드러냈다.

현재는 일본이 실효 지배를 하고 있지만, 중국의 거친 공세로 무력 충돌의 먹구름

센카쿠 열도를 둘러싼 중일 양국의 대립이 거세지는 가운데, 중국은 어선을 이용해 일본을 위협하기도 했다. 그리고 2012년 9월, 일본이 센카쿠 열도를 국유화하자 중국 정부는 거세게 반발하며 반일 시위를 전개했다.

이후 중국 배는 센카쿠 열도 인근 영해를 빈번하게 침범했다. '센카쿠 열도가 일본 영토라는 사실은 자명하므로 영토 문제는 존재하지 않는다'라는 일본의 입장에 대해, 중국은 자국의 배가 항상 현장 해역에 있다는 사실을 보여줌으로써 국제사회에 영토 문제를 제기하는 효과를 노리는 것이다.

2013년에는 중국이 '방공식별권'을 설정했다. 센카쿠 열도를 포

중국이 센카쿠 열도에 띄우고 있는 054형 호위함, 2010년. © 맥클라렌, W-C

함한 동중국해 대부분의 영역에 타국의 항공기가 들어오면 중국군 전투기가 긴급 출동한다는 내용이다.

센카쿠 열도에 대한 중국의 공세는 더욱 거세지고 있다. 2021년 2월에는 '해경법'을 시행, 해경국에 군대 못지않은 장비와 활동을 허용했다. 그래서 중국 당국의 배가 센카쿠 열도 주변 해역과 일본 영해를 지속해서 침범하게 된 것이다.

더불어 중국 배는 같은 해 2월 13일부터 7월 19일까지 무려 157일 연속으로 센카쿠 인근에 나타나 일본 어선에 접근하거나 뒤를 쫓는 등 위협 행위를 반복했다. 당연히 일본은 중국에 항의했으나 중국은 '센카쿠 열도가 자국의 영토'라고 주장할 뿐이다.

일본도 요나구니섬, 미야코섬, 아마미오섬에 자위대를 배치하고 미국과 연합하며 대책을 세우고 있다. 하지만 중국은 전혀 개의치 않고 여전히 센카쿠 열도를 분쟁 지역으로 만들려는 시도를 멈추지 않고 있다.

센카쿠 열도는 현재 일본이 실효 지배를 하고 있고 일본의 영토지만, 중국의 압박과 공세가 거칠어지면서 이 지역에도 무력 충돌의 먹구름이 점차 짙어지고 있다.

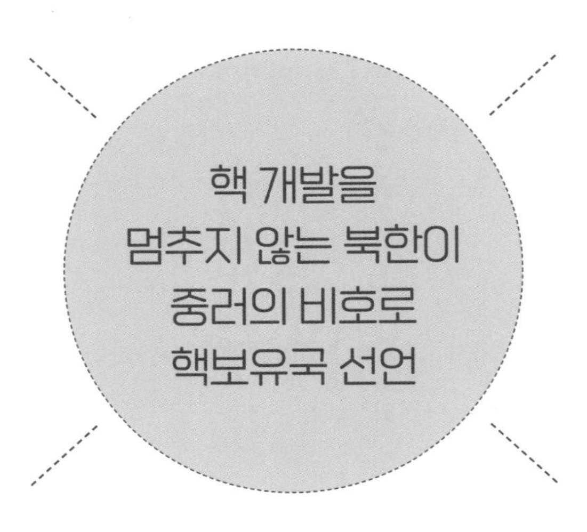

미국의 트럼프와 북한의 김정은이 싱가포르에서 최초로 북미정상회담

2016년부터 2017년까지 북한은 3번의 핵실험을 했고, 40발의 탄도미사일을 발사했다. 2017년 9월 핵실험 때는 북한의 국영 텔레비전이 ICBM(대륙간탄도미사일)에 탑재할 수소폭탄 실험에 성공했다고 전해 주변국을 긴장시켰다. 미국 본토 타격이 가능한 ICBM 화성-14형을 발사하자 트럼프 대통령(당시)은 '매우 적대적인 위험'이라며 경계하기도 했다. 당시 북한의 핵과 미사일 도발로 인해 한반도를 둘러싸고 전면전의 위기감이 고조된 것이다.

2018년 6월 12일, 트럼프와 북한의 김정은 조선노동당위원장은 싱가포르에서 사상 최초로 북미정상회담을 가졌다. 트럼프는 북한의 안전보장을 공약하고, 김정은은 한반도의 완전한 비핵화를 실행하겠다고 공약하는 합의서에 서명을 한 것이다. 하지만 2019년 2월 28일, 양자는 후속으로 마련한 베트남 하노이회담에서 북한 비핵화의 구체적인 플랜에 합의하지 못해서 회담은 결렬되고 말았다.

한편 2019년 6월, 한국과 북한의 군사분계선(북위 38도선)이 있는 판문점에서도 회담이 열렸다. 그러나 김정은은 비핵화에 합의하지 않았고, 이후로도 북한은 핵과 미사일 개발에 박차를 가하며 동북아 지역은 물론 세계 안보에도 큰 위협으로 작용하고 있다.

북한과 미국의 대립, 그 원점은 6 · 25전쟁으로 거슬러 올라간다. 역사적으로 한국과 북한은 한반도에 있는 하나의 국가였다. 그러나 제2차 세계대전 종전 직전, 북위 38도를 기준으로 한반도의 북쪽은 소련군, 남쪽은 미군이 진주해 둘로 분단되었다. 그리고 소련군이 주둔한 이북에는 북한(조선민주주의인민공화국)이, 미군이 주둔한 이남에는 한국(대한민국)이 세워졌다.

1950년 6월, 남북통일을 기도한 북한이 한국으로 침공해 6 · 25전쟁이 발발했다. 이 전쟁은 미국이 원조하는 한국과 소련, 중국이 원조하는 북한의 전쟁이라 자연히 동서 냉전 구도를 형성했다. 전쟁은 3년여의 공방 끝에 1953년 7월, 판문점에서 휴전 협정을 맺었고, 수백만 명의 희생자를 낸 전쟁으로 기록되어 있다.

여기서 중요한 것은 한국과 북한은 어디까지나 '휴전 협정'을 체결했을 뿐, '종전'에 이르지 못했다는 사실이다. 즉, 6 · 25전쟁은 아직도 끝나지 않은 채 '휴전 중'이다. 그래서 북한은 지금도 한국이나 미국을 적국으로 간주하고 있다.

북한이 소형 핵탄두를 탄도미사일에 탑재하면 한국을 비롯한 미국 등 주변국에는 큰 위협

북한은 세계 최강의 군사 대국인 미국에 대항하려면 억지력의 수단으로 핵무기를 보유할 수밖에 없다는 입장이다. 북한은 1980~1990년대에도 비밀리에 핵 개발을 계속했고, 2006년 처음으로 핵실험을 실시했다. 유엔은 이를 제재했으나 북한은 핵 개발을 멈추지 않았고, 마침내 핵보유국으로 선언하기에 이르렀다.

핵폭탄을 보유하더라도 멀리 운반할 수단이 없으면 위협은 줄어들지만, 북한은 수준 높은 미사일 기술도 함께 개발해 주변국은 물론 세계의 안보 불안을 부추기고 있다. 탄도미사일의 사거리 수준만 보더라도 '스커드'는 한국 전체, '노동'은 일본 전체, '무수단'은 미군 거점 중 하나인 괌이 사정거리에 들어온다. 게다가 '화성12'는 알래스카, '화성14'는 미국 본토를 공격할 수 있을 만큼 사정거리가 길다. 2023년에는 고체연료를 이용하는 대륙간탄도미사일(ICBM)을 시험 발사하기도 했다.

북한 탄도미사일의 정밀도에 대해서는 의문이 있어서, 미국에 도달하기도 전에 대기권에서 소멸해 버릴 거라는 의견도 있다. 그러

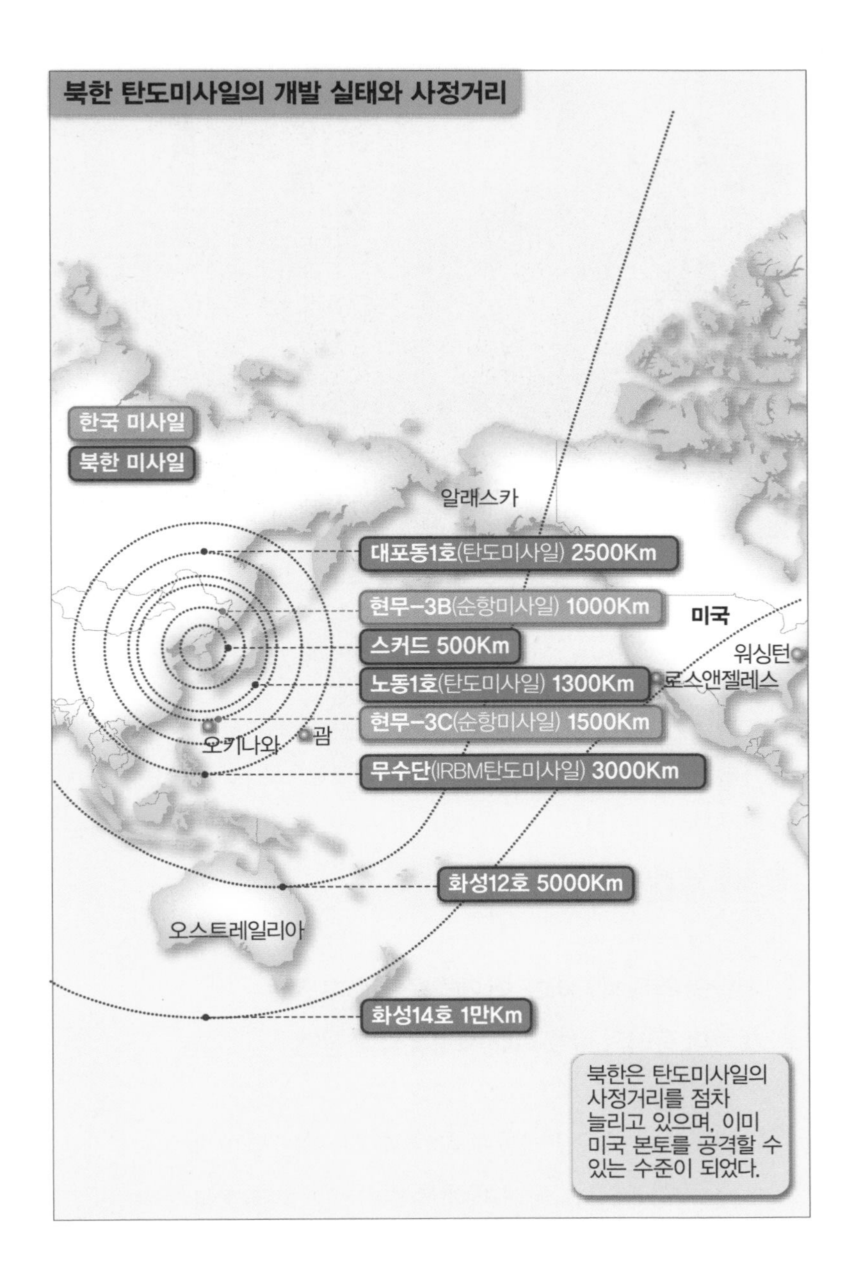
북한 탄도미사일의 개발 실태와 사정거리
한국 미사일
북한 미사일
알래스카
대포동1호(탄도미사일) 2500Km
현무-3B(순항미사일) 1000Km
미국
스커드 500Km
워싱턴
노동1호(탄도미사일) 1300Km
로스앤젤레스
현무-3C(순항미사일) 1500Km
오키나와
괌
무수단(IRBM탄도미사일) 3000Km
화성12호 5000Km
오스트레일리아
화성14호 1만Km
북한은 탄도미사일의 사정거리를 점차 늘리고 있으며, 이미 미국 본토를 공격할 수 있는 수준이 되었다.

CBRN(화생방) 장비를 갖춘 북한 군인들의 군사 퍼레이드. 군인들이 메고 있는 가방에 방사능 표시가 있다, 2015년, 평양. © 우베 브로드레흐트, W-C

나 북한이 탄도미사일의 정밀도를 높이고 사정거리의 수준이 점차 높아지고 있는 것은 틀림없는 사실이다. 앞으로 소형 핵탄두를 탄도미사일에 탑재하는 데 성공하면 미국을 비롯한 주변국에는 매우 큰 위협이 될 것이다.

서방의 경제 제재에도 핵 개발을 멈추지 않는 북한이 중러의 비호 아래 핵보유국을 선언

북한의 핵과 미사일 개발에 대해 국제사회는 경제 제재로써 대응했다. 그러나 북한은 국민의 기본적인 생존을 희생하면서까지 핵

2018년 6월 12일 싱가포르에서 열린 북미정상회담(트럼프 전 미국 대통령과 김정은 북한 국무위원장, 싱가포르. 미국 백악관 공식 사진(쉴라 크레이그헤드)

개발을 멈추려 하지 않는다.

냉전 종식 이후의 동유럽 국가와 '아랍의 봄' 당시의 중동 국가들을 보면, 민중에 의해 독재 정권이 잇달아 무너졌고 독재자는 처형당했다. 그 모습을 보아 온 북한 지배층은 핵무기가 없어질 경우 자신들의 말로가 어떨지 똑똑히 알고 있다. 그래서 핵무기를 포기하지 않는 것이다. 북한의 매체에서 자주 말하는 '핵무기는 보검이다'라는 표현만 보더라도 현재의 지배층이 핵무기를 어떻게 생각하는지 잘 알 수 있다.

북한은 경제 제재로 인한 어려움뿐 아니라 수해 등 자연재해의 피해도 커서 많은 주민이 극심한 고통에 시달리고 있다고 한다. 게다가 신형코로나바이러스 감염 확산으로 북한은 일찍이 국경을 봉쇄했기 때문에 경제는 바닥 수준을 보이고 있고, 지금도 휘발유는 물론 생필품조차 구하기가 힘들다는 소리도 있다.

트럼프 정권에 이은 바이든 정권은 전 정권과 마찬가지로 북한의 비핵화를 전제로 대화를 호소하고 있다. 그러나 북한이 응하지 않아 문제 해결을 향한 진전이 없는 상황이다.

만일 북한에서 불이 나면 한반도뿐만 아니라 동북아와 세계 전체의 안보 지형에도 큰 영향을 미칠 것이며, 그 파장도 클 것이다.

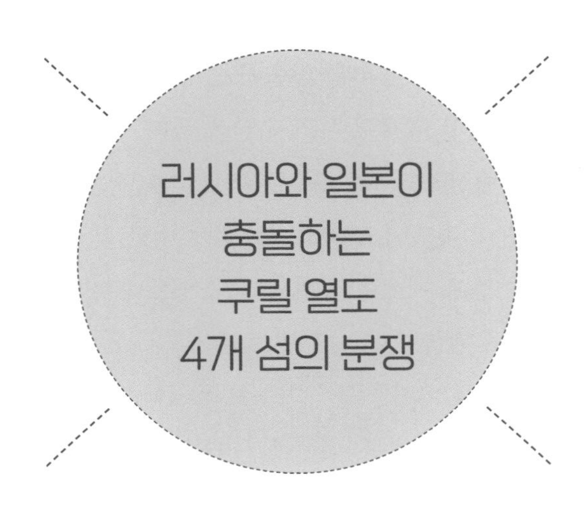

17~18세기에 걸쳐 일본이 쿠릴 열도 남부, 러시아가 쿠릴 열도 북부를 점령하기 시작

일본은 러시아와 쿠릴 열도 문제(일본명 북방 영토 문제)를 두고 갈등을 빚고 있다. 일본 홋카이도 네무로반도와 러시아 캄차카반도를 잇는 쿠릴 열도 남단에 있는 하보마이 군도, 시코탄섬, 구나시리섬(러시아명 쿠나시르), 에토로후섬(러시아명 이투루프)을 둘러싼 영유권 분쟁이 바로 이 갈등이다.

일본은 구소련이 제2차 세계대전 이후 점령한 4개 섬이 원래 홋카이도의 부속 도서라며 러시아를 상대로 반환을 요구하고 있다.

제2차 세계대전 전에는 4개 섬에 1만 7,000명의 일본인이 살고 있었으나, 종전 직전 국제 질서의 혼란을 틈타 침공한 소련군에게 섬들은 모두 점령당하고 말았다. 일본인은 1949년경 대부분 쫓겨났고, 이후 소련이 홋카이도 북방 4개 섬에 대한 실효 지배를 하게 되었다. 소련이 실효 지배를 굳히고 자국 영토에 편입한 4개의 섬은 현재 러시아가 뒤를 이어 지배하고 있다.

쿠릴 열도는 원래 아이누족이 거주했던 지역으로 17~18세기에 걸쳐 일본이 쿠릴 열도 남부, 러시아가 쿠릴 열도 북부를 점차 점령하기 시작했다. 이후 일본과 러시아가 쿠릴 열도와 사할린의 영유권을 두고 충돌을 거듭하는 동안 러일전쟁에서 승리한 일본이 일시적으로 쿠릴 열도 전역과 남사할린까지 영유하게 되었다. 하지만 제2차 세계대전에서 연합국으로 승리한 소련이 두 지역의 영토를 되찾은 이후 현재까지 분쟁이 이어지고 있다.

소련이 북방 2개 섬의 양보에 동의했다가 미국과 동맹을 맺었다는 이유로 반환 거부

1950년대에 들어서면서 일본은 쿠릴 열도 4개 섬이 홋카이도 북방 영토에 해당한다면서 적극적으로 반환을 요구하기 시작했다. 일본은 지금껏 러시아를 향해 4개 섬의 반환을 요구했으나 러시아가 반환하지 않겠다는 입장이어서 영토 분쟁의 해결은 요원하다.

현재 일본 외교의 최대 현안인 쿠릴 열도 문제가 국제사회에서

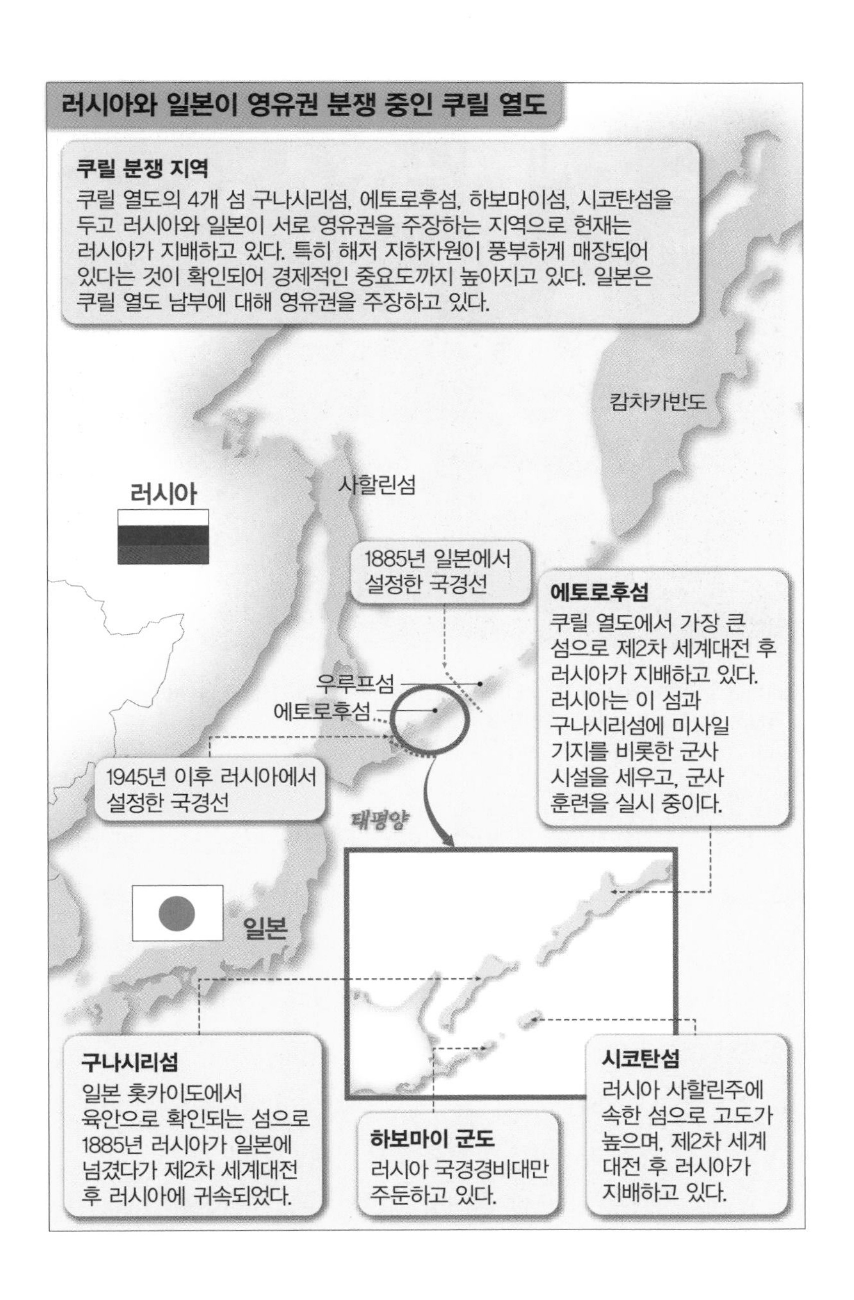
러시아와 일본이 영유권 분쟁 중인 쿠릴 열도
쿠릴 분쟁 지역
쿠릴 열도의 4개 섬 구나시리섬, 에토로후섬, 하보마이섬, 시코탄섬을 두고 러시아와 일본이 서로 영유권을 주장하는 지역으로 현재는 러시아가 지배하고 있다. 특히 해저 지하자원이 풍부하게 매장되어 있다는 것이 확인되어 경제적인 중요도까지 높아지고 있다. 일본은 쿠릴 열도 남부에 대해 영유권을 주장하고 있다.
캄차카반도
사할린섬
러시아
1885년 일본에서 설정한 국경선
에토로후섬
쿠릴 열도에서 가장 큰 섬으로 제2차 세계대전 후 러시아가 지배하고 있다. 러시아는 이 섬과 구나시리섬에 미사일 기지를 비롯한 군사 시설을 세우고, 군사 훈련을 실시 중이다.
우루프섬
에토로후섬
1945년 이후 러시아에서 설정한 국경선
태평양
일본
구나시리섬
일본 홋카이도에서 육안으로 확인되는 섬으로 1885년 러시아가 일본에 넘겼다가 제2차 세계대전 후 러시아에 귀속되었다.
하보마이 군도
러시아 국경경비대만 주둔하고 있다.
시코탄섬
러시아 사할린주에 속한 섬으로 고도가 높으며, 제2차 세계 대전 후 러시아가 지배하고 있다.

1945년 얄타회담에서 미, 영, 소 3개국 정상이 소련의 대일 참전에 합의하는 모습. 미국 국립문서보관소(미국 육군 통신대 컬렉션)

처음으로 주목받은 것은 1951년이었다. 그해 일본은 '샌프란시스코평화조약(일명 대일평화조약)'에서 쿠릴 열도(지시마 열도)와 남사할린(미나미카라후토)의 영유는 포기했지만, 북방 4개의 섬은 쿠릴 열도에 포함되지 않는 일본 영토라고 주장했다. 그러나 소련이 쿠릴 열도에 포함된다고 주장해 대립하게 된 것이다.

그 후 일본과 소련은 4개 섬의 영유권을 놓고 지속적인 협상에 들어갔다. 그 과정에서 반환의 기회도 몇 차례 있었다.

첫 번째 기회는 일본과 소련이 사실상 국교를 회복한 1956년의

'일소공동선언'을 체결했을 때다. 이 선언에는 소련이 하보마이 군도와 시코탄섬을 일본에 인도하는 데 동의한다는 내용이 명기되어 있었다. 일본은 2개 섬만 반환되는 것이 불만이었지만 소련으로서는 큰 양보였다. 그러나 1960년 '미일신안전보장조약'이 체결되자 소련이 거세게 반발하며 영토 반환을 거부해 교섭은 결렬되었다.

당시는 미국과 소련이 대립하는 동서 냉전이 한창이었다. 일본이 소련의 적대국인 미국과 동맹을 맺자, 소련은 경계심을 가지고 '영토 문제 해결 종료'를 통보한 이후 일본의 영토 반환 요구를 일관되게 거부하고 있다.

소련이 붕괴하고 신생 러시아가 수립되자, 일본은 경제적 우위를 바탕으로 반환 기대

냉전 체제 종식 이후에도 일본한테는 큰 기회가 있었다. 1990년대에 들어 소련이 붕괴하고 신생 러시아가 수립되자, 양국 사이에 4개 섬 반환 문제가 거론되기 시작했기 때문이다. 당시 소련 경제는 붕괴 중이었고, 일본 경제는 버블의 정점에 다다랐다. 일본은 이러한 상황이 영토 반환에 유리할 걸로 생각해 한껏 기대에 부풀었다.

실제로 2019년 공개된 외교 문서를 보면, 1988년 나카소네 총리(당시)와 소련의 미하일 고르바초프 서기장의 회담에서 소련의 태도가 누그러진 것을 알 수 있다. 소련 체제가 무너져 러시아로 바뀌고, 일본의 협상 상대가 보리스 옐친 대통령이 된 후에는 모라토리

엄을 선언할 정도로 러시아의 경제 상황이 악화하였다.

하지만 일본의 기대는 헛된 꿈이었다. 당시 러시아가 일본의 경제 협력을 원한 것은 사실이지만 그 대가로 영토를 반환할 생각은 없었다는 게 정설이다.

그 후 양국은 1993년 '도쿄선언'으로 4개 섬 귀속의 평화적 해결을 위해 합의했고, 1997년에는 '크라스노야르스크합의'를 통해 2000년까지 평화조약을 체결하는 데 합의했다. 그러나 구체적인 진전은 없었고 장시간 교착 상태에 머물렀다.

그러다가 아베 신조 총리(당시)가 러시아의 블라디미르 푸틴 대통령과 회담을 거듭한 끝에 2013년 4월, "영토 문제를 해결해 양국 간 평화조약을 체결한다"라는 내용에 합의했다. 그러나 2개 섬 반환의 조기 해결을 바란 아베 총리의 기대에도 불구하고, 러시아가 "4개 섬은 제2차 세계대전 결과 정당하게 러시아령이 되었다"라고 주장해 협상이 결렬되었다. 일본과 러시아 사이의 영토 분쟁에 대한 해결의 실마리는 여전히 오리무중의 상황이다.

러시아 입장에서는 4개 섬을 기지로 삼아야 미국과 일본의 태평양 활동을 견제할 수 있다

이후에도 러시아는 쿠릴 열도 4개 섬에 대한 실효 지배를 강화했다. 러시아가 4개 섬을 고집하는 이유는 군사적 목적 때문이다.

4개 섬은 태평양으로 나가는 출구 역할을 하는데, 이곳은 일본을 견제할 수 있는 군사적 요충지일 뿐 아니라 미군과 대치하는 지역이기도 하다. 러시아 입장에서는 이 땅을 기지로 삼아야 미국과 일본의 태평양 활동을 견제할 수 있다. 그래서 쿠릴 열도가 강대국 틈바구니에 낀 작은 섬일 뿐이지만 순순히 포기하지 않는 것이다.

실제로 최근에는 러시아가 구나시리섬과 에토로후섬에 함정 공격용 미사일과 신형 전투기를 배치하고, 4개 섬에서 러시아군의 군사 훈련까지 실시하고 있다. 물론 러시아의 이 같은 행동은 4개 섬이 자국령임을 과시하면서 미국을 견제하기 위함이다.

결국 쿠릴 열도 남단의 전략적 중요성이 높아지고, 러시아의 실효 지배가 강화될수록 일본 반환의 가능성은 희박해지고 있는 실정이다.

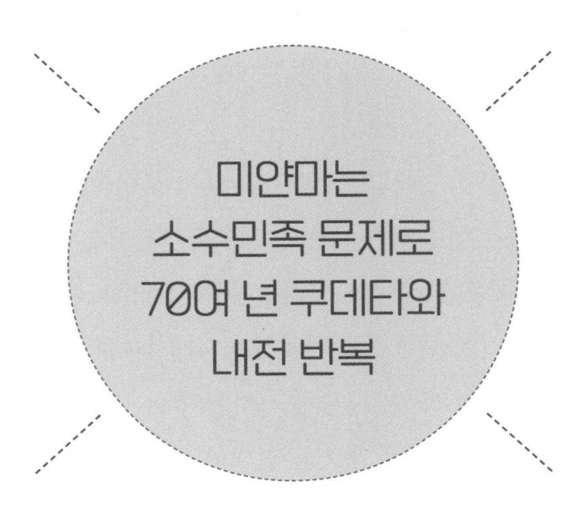

50여 년간 독재 군부가 통치했던 미얀마에서 아웅산 수치가 선거를 통해 민주 정권 수립

'아시아의 마지막 미개척지'라고 불리는 미얀마는 최근 내전과 로힝야족의 난민 문제로 시끄럽다. 1948년에 영국으로부터 독립한 미얀마(당시 버마)는 이후로 내전이 계속되고 있다. 70년 이상 지속되고 있는 내전은 주로 민족 간의 분쟁으로, 여러 민족이 독립 또는 자치권 확대를 요구하며 군부와 전쟁과 분쟁을 되풀이하고 있다.

미얀마는 천연가스 등의 천연자원이 풍부한 인구 5,000만 명 이상의 나라다. 제2차 세계대전 후 오랜 군정으로 선진국과의 교류가 거

힐러리 클린턴 미국 국무장관을 만나고 있는 아웅산 수치, 2011년, 양곤. 동아시아 및 태평양 미디어 허브 미국 국무부

의 없어 '은둔의 나라' 같은 존재로 취급되었다. 그러다가 민주화 이후 보여준 잠재력에 세계가 주목했고, 다시 군사쿠데타로 정세가 악화하기 전까지는 외국의 투자와 기업 진출이 활발하게 이루어졌다.

미얀마는 1962년의 군사쿠데타 발발 이후 50년간 군부에 의해 통치되다가 2010년 총선을 통해 형식적이나마 민간 정부가 들어섰다. 아웅산 수치가 이끄는 NLD(민족민주동맹)가 총선거를 보이콧한 바람에 군정 성격이 강한 정권이 집권했는데, 그 정권에서 경제민주화 등이 이루어지며 눈부시게 발전했다. 수치는 가택 연금이 해제되자 2012년 보궐선거에 나서 압승을 거두며 의회에 입성했다.

2015년 총선거에서는 수치가 이끄는 NLD가 대승을 거두며 정권

미얀마 내전은 버마족과 소수민족의 충돌

을 탈취해 진정한 민주 정부가 수립되었다. 수치는 국가 고문을 맡아 사실상 정권 일인자가 되었다. 다음 2020년 총선거도 NLD의 압승으로 끝나면서 NLD 정권은 장기 집권의 발판을 다지는 듯했다.

2021년 2월 1일, 다시 군부의 쿠데타 발생, 수십만 명의 시민이 시위와 무장봉기로 저항

2021년 2월 1일에 미얀마 군부가 쿠데타를 일으켰다. 전년도 총선거에 부정이 있었다며 결기해 국가 전체에 비상사태가 선포되었다. 갑작스러운 군부의 쿠데타로 수치 등 민간 지도자들이 체포되고, 국제사회가 혼란스러운 가운데 미얀마 사람들은 과감하게 항의 시위를 전개했다. 암흑의 군정 시대로는 절대 회귀할 수 없다는 듯 수십만 명 규모의 시위로 확산했고, 무장한 정부군을 상대로 거침없이 저항운동을 펼쳤다.

예상보다 시민들의 격렬한 저항운동이 계속되자 위기감을 느낀 정부군은 2월 하순부터 시위대를 강압과 폭력으로 진압하기 시작했다. 전국 각지에서 실탄을 쏘면서 진압하는 바람에 사상자가 속출했다.

시민군도 NLD와 소수민족 대표 등으로 이루어진 민족통합정부(NUG) 산하의 자체 부대, 시민방위대(PDF)의 요청으로 무장을 갖췄다. 중심 도시 양곤 등지에서 정부군과 시민군 사이에 무력 충돌이 발생하면서 수많은 도시에서는 유혈 사태가 벌어졌다. 한편에서

쿠데타를 일으킨 군부를 상대로 시위하는 양곤 시민들, 2007년. © 로버트 콜스, W-C

는 직장 퇴사나 근무 거부로 저항의 뜻을 나타내는 '시민불복종운동(CDM)'에 많은 공무원이 동참하여 나라의 정치, 경제까지 마비될 지경에 이르렀다.

네윈이 버마족 중심으로 국정을 운영하면서 소수민족을 배제한 것이 내전의 불씨로 작용

2021년 3월 하순, 쿠데타를 일으킨 정부군은 시위 대부분을 진압했다. 하지만 설령 강력한 군정이 부활해도 국민의 반발은 계속될 것이고 국제사회의 지지도 얻지 못할 터였다. 그런데도 군부가 권력 탈취에 나선 것은 장기간 내전의 원인으로 지목되는 소수민족 문제 때문이었다.

미얀마에는 인구의 약 70%를 차지하는 버마족 외에 카렌족, 샨족, 몽족, 로힝야족 등 130개 이상의 소수민족이 살고 있다. 또한 영국 통치 시대에는 다수파인 버마족을 억제하기 위해 소수민족을 우대했다.

이런 미얀마는 버마족 출신의 아웅산 장군(수치의 부친)이 구일본군의 원조를 받아 영국의 통치를 벗어나며 독립했다. 미얀마 독립의 영웅으로 추앙받는 아웅산 장군은 소수민족과의 통합에 앞장서면서 영국과 독립협상을 이어가던 1947년 7월 19일에 안타깝게도 정적의 손에 암살당했다.

아웅산 장군과 함께 독립운동했던 총사령관 네윈이 독립 정부의 실권자로 등장하고, 1962년에 군사쿠데타에 성공하면서 명실상부한 최고 권력자의 자리에 올랐다. 네윈은 26년간의 군부 독재로 미얀마를 세계 최빈국으로 만든 악명 높은 독재자였다. 그리고 버마족 중심으로 국정을 운영하면서 철저하게 소수민족을 배제한 것이 지금도 내전의 불씨로 작용하고 있다.

이후 군부가 집권하는 동안 버마족이 소수민족을 탄압하고 소수민족이 이에 저항하는 구도로 바뀌었으며, 양측은 여러 차례 무장충돌을 벌이며 항쟁을 이어가고 있다. 자치와 독립을 원하는 소수민족의 무장 세력과 싸워온 것이 지금의 군부이다. 이런 역사 때문에 군부는 '우리가 정치를 주도해야 나라의 통일을 유지할 수 있다'라며 강권 통치로 정권 유지에 집착하는 것이다.

미얀마 국적이 없는 이슬람계 로힝야족이 방글라데시로 탈출해 대규모 난민 발생

이 같은 미얀마의 역사와 군부의 성격은 2017년부터 심각성을 띠기 시작한 로힝야족의 난민 문제에도 큰 영향을 미쳤다.

로힝야족은 미얀마 서부 라카인주에 사는 소수민족이다. 방글라데시 등지에 다수 분포하는 벵골계 이슬람교도로서 버마족과는 외모와 언어가 다르다. 소수민족이지만 인구는 80만~100만 명에 이르며, 미얀마에서는 국적이 주어지지 않아 이동이 제한되는 등 부당한 차별을 받아왔다.

이 로힝야족의 무장 단체 아라칸로힝야구원군(ARSA)이 2017년 8월에 미얀마 정부군과 경찰 시설을 습격하는 일이 발생해 치안 부대가 소탕 작전에 나섰다. 당시 치안 부대는 로힝야족 마을을 불사르고 여성과 어린이까지 죽이며 잔혹 행위를 일삼았다고 한다. 그 결과 수십만 로힝야족이 이웃 나라 방글라데시로 탈출해 대규모 난민이 발생한 것이다.

2019년 12월, 국제사법재판소는 미얀마측에 제노사이드의 중단을 촉구했다. 그러나 수치는 정부군을 옹호하며 문제 해결에 적극적으로 나서지 않았다. 또한 2021년 6월에는 미얀마 민주 진영의

이재민이 된 로힝야족을 돕기 위해 설치된 보호소 풍경, 2012년, 라카인. © 영국 국제개발부

임시정부인 NUG가 로힝야족에게 시민권을 부여하겠다고 발표했으나 군부 세력 등 미얀마 국내의 반대 여론이 높아 실현 여부는 미지수이다.

2021년 이후 미얀마 군정과 3년째 내전을 벌이고 있는 소수민족과 민주운동 단체가 결성한 무장 세력 연합군은 최근 정부군을 상대로 연이어 승리하면서 지배 영역을 확대하고 있다.

이들은 미얀마 북동부의 샨주를 거점으로 삼아 서부 라카인주의 정부군 점령지를 동시다발적으로 공격해 큰 성과를 거두었다.

특히 중국과 국경을 이루고 있는 샨주는 마약과 도박이 성행하는 지역으로 연합군의 무장 세력에게는 든든한 자금줄 역할을 하는 핵심 지역이다.

미얀마 내전은 내부적으로 미얀마에 산재한 수많은 소수민족의 독립과 자치, 그리고 민주운동 세력과 군부의 주도권 다툼이 서로 얽히고설켜 있다.

여기에다 미얀마를 통해 인도양에 진출하려는 중국의 '일대일로' 전략까지 개입하는 바람에 미얀마내전은 국제적인 문제로 확대되고 있다. 미얀마가 '아시아의 마지막 미개척지'로서 평화를 되찾고 국제사회에 복귀하는 날은 과연 언제가 될지 귀추가 주목된다.

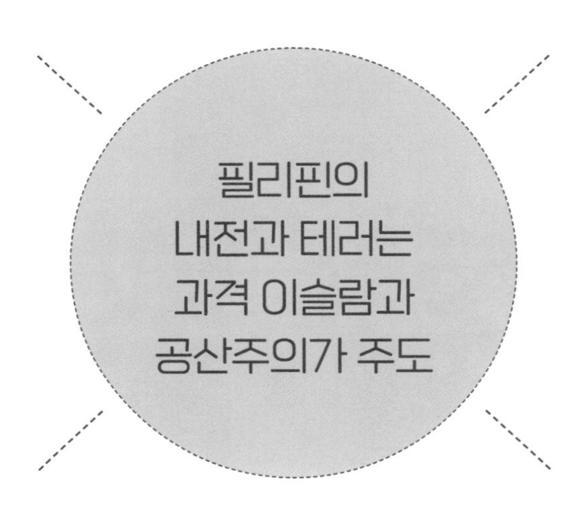

**테러로 악명을 떨치던 이슬람계 반군 세력이
민다나오섬 남서부의 방사모로자치구를 운영**

필리핀은 동남아시아에서는 드문 가톨릭 국가이다. 전 국민의 83%가 가톨릭교도이며 9%가 개신교도이다. 또한 남부 민다나오섬과 술루 제도를 중심으로 약 6%의 이슬람교도가 있다. 이들은 대부분 온건하지만, 일부 극단주의 세력이 뭉쳐서 필리핀 정부와 무장 투쟁을 벌이고 있다.

필리핀의 반정부 무장 세력은 크게 이슬람교도와 공산주의 세력으로 양분할 수 있다. 이들은 필리핀 남부의 민다나오섬과 인도네

개회 중인 방사모로 국회, 2022년. 방사모로 지방정부

시아의 보르네오섬을 연결하는 주요 제도의 섬이나 민다나오섬 남서부 지역을 근거지로 삼아 주요 반군 활동을 하고 있다.

이슬람 반군 세력은 필리핀 정부와의 협약에 따라 1990년에 자치구를 설립, 2019년에 이슬람 민다나오 방사모로자치구로 대체후 현재에 이르고 있다. 방사모로는 무슬림 모로족이 민다나오섬 남서부 지역에서 2013년에 이슬람 독립 국가인 '방사모로공화국'을 일시적으로 설립한 데서 기인한 명칭이다.

이슬람자치구 설립 이전에는 독립 활동의 일환으로 테러를 일삼으며 악명을 떨쳤던 반군 세력은 이제 방사모로자치구를 운영하며 준정부 활동을 하고 있다. 원래 이슬람 반군 세력이었던 모로민족해방전선(MNLF, Moro National Liberation Front)과 모로이슬람해방전

필리핀 반정부 세력의 활동 지역
MNLF 모로민족해방전선
창설: 1970년
의장: 누르 미수아리
(전 필리핀대학교 교수)
거점: 민다나오섬 중서부
활동: 오랜 기간 투쟁 끝에 1995년 정부와 평화협정에 조인했다. 지금은 민다나오섬의 방사모로(이슬람교 신자인 모로의 땅이라는 뜻) 자치구를 이끌고 있다.
MILF 모로이슬람해방전선
창설: 1978년 MNLF에서 갈라져 나옴.
지도자: 하심 살라마트
(2003년 사망)
거점: 바실란섬, 민다나오섬
활동: MNLF보다 이슬람 원리주의 색채가 강하며, 지금은 MNLF와 함께 방사모로자치구 정부에 참여하고 있다.
ASG 아부사야프그룹
창설: 1991년 MNLF에서 갈라져 나옴.
지도자: 압둘라직 아부바카르 잔자라니
(2006년 사망)
거점: 바실란섬, 홀로섬, 민다나오섬
활동: MNLF에서 분파한 과격파 그룹. 알카에다의 자금 원조를 받아 창설되었다고 한다. 1990년 이후 위의 두 조직 보다 과격한 투쟁을 펼치고 있다.
NPA 신인민군
창설: 1969년
지도자: 호세 마리아 시손 (2022년 망명지 네덜란드에서 사망)
거점: 루손섬 북부, 사마르섬, 네그로스섬, 민다나오섬
활동: 필리핀 공산당(CPP)의 군사조직. 1990년대부터 외국인과 외국 기업을 표적으로 테러 활동을 펼쳐 2000년대 초 테러 단체로 지정되었다.
루손섬
마닐라
민도로섬
사마르섬
파나이섬
세부
네그로스섬
보홀섬
팔라완섬
민다나오섬
다바오
바실란섬
홀로섬

선(MILF, Moro Islamic Liberation Front)이 필리핀 정부와 협상을 체결한 후 자치구를 이끄는 지방정부로 나선 것이다.

MILF에서 갈라져 나온 방사모로이슬람자유전사(BIFF, Bangsamoro Islamic Freedom Fighters)는 이슬람 극단주의 무장 단체로 필리핀 정부에 대항해 각종 테러 활동을 벌이고 있다. 그리고 필리핀 공산당(CPP, Communist Party of the Philippines)과 신인민군(NPA, New People's Army)은 필리핀의 공산주의 반군 무장 세력인데 구소련 붕괴 이후로는 점차 세력을 잃어가고 있다.

이슬람 극단주의와 손잡은 아부사야프
폭탄 테러와 외국인을 납치해 인신매매도 자행

이들 반정부 세력 가운데 최근 테러가 심한 곳은 술루 제도에서 주로 활동하는 이슬람 극단주의 아부사야프이다. 아부사야프의 창시자는 민다나오섬에서 독립 투쟁을 벌여온 모로민족해방전선(MNLF) 출신 압둘라직 아부바카르 잔자라니이다. 먼 옛날 술루 술탄국이 지배했다는 지역(필리핀 중부 비사야 지방, 북부 루손 지방)에 이슬람 국가를 세울 목적으로 1991년 설립된 단체다.

아부사야프는 폭탄 테러와 암살만 자행한 것이 아니라 인신매매를 위해 외국인을 납치하고 감금하기도 했다. 그 건수가 너무 많아서 한때 필리핀은 '세계에서 가장 납치가 많은 나라'라는 불명예를 얻기도 했다.

또 국제적인 이슬람 극단주의 단체와 손잡았다는 점도 아부사야프의 특징이다. 처음에는 잔자라니가 아프가니스탄 전쟁에서 미국 9.11 테러의 주모자 오사마 빈 라덴과 함께한 인연으로 알카에다의 원조를 받았다. 9.11 테러 후 2014년에는 당시 리더인 이스닐론 하피론이 이슬람국가(IS)에 충성을 다짐했다고 한다.

아부사야프의 투쟁은 미국의 지원을 받은 필리핀 정부의 소탕 작전으로 2000년대 중반부터 고전을 면치 못하다가 괴멸 상태에 내몰렸다. 그러나 아부사야프는 끝까지 살아남았다.

2017년 하피론은 민다나오섬 마라위에서 마우테 그룹이라는 극단주의 단체와 손잡고 마라위 점거를 계획했다. 그런데 필리핀군이 하피론을 체포하려던 순간 군과 아부사야프, 마우테 그룹 간에 총격전이 발생했고, 여기에 민간인까지 말려들어 대규모 전투가 발발했다. 전투는 5개월 동안 계속됐고, 마라위는 해방됐지만 하피론을 포함해 총 1,200명이 사망했다.

2019년에는 이슬람교도가 자치 정부를 수립했으나 술루 군도에서 아부사야프가 평화합의에 반발, 2020년 정부군 병사 등 10명이 사망하는 테러 사건이 발생했다. 2021년 3월에 정부군은 아부사야프의 지도자를 사살했지만 테러 활동은 여전히 현재진행형이다.

남북 아메리카의 분쟁

세계 패권국 미국은 러시아, 중국과 대립하는 동안 신냉전 구도가 형성되었고, 내부적으로는 인종차별 문제로 시끄럽다. 중남미에서는 멕시코가 여전히 마약 카르텔과 '전쟁' 중이며, 콜롬비아는 테러와 납치를 일삼는 반정부 세력 때문에 몸살을 앓고 있다. 쿠바는 사회주의혁명 이후 미국과 대립하며 지금까지 빈곤의 늪에서 헤어나지 못하고 있다.

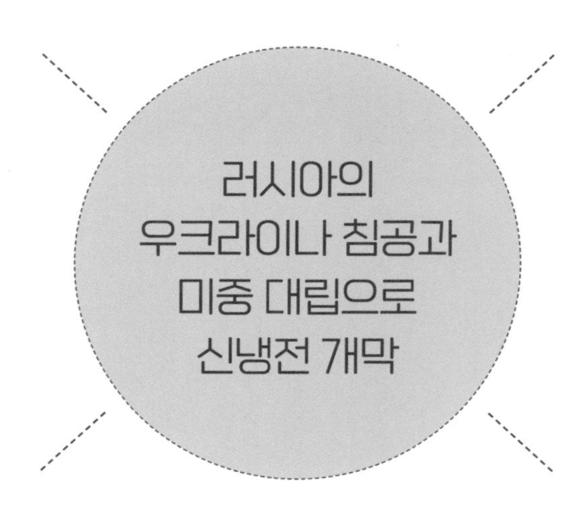

미국과 중국의 군사적 대립이 본격화되고, 러시아의 우크라이나 침공으로 '신냉전' 개막

제2차 세계대전이 끝나고, 1947년부터 1989년까지 동서로 양분된 진영의 대립이 계속됐다. 미국을 맹주로 하는 서방의 자유주의(자본주의) 진영과 소련을 맹주로 하는 동방의 공산주의(사회주의) 진영의 대립이다. 미국과 소련은 세계 각지에서 대리전쟁을 벌였지만 직접 총을 겨눈 적은 없었기 때문에 이 대립을 '콜드 워(냉전)'라고 불렀다.

제1차 냉전의 승리자는 미국을 필두로 한 서방 진영이었다. 소련의 위성국인 동유럽 공산당 정권이 잇달아 무너지고, 소련이 해체되면서 동방 진영은 붕괴했다. 그 결과 미국이 유일한 초강대국으로서 전 세계 패권을 쥐게 된 것이다.

하지만 그런 미국도 2001년에 발생한 9.11 테러, 이어서 터진 대테러 전쟁(아프가니스탄 전쟁과 이라크 전쟁), 2008년에 터진 미국발 세계 금융 위기로 타격을 입어 세계적 영향력이 감소하고 있다.

물론 2013년 오바마 대통령(당시)이 미국의 오랜 슬로건인 '세계의 경찰'이라는 간판을 내리겠다고 밝힌 후, 국제 질서를 주도하던 미국에 치우쳤던 무게 중심에도 변화가 생긴다. 때마침 급속한 경제 성장으로 G2의 반열에 오른 중국이 미국의 패권에 도전하면서 세계의 권력이 양극화된 셈이다.

2000년대 들어 유가가 급등하자 경제 회복, 푸틴의 강권 통치로 국제사회 영향력 증대

현재는 러시아의 우크라이나 침공과 미중의 군사적 대립이 본격화되면서 '신냉전' 시대로 가고 있다. 미국, 유럽이 이끄는 민주주의 진영과 러시아, 중국이 이끄는 전체주의 진영이 세계 곳곳에서 대립하는 양상을 보이고 있다.

러시아는 소련 말기부터 극심한 경제난을 겪으면서 패권을 다투던 미국에 일극 체제의 주도권을 내주고 말았다. 그러나 2000년대 들어 유가가 급등하자 오일 머니 덕분에 경제를 회복했다. 정치적

신냉전 시대에 불을 지핀 트럼프 전 대통령과 푸틴 대통령, 2019, 오사카 G20. © 미국 백악관 사진

으로도 블라디미르 푸틴 대통령의 강권 지배가 효과를 나타내 국제 사회에도 강한 존재감을 드러냈다. 그리하여 러시아는 2010년 이후 미국과 새로운 대립각을 형성하게 되었다.

2014년, 러시아는 친유럽 국가인 우크라이나령 크림반도를 침공해 일방적으로 병합했다. 이는 명백히 국제법을 위반하는 행위였다. 이듬해에는 시리아 내전에서 바샤르 알아사드 대통령의 독재 정권을 지원했다. 게다가 아프가니스탄에서 미군 병사를 살해한 반정부 세력 탈레반에게 포상금을 지급하는 등 미국에 대한 도발을 멈추지 않았다.

미국과 러시아의 대립 요인은 군사 분야에만 한정된 것이 아니었다. 2020년 미국 대통령 선거 당시, 러시아는 트럼프 대통령(당시)을 당선시키기 위해 여론을 조작했으며, 이를 푸틴 대통령이 직접 지시했다고 알려져 있다. 이것을 대통령에 당선된 바이든 대통령이 비판하자, 러시아는 반발하며 즉각 주미 대사를 본국으로 귀국하게 했다.

2021년에는 미국 최대의 석유 파이프라인이 러시아 해커 집단으로부터 사이버 공격을 당해 공급이 중단되는 일도 있었다. 러시아의 도발적인 행동이 계속 미국을 자극하면서 대립과 긴장의 강도도 점차 높아지고 있는 것이다.

2022년 2월 24일은 러시아가 우크라이나를 침공한 날이다. 러시아의 우크라이나 침공 사태는 소련 해체 이후 지금까지 유지되어 온 세계 질서 자체가 본격적으로 무너지는 신호탄이라는 분석이 설득력을 얻고 있다. 그리고 미국 중심의 일극 체제가 무너지고 양극 체제, 나아가 다극 체제의 세계 질서로 재편되는 신냉전의 도화선으로 작용하고 있다.

중국과 미국의 대립도 날로 심각해지고 있다. 중국은 현재 세계 제2위의 경제 대국이 되었고, 군사적으로도 미국을 위협할 정도의 입지를 굳혔다.

장차 미국과 어깨를 나란히 하는 초강대국이 되기 위해 2012년에 집권을 시작한 시진핑 정권이 안으로는 자국의 통제권을 강화하고, 밖으로는 일대일로 정책 등을 앞세워 세력 확장에 열을 올리고 있다. 그래서 중국의 전방위적인 팽창주의가 세계 곳곳에서 미국과

미국과 중국의 신냉전 실태

미국	중국
세계 최대의 경제력과 군사력을 가진 **초강대국**	고속 경제성장을 발판으로 세력을 확대하는 **신흥 강대국**
센카쿠 열도, 남중국해, 대만 등에서 **중국 주변국 지원**	일대일로 정책을 추진하면서 각지에서 **미국과 충돌**
소수민족 인권 문제, 대만과 홍콩 문제, **남중국해 분쟁** 등 비판	**홍콩 국가보안법 통과**로 민주화 운동 억압과 반외국 제재법 제정
중국의 노골적인 **군사적 팽창주의 견제**	영토와 영해 확장 정책으로 **주변국들과 갈등 및 충돌**
중국 수입품에 **고율의 관세** 부과	**미국에 보복관세** 부과로 대응
중국의 통신기업인 화웨이 등 **첨단 기술기업 제재**	화웨이 등 **자국 기술기업에 대한 지원**으로 제재를 돌파
대중 수출 1,476억 달러(2023년)	**대미 수출 4,272억 달러**(2023년)

전선을 형성하면서 신냉전 시대도 본격화하고 있다.

세계를 향한 중국의 전방위적 팽창주의가 미국과 전선을 형성하면서 신냉전이 본격화

경제 문제로 시작한 미중 갈등이 군사적으로는 남중국해와 동중국해에서 세력 다툼으로 발전하고 있다. 중국은 2014년부터 남중국해에 군사 거점을 건설하고, 센카쿠 열도가 있는 동중국해에서는 일본과의 충돌도 마다하지 않으며 위협 행위를 반복하고 있다. 이에 미국도 현지에서 군사 훈련을 시행하며 대응 중이다. 아직 일촉즉발의 위기는 없었으나 우발적 충돌은 언제 일어나도 이상하지 않을 정도로 긴장의 파고가 높아지고 있다.

미국은 남중국해에 중국과 대만 문제도 있기 때문에 2018년 태평양군을 인도태평양군으로 재편했다. 그래서 인도태평양 지역에도 신냉전의 그림자가 짙게 드리워지고 있다. 남중국해 영유권 문제로 중국과 갈등을 빚고 있는 필리핀 정부는 대만과 가까운 자국 영토에다 미군 기지를 설치해 미국과 군사동맹에 나서고 있다.

미중 양국의 외교적 힘겨루기도 빼놓을 수 없다. 트럼프 전 정권에서 시작된 무역 분쟁은 2018년 3월경 절정에 이른다. 2020년 미국에서 신형 코로나바이러스 감염이 확산하자 트럼프 대통령은 '신형 코로나바이러스 문제는 중국 탓'이라고 주장하는 등 중국을 지속해서 비판했다.

정보전도 더욱 격렬해졌다. 2020년 7월, 미국 국무부가 휴스턴의 중국총영사관을 산업스파이의 거점으로 간주하고 폐쇄하자, 중국도 그 보복으로 쓰촨성의 미국 총영사관을 폐쇄했다. 다음 달에는 중국이 CIA(미국중앙정보국) 전 직원을 스파이 용의자로 체포했다. 그리고 중국 당국의 지시로 추정되는 사이버 공격이 끝없이 이어져, 미국 정보기관이 주야로 공방전을 벌이고 있다고 한다.

미국과 소련 사이의 구냉전이 자유주의와 사회주의의 이데올로기 대립이었다면, 신냉전은 중국의 등장으로 인해 정치, 경제, 문화 등 국제적이고 전면적인 패권 경쟁으로 확대되는 중이다. 유럽, 중동, 남중국해, 동아시아, 중남미 등 세계 곳곳에서 벌어지는 지역 분쟁이 냉전 수준에 머무르지 않고 열전(핫 워)으로 이어질 것인가. 신냉전을 바라보는 세계인의 눈길에는 불안감이 가득하다.

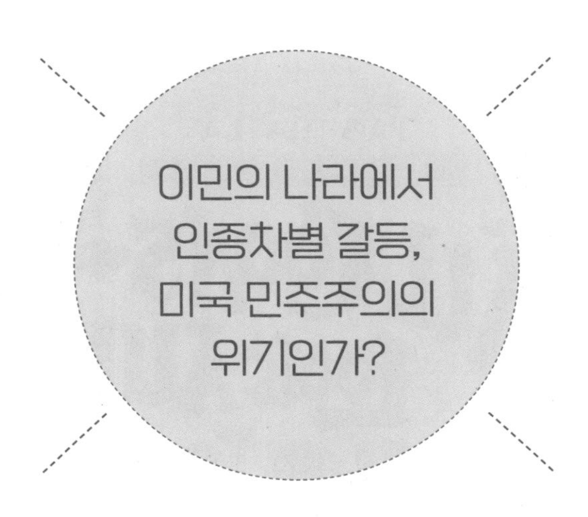

백인 대 비백인 구도의 인종 대립은 미국 선거의 표 쏠림 현상으로 표출

미국은 이민자의 나라다. 세계 각지에서 다양한 인종, 민족이 건너와 각자의 개성을 지키며 하나의 사회를 구성해 왔다. 그 모습은 '인종 전시장', '샐러드볼(다문화주의)'에 비유된다. 그러나 최근 미국은 인종 문제로 극심한 분열 상태를 보이고 있다. 우선 정치적 대립이 대표적인데 선거 때마다 나타나는 표 쏠림 현상의 일종인 백인 대 비백인(흑인계, 라틴계, 아시아계) 구도의 인종 대립이다.

미국의 인종 대립은 어제오늘의 일이 아니다. 이미 400년 전부

“모든 흑인은 내 눈에 다 비슷해 보인다.”(1896년 미국 뮤지컬 연극 포스터). © 어니스트 호건, M. 위트마크, W-C

터 지속되고 있는 문제다. 미국의 인종 문제는 17세기 중반부터 아프리카 흑인을 노예로 수입해 노동력을 착취하면서 시작되었다. 이후 1861~1865년까지 4년간 지속된 미국의 남북전쟁은 노예 제도의 존폐를 둘러싸고 벌어진 내전이다. 남북전쟁에서 링컨 대통령이 이끈 북부 연합이 남부 연합에 승리함으로써 노예제가 폐지되었고, 흑인 노예는 자유인 신분이 되었다.

다양한 인종의 갈등 또는 소수 집단을 차별하는 인종주의는 수백 년 지속된 미국 사회의 지배적인 분위기였으나 20세기 중반에 들어서면서 법률적, 정치적, 경제적, 문화적으로 용납할 수 없는 것으로 받아들여지기 시작했다. 물론 인종과 계급에 기반한 정치적 갈등은 여전히 현재진행형이고, 인종주의 또한 사회경제적 차별을 구조화하는 데 영향을 미치고 있다고 봐야 한다.

트럼프는 인종차별 발언과 소수자 공격으로 백인계로부터 압도적인 지지를 받았다

이런 사회적 분위기에서 'BLM(Black Lives Matter, 흑인의 생명도 소중하다)'이라는 반 인종차별 운동이 새삼 주목받게 되었다.

2013년 미국 역사상 최초로 아프리카계 대통령이 된 오바마 정권 당시, 17세 흑인 소년을 사살한(2012년) 백인 민병대원이 무죄 판결을 받는 사건이 일어났다. 흑인들은 'BLM'을 구호로 외치며 항의 운동을 전개해 삽시간에 미국 전역으로 확산하였다.

그러나 2017년 정권을 잡은 트럼프 대통령은 인종차별적 언행을 서슴지 않았고, 사회적 소수자들을 향해 공격적 언사를 남발해 백인계로부터 압도적인 지지를 받았다. 그러던 중 2020년 5월, 미네

인종과 국경을 넘어 확산하고 있는 BLM(Black Lives Matter) 시위, 2016년. © 존 루시아, W–C

소타주 미니애폴리스의 흑인 남성이 백인 경찰관에게 폭행당해 사망하는 사건이 일어났다. 이른바 조지 플로이드 사망 사건이다.

이 사건을 계기로 BLM 운동에 다시 불이 붙는다. 전미 각 도시에서 시위가 일어났고, 일부 폭동에 가담한 시민들이 거리로 쏟아져 나왔다. 당시 미국인의 3분의 2가 BLM 운동을 지지했다는 평가가 뒤따를 만큼 큰 파장을 일으켰다. 아이티계 흑인 혼혈인 프로 테니스 선수 오사카 나오미는 2020년 US오픈 시합에서 백인에게 살해당한 흑인들의 이름이 새겨진 마스크를 끼고 출장해 주목받았다.

미국의 인종차별 실태
미국의 인종차별
미국에는 인종이나 민족이 다르다는 이유로 대놓고 직접적인 차별 행위가 벌어지는 일은 거의 없다. 또한 흑인 대통령이 선출되는 등 여러 가지로 흑인에 대한 차별이 많이 개선된 것도 분명하다. 하지만 동남부 지역, 특히 흑인이 많은 주일수록 인종차별은 여전하다는 것이 중론이다.
메인
워싱턴
몬태나
오리건
아이다호
와이오밍
사우스다코타
뉴저지
델라웨어
유타
콜로라도
노스캐롤라이나
캘리포니아
테네시
뉴멕시코
미시시피
사우스캐롤라이나
앨라배마
조지아
텍사스
루이지애나
플로리다
알래스카
하와이주
인종차별이 심한 주
루이지애나, 텍사스, 미시시피, 사우스캐롤라이나, 플로리다, 노스캐롤라이나, 테네시, 앨라배마, 조지아, 뉴저지, 델라웨어
인종차별이 심하지 않은 주
오리건, 와이오밍, 콜로라도, 유타, 뉴멕시코, 아이다호, 몬태나, 워싱턴, 캘리포니아, 메인, 사우스다코타, 알래스카, 하와이.

백인 인구가 비백인계 인구보다 줄어들어 소수자가 될 것이라는 불안이 차별로 표출

미국은 1950년대부터 1960년대까지 공민권 운동이 활발했다. 갈수록 심해지는 차별과 폭력에 맞서 비폭력 시위가 일어나기 시작한 것이다.

1963년 8월 28일에는 수십만 명의 대규모 시위대가 참여한 직업과 자유를 위한 워싱턴 행진에서 마틴 루터 킹 목사가 "I Have a Dream"이라는 역사적인 연설을 해 흑인 인권운동을 상징하는 인물이 되었다. 결국 1964년 인종차별 철폐를 주장한 공민권법이 제정되었고, 1965년에는 투표권이 통과되었다.

그 후에도 인종차별 해소를 촉구하는 운동은 계속되었다. 하지만 인종 문제의 뿌리가 너무 깊어 차별은 좀처럼 근절되지 않았다. 미국 흑인들은 자신의 목숨이 가볍게 취급된다고 여긴다.

실제로 '흑인은 범죄를 일으킬 가능성이 높다'라는 편견 때문에 백인 경찰에게 과잉 진압을 당하다가 목숨을 잃는 경우도 많다. 그리고 보험 가입 비율도 백인에 비해 낮고, 신형코로나바이러스 감염 확산으로 인한 사망률도 흑인이 압도적으로 높았다.

한편 백인은 흑인을 여러 가지 불만의 배출구로 삼는 측면이 있다. 가령 코로나 위기, 경기 악화는 물론 조만간 백인 인구가 비백인계 인구보다 줄어들어 자신들이 소수자가 될 것이라는 불안 등을 빌미로 삼아 소수자를 내치려하거나 차별하고 있다고 한다.

현재 민주당의 바이든 정권은 인종차별 근절을 호소하고 있으나 미국 역사를 보더라도 이것이 하루아침에 실현되기란 쉽지 않다. 그래도 역사의 진보에 앞장 서온 미국 사회에서 인종과 민족에 대한 공정함이 실현되어 분열된 미국 사회가 통합으로 나아가기를 기대해 본다.

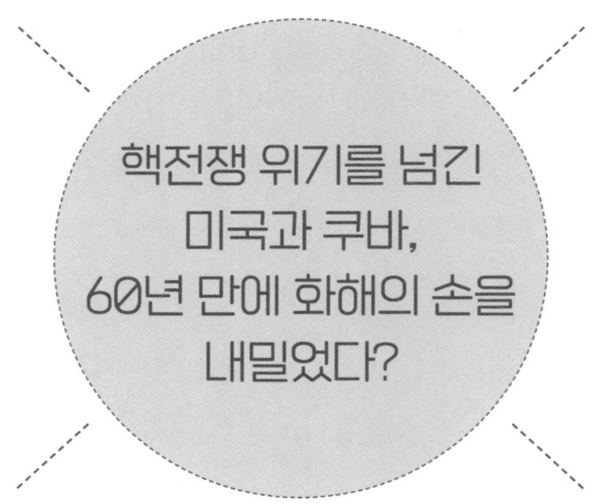

중남미의 '카리브해 진주'라 불리는 쿠바는 대항해 시대부터 지정학적 요충지로 주목

미국 프로야구 메이저리그(MLB)에는 쿠바 출신 선수가 많다. 휴스턴 애스트로스의 내야수 아브레우와 리그를 대표하는 마무리 투수 아롤디스 채프먼(현 피츠버그 파이리츠) 등 메이저리그에서 정상급으로 활동하는 선수들이 많다.

그러나 그들은 자신이 태어난 나라인 쿠바 국적을 가지고 있지 않다. 미국과 쿠바가 적대국 관계여서 쿠바 출신들이 MLB에서 뛰려면 타국으로 망명해 국적을 바꿔야하기 때문이다. 그래서 아마추

1960년 3월 5일 쿠바 아바나에서 열린 라 쿠브르 폭발 희생자 추모 행진, 사진 왼쪽 끝에 선 사람이 피델 카스트로, 세 번째가 체 게바라이다. © 체 게바라 박물관 소장

어 야구 세계 최강인 쿠바에는 실력이 뛰어난 선수가 많지만, 프로 구단이 없어 미국으로 망명해 국적을 바꾸고 프로선수로 활동하는 경우가 많다.

'카리브해 진주'라 불리는 중남미의 쿠바는 미국 플로리다반도 바로 앞에 있어 대항해 시대부터 지정학적 요충지로 주목받아 왔다. 그러나 미국 본토와 가까운 쿠바에 사회주의 정권이 들어서고, 양국은 1961년부터 반세기 이상 국교를 단절한 상태에서 적대적인 관계로 대립해 왔다.

2014년 12월에 미국의 오바마 대통령이 쿠바와 국교 정상화를 선언했으나, 트럼프 정권 시기에 외교와 경제 제재를 다시 시행해 관계가 악화하고 말았다.

쿠바는 소련의 지원으로 사회주의 첨병 역할, 미국을 비롯한 서구와 대립하다 경제난 심각

지리적으로 가까운 이웃 나라와의 관계가 어쩌다 이렇게 되었을까. 최초의 발단은 19세기 말에 벌어진 미국-스페인 전쟁이다. 콜럼버스가 진출한 15세기 말부터 대략 400년간 스페인에 의해 지배된 쿠바는 19세기 말 독립운동을 일으킨다. 이를 지원한 것이 미국이었고, 미국은 1898년 스페인과 싸워(미국-스페인 전쟁) 승리했다.

그 결과 쿠바는 1902년 독립하게 되었는데, 이후 미국의 내정 간섭이 본격화되었다. 사실상 식민지나 다름없는 형태로 미국의 지배를 받았다. 1903년에는 관타나모만을 면한 토지의 영구 조차권을 미국이 갖게 되었고, 쿠바 내에 미국 해군기지가 건설되었다.

물론 쿠바도 가만히 있지 않았다. 1959년에 쿠바혁명을 이끈 피델 카스트로가 친미 성향의 풀헨시오 바티스타 정권을 무너뜨렸다. 1961년에 카스트로가 사회주의 정권을 수립하고 반미를 선언하면서, 쿠바는 미국을 비롯한 서구 자유주의 진영과 격렬하게 대립했다.

동서 냉전이 한창인 시절 미국은 봉쇄 정책으로 쿠바를 고립시키

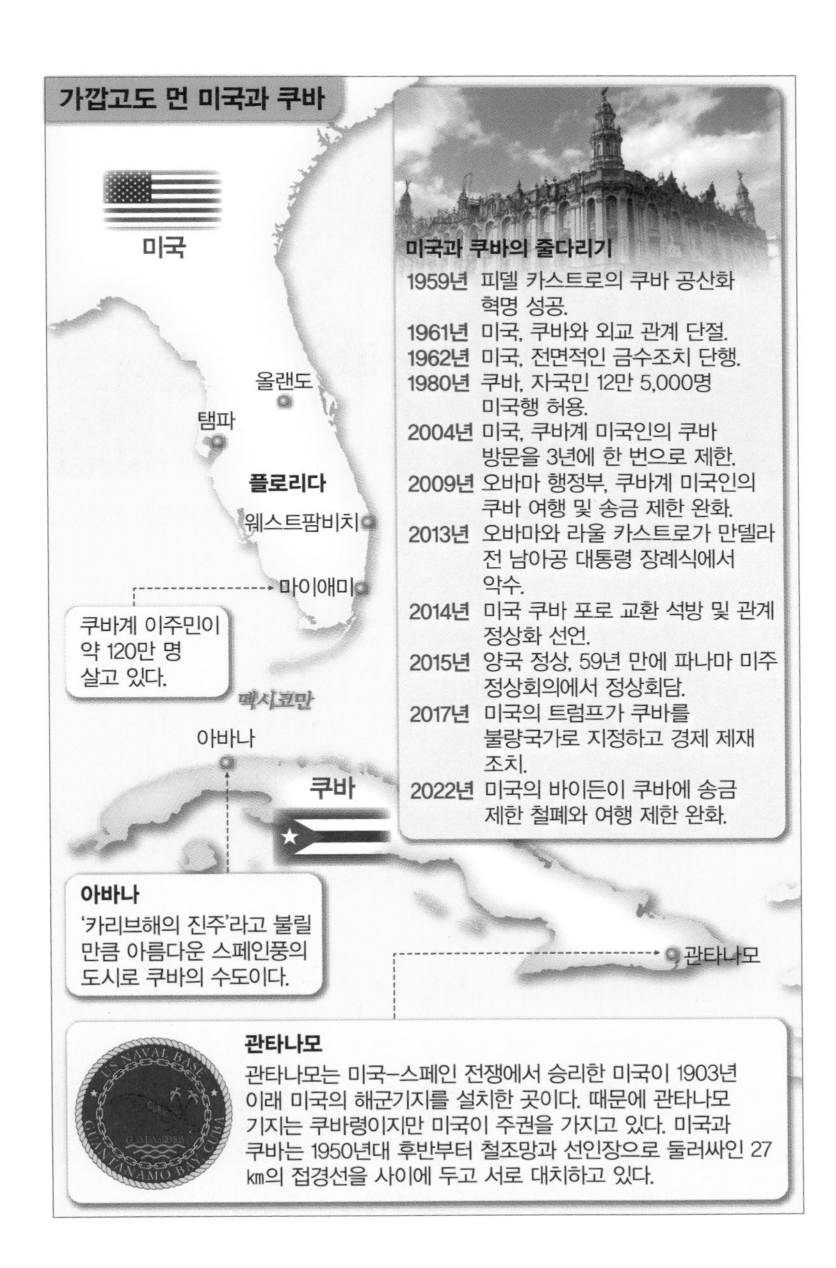
가깝고도 먼 미국과 쿠바
미국
올랜도
탬파
플로리다
웨스트팜비치
마이애미
쿠바계 이주민이 약 120만 명 살고 있다.
멕시코만
아바나
쿠바
미국과 쿠바의 줄다리기
1959년 피델 카스트로의 쿠바 공산화 혁명 성공.
1961년 미국, 쿠바와 외교 관계 단절.
1962년 미국, 전면적인 금수조치 단행.
1980년 쿠바, 자국민 12만 5,000명 미국행 허용.
2004년 미국, 쿠바계 미국인의 쿠바 방문을 3년에 한 번으로 제한.
2009년 오바마 행정부, 쿠바계 미국인의 쿠바 여행 및 송금 제한 완화.
2013년 오바마와 라울 카스트로가 만델라 전 남아공 대통령 장례식에서 악수.
2014년 미국 쿠바 포로 교환 석방 및 관계 정상화 선언.
2015년 양국 정상, 59년 만에 파나마 미주 정상회의에서 정상회담.
2017년 미국의 트럼프가 쿠바를 불량국가로 지정하고 경제 제재 조치.
2022년 미국의 바이든이 쿠바에 송금 제한 철폐와 여행 제한 완화.
아바나
'카리브해의 진주'라고 불릴 만큼 아름다운 스페인풍의 도시로 쿠바의 수도이다.
관타나모
US NAVAL BASE
GUANTANAMO BAY CUBA
관타나모
관타나모는 미국-스페인 전쟁에서 승리한 미국이 1903년 이래 미국의 해군기지를 설치한 곳이다. 때문에 관타나모 기지는 쿠바령이지만 미국이 주권을 가지고 있다. 미국과 쿠바는 1950년대 후반부터 철조망과 선인장으로 둘러싸인 27㎞의 접경선을 사이에 두고 서로 대치하고 있다.

미국 오바마 대통령과 쿠바혁명을 이끈 라울 카스트로 쿠바 대통령의 공동 기자회견, 2016년. © 미국 백악관 사진

고, 쿠바는 1962년에 소련과 동맹을 맺고는 미사일 기지를 건설하다 미국의 분노에 불을 질렀다. 제3차 세계대전 발발 일보 직전이었다. 이른바 쿠바의 위기다. 미국의 존 F. 케네디 대통령(당시)과 소련의 흐루쇼프 제1서기(당시)의 협상으로 핵전쟁은 일어나지 않았으나, 미국이 쿠바의 경제를 봉쇄하는 바람에 쿠바는 오랫동안 경제 침체기를 겪게 되었다.

쿠바는 이후에도 1980년대까지 소련의 지원을 받아 중남미와 아프리카에서 민족해방투쟁 혹은 사회주의운동의 첨병 역할을 하며 미국을 비롯한 자유주의 국가들과 맞섰다. 1991년 12월, 소련 붕괴로 소련의 지원이 끊긴 뒤 쿠바는 극심한 경제위기를 겪었다.

1999년에 베네수엘라에서 우고 차베스 사회주의 정권 성립 이후 중남미에 좌파 정권이 잇달아 들어서기 시작했다. 쿠바는 중남미 사회주의 국가와 유대를 다지고 중국과의 관계를 확대하며 개혁과 개방 정책을 펼쳤다.

2024년 2월 14일, 한국과 쿠바가 국교 수립해 전 세계가 주목하는 역사적 이벤트 연출

쿠바혁명 이후 50년 가까이 권력을 유지한 카스트로는 2008년 동생 라울에게 정권을 이양한다. 그리고 2014년 미국의 오바마 대통령(당시)이 쿠바와의 국교 정상화를 선언하면서 거의 반세기 만에 '화해'의 손을 맞잡았다.

그 후 오바마가 쿠바를 방문하고, 미국인의 쿠바 관광이 폭발적으로 증가하는 등 양국 관계에 밝은 미래가 펼쳐지는 듯했다. 그러나 이 상황을 트럼프 대통령(당시)이 뒤집는다.

2017년에 대통령으로 취임한 트럼프는 오바마에 대한 경쟁의식과 반공산주의 성향 때문에 쿠바를 불량국가로 지정해 경제 제재를 가했다. 그는 무역과 관광, 송금 등 상거래 규제를 강화하는 등 강경 노선을 취했다.

쿠바는 미국의 경제 제재 조치에다 신형코로나바이러스 감염 확산까지 겹쳐 주요 산업인 관광업에 큰 타격을 입었다. 경제는 다시 침체하였고, 국민은 심각한 생활고에 허덕였다.

2021년 7월에는 수도 아바나에서 '수십 년간의 공산 정권 중 최대 규모'였다는 반정부 시위가 일어났다. 국민들은 시위에서 정치적 · 경제적 자유를 외치는 등 내부적으로 생필품 부족을 호소했고, 나라 전체가 물가고에서 비롯한 불안정한 정세로 몸부림치고 있다.

트럼프 정권의 대쿠바 강경 노선은 2021년부터 집권을 시작한 바이든 정권으로 이어지고는 있지만, 최근에는 송금과 여행 및 이민 제한을 다소 완화하는 조치를 취해 양국 관계에도 해빙의 조짐이 보이고 있다.

급기야 쿠바는 경제적 안정을 위해 2024년 2월 14일, 한국과 비밀리에 진행해 온 국교 수립을 전격적으로 발표하면서 전 세계의 주목을 받기도 했다. 수십 년 동안 북한과 형제국으로 지내온 쿠바가 대사급 외교관계를 성사시켜 한국의 193번째 수교국이 되는 역사적 이벤트를 연출한 것이다.

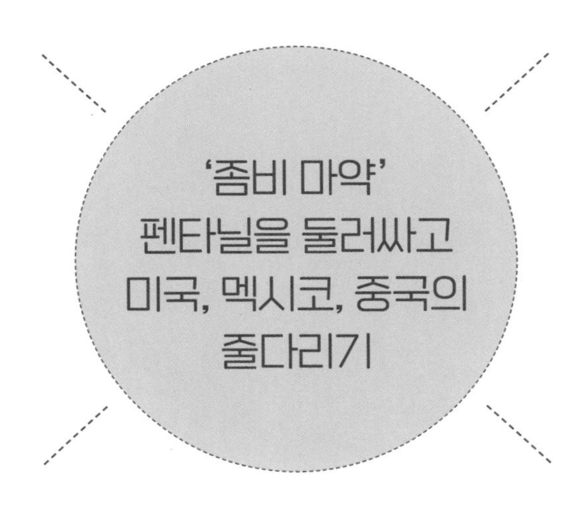

멕시코는 남미 등지에서 미국으로 향하는
마약, 불법 이민자들, 밀수품이 경유하는 통로

최근 세계적으로 마약 중독자가 급증하는 추세인데, 마약 범죄에 있어서는 멕시코를 따를 나라가 없다. 멕시코는 마약 조직들이 무장 세력을 거느리고 정부와 민간인을 상대로 잔인한 살인과 대량 살육을 저지르는 '마약 전쟁'이 끊이지 않는 상황이기 때문이다.

1980년대부터 1990년대 초반까지는 마약 범죄 조직, 이른바 '마약 카르텔' 중에서도 콜롬비아 마약 카르텔이 코카인을 수출하며 전 세계 마약 판매망을 장악했다. 하지만 미국이 플로리다와 카리

공중에서 찍은 멕시코시티, 2018년. © 고비에르노, W-C

브해 연안국을 겨냥해 마약 유통 해상로를 봉쇄하자, 콜롬비아 마약 카르텔은 멕시코의 마약 운송업자들과 손을 잡고 멕시코를 통해 코카인을 미국으로 밀반입하기 시작했다. 멕시코는 지정학적인 위치 탓에 국내에서 마약 생산뿐만 아니라 남미나 다른 지역으로부터 미국으로 향하는 마약, 불법 이민자들, 밀수품들이 경유하는 주요 통로 역할을 할 수밖에 없었다.

이후 마약 운송업자에서 마약 유통과 생산 분야까지 진출한 멕시코 마약 카르텔은 콜롬비아를 비롯한 중남미 국가에서 코카인 등을 밀수해 미국으로 수출하며 떼돈을 벌게 되었다. 이렇게 급성장한 마약 카르텔은 점점 강하게 압박하는 멕시코 당국에 격렬하게 저항했고, 다른 마약 카르텔과도 영역 다툼을 벌이며 세력 확장에 나섰다. 그 결과 멕시코에서는 정부와 민간을 가리지 않고 잔혹한 테러와 폭력이 일상사가 되었다.

2012년 5월, 미국 텍사스주에 인접한 멕시코 동부 타마울리파스주의 누에보라레도에서 23구의 시체가 발견됐다. 그중 9구의 시체는 고속도로 육교에 끔찍한 모습으로 매달린 채였다. 며칠 후에는 동북부 고속도로에서 토막 난 시체가 49구나 발견됐다. 2016년 1월에는 수도 멕시코시티 남부의 테믹스코시에서 기셀라 모타 여시장이 마약 조직으로 보이는 무장 집단에 총살당했다. 시장은 마약 조직 일망타진을 공약으로 내세워 당선된 인물로 그 공약이 자신을 죽인 셈이 되었다.

정부가 마약 카르텔과 전쟁을 벌이는 동안 경제적 타격과 함께 빈곤층이 마약 카르텔로 흡수

2018년 봄에는 멕시코 제2의 도시 과달라하라에서 유명 남성 래퍼가 3명의 학생을 납치해 살해한 사건이 발생했다. 래퍼는 시체를 산성 용액으로 녹였다고 진술해 멕시코 전체를 충격에 빠뜨렸다. 멕시코 당국의 발표에 따르면 2020년 1월부터 8월까지 국내에서 발생한 살인 사건은 약 2만 3,471건이라고 한다. 인구 10만 명당 18.4건으로 살인이 일어나는 셈이다.

멕시코의 마약 전쟁은 펠리페 칼데론 대통령이 당선된 2006년부터 본격적으로 시작되었다. 당시 미국은 젊은이들의 약물 남용이

멕시코의 마약 카르텔 세력도

시날로아 카르텔

마약왕 호아킨 구스만이 시날로아에서 만든 마약 카르텔로 전 세계에서 가장 강력한 마약 밀매조직으로 평가되고 있다. 미국을 비롯한 세계 50여 개국에 코카인, 헤로인, 필로폰, 마리화나, 엑스터시, 펜타닐 등 다양한 마약을 잠수함까지 동원한 기발한 수법으로 공급하고 있다.

걸프 카르텔

현존하는 멕시코의 마약 카르텔 중에서 가장 오래되었다(1933년 조직). 한때는 2대 마약 카르텔로 명성을 높였지만 로스 세타스 카르텔과의 다툼으로 세력이 약해지면서 주 활동 구역이나 밀매 경로는 그대로 유지한 채 로스 세타스 쪽으로 기울어졌다.

할리스코 신세대 카르텔

멕시코 32개 주 중에서 23개주에 조직을 운영하면서 멕시코 불법 마약 유통 물량의 75%를 장악하고 있는 최대 조직이다. 코로나19 때는 할리스코 주민들에게 생필품을 나누어 주면서 환심을 샀다.

멕시코시티

로스 세타스 카르텔

미국이 멕시코의 마약 카르텔 중에서 가장 기술이 뛰어나고 폭력적인 조직이라고 규정한 카르텔이다. 마약뿐 아니라 매춘, 무기매매, 인신매매 등 다양한 범죄를 저지르고 있다.

게레로스 우니도스 카르텔

멕시코 모렐로스주와 게레로주에서 활동하는 마약 범죄 조직으로 2011년에 만들어졌다. 유명한 카르텔이었던 벨트란 레이반 카르텔의 수장 아르투로가 도주 중 사망한 후 나누어진 세 개의 조직 중 하나이다. 부패 경찰과 결탁해 많은 범죄를 저지른다고 알려져 있으며, 멕시코 마약의 신흥 세력으로 부상했다.

2020년 멕시코 정부 공공재무 사무국 데이터.

심각한 사회 문제로 떠올랐는데, 특히 코카인 중독이 사회 전반에 만연해 위기감이 고조되었다. 이에 미국은 주요 공급처인 멕시코에 마약 밀수에 대한 제재를 강화하도록 압력을 가했다.

미국의 전방위적인 압박과 함께 멕시코 정부 입장에서도 마약 카르텔이 정치권과 연계되어 심각한 사회 문제로 비판받고 있었다. 당시 정치적 입지가 취약했던 펠리페 칼데론 대통령이 자신의 정통성 문제와 마약 문제를 동시에 해결하려고 마약과의 전쟁을 선포한 것이다.

이에 멕시코의 펠리페 칼데론 대통령(당시)은 군대를 동원해 마약 카르텔 소탕 작전에 나섰다. 마약 카르텔의 근거지를 공격해 우두머리와 조직원을 체포하고, 밀수가 이루어지는 국경선의 경비를 강화하는 등 전방위적인 공세에 나서기 시작했다.

그러나 마약 카르텔들도 마냥 당하지만은 않았다. 마약과의 전쟁이 시작된 이후 카르텔들은 정부 조직으로부터 자기 조직을 지키기 위해 마약으로 번 자금을 무장 인력과 무기에 퍼부어 마약 전쟁에 맞불을 놓았다. 이에 따라 마약 카르텔의 무장화가 더욱 가속화되고, 멕시코에선 마약 문제가 해결되기는커녕 오히려 희생자만 늘어났다. 마약 카르텔의 소탕을 주장하는 정치가와 진압 작전을 수행한 경찰 간부, 사건을 보도하는 기자와 카메라맨 등도 잇달아 살해되었다.

한편 정부의 공세로 세력을 잃은 마약 카르텔이 생기면, 그 영역을 다른 마약 카르텔이 차지하기 위해 피로 피를 씻는 조직 간 다툼도 줄을 이었다. 이러한 카르텔의 무장화로 미국과 접경하는 북부 지역의 치안은 오히려 악화일로를 걸었다. 마약 전쟁의 무대가 된 도시에서는 안심하고 살 수 없었기 때문에 무장한 시민 민병대도 등장했다.

마약과의 전쟁이 미국으로 향하는 마약 공급을 줄이는 효과를 거두기는 했으나 멕시코 내정에는 큰 후유증을 남기고 말았다. 멕시코 정부가 마약 카르텔과 내전에 가까운 마약 전쟁을 벌이는 동안 경제적 타격과 국내 치안이 불안해지고, 이에 따라 빈곤층들이 마약 카르텔로 흡수되는 빨대 현상이 발생했기 때문이다.

멕시코 마약 조직을 지배하는 양대 세력은 시날로아 카르텔과 할리스코 카르텔로 양분

마약 전쟁 초반, 당시를 대표하던 마약 카르텔은 티후아나 카르텔, 시날로아 카르텔, 후아레스 카르텔, 걸프 카르텔이었다. 그러나 통합, 분열, 쇠퇴의 과정을 거쳐 현재는 시날로아 카르텔, 로스 세타스, 걸프 카르텔, 게레로스 우니도스 카르텔, 할리스코 신세대 카르텔로 정리되었고, 그 밑으로 무수한 소규모 그룹이 분산되어 활동하는 상황이다.

현재 멕시코 마약 조직을 지배하는 세력은 시날로아 카르텔과 할리스코 신세대 카르텔로 양분되었다.

할리스코 신세대 카르텔 조직원들의 활동. 할리스코 트위터

시날로아 카르텔은 캘리포니아만을 따라 기반을 형성한 세력으로 '마약왕' 호아킨 구스만의 2세들이 이끌고 있다. '엘 차포(땅딸보)'라는 별칭으로 불리는 구스만은 미국에 다량의 마약을 밀수한 것 외에도 '살인 청부업자'를 시켜 수백 명을 납치해 죽이고 고문하는 등 악명이 높았다. 멕시코 교도소에 수감되었다가 두 번이나 탈옥에 성공했으나, 2016년에 체포된 후 미국으로 신병이 인도되어 종신형에 처해졌다. 현재도 미국 교도소에서 복역 중이다.

또한 할리스코 신세대 카르텔은 시날로아 카르텔의 분파이며 과달라하라를 거점으로 멕시코 중남부 일대를 지배한다. 최근에는 드론으로 폭발물을 투하해 치안 당국을 공격하는 등 점점 손 쓸 수 없는 수준으로 치닫고 있다. 2021년 6월에는 이 양대 세력이 멕시코 중부의 한 마을에서 총격전을 벌여 35명이 사망했다. 2006년 이후 멕시코에서 마약 전쟁으로 목숨을 잃은 사람은 30만 명 이상으로 보고되고 있다.

지금도 미국과 멕시코는 '좀비 마약'으로 불리는 펜타닐과의 전쟁이 한창이다. 마약성 진통제인 펜타닐은 중국에서 만든 원료가 멕시코로 넘어가 펜타닐로 제조되어 미국을 비롯한 세계 각국에서 유통되는데, 미국에서 약물 사망 원인의 1위로 꼽히는 위험한 마약이다.

미국 당국은 멕시코에서 펜타닐의 제조와 공급을 주도하는 마약 조직으로 시날로아 카르텔을 꼽고 있다. 당시 시날로아 카르텔을 이끄는 우두머리가 구스만의 아들인 오비디오 구스만이었다. 2023년 1월, 멕시코 정부는 오비디오 구스만을 펜타닐을 제조 · 유통한 혐의로 체포해 같은 해 9월에 미국으로 신병을 인도했고 재판에 넘겨졌다. 이 아들이 종신형을 선고받으면 '마약왕' 부자는 미국 교도소에서 함께 생을 마감할 전망이다.

'마약의 끝판왕' 펜타닐을 둘러싸고 미국을 비롯한 멕시코와 중국이 벌이는 세 나라의 줄다리기가 어떻게 진행되는지 좀 더 지켜봐야 할 것 같다.

마약과 테러 온상지 콜롬비아가 2024년 반군과 평화 협상에 성공

콜럼버스의 이름에서 국명을 딴 콜롬비아는 커피 원두와 함께 코카인 수출국으로도 유명

아메리카 대륙을 발견한 콜럼버스의 이름에서 국명을 딴 콜롬비아는 커피 원두와 함께 코카인 수출국으로도 유명하다. 라틴아메리카에서 브라질과 멕시코 다음으로 인구도 많아 약 5,200(2024년 기준)만 명을 헤아린다.

하지만 산유국이기도 한 콜롬비아가 수십 년 동안 이어지는 내전과 테러, 그리고 세계 최대의 코카인 수출때문에 '세계에서 가장 위험한 나라'라는 오명에서 벗어나지 못하고 있다.

19세기 초에 라틴아메리카에서는 드물게 스페인으로부터 독립, 공화국을 수립한 콜롬비아는 내전으로 인한 정치적 불안정 상태가 계속되었다. 콜롬비아 정부군과 콜롬비아무장혁명군(FARC) 등 반정부 무장 세력이 오랫동안 내전을 벌여왔기 때문이다.

대통령 단임제를 채택한 콜롬비아는 1958년부터 자유당과 보수당이 4년씩 번갈아 정권을 잡았다. 그 결과 일부 정치인에게 권력이 집중되어 국민은 자신의 요구를 반영하지 못하는 제도권 정치에 무관심했고, 경제적 불평등의 심화로 사회주의 무장 세력이 출현해 사회적 혼란이 가중되었다.

정부와 대지주가 농지를 독점한 탓에 가난한 농민과 빈민은 FARC, 민족해방군(ELN)과 같은 반정부 조직을 만들어 게릴라전으로 무장 투쟁을 벌였다. 정부를 타도해 좌익 계열의 반미 정권을 수립하려는 목적이었다.

콜롬비아 정부는 1960년대 미국의 지원을 받아 농촌 지역의 사회주의 세력에 대한 무자비한 탄압에 나섰다. 이에 분노한 농민들이 스스로 무장하고 좌익 세력에 가세해 정부에 대항하면서 1964년에 FARC가 공식적으로 출발했다.

이후 FARC는 반미주의와 반정부 투쟁을 통해 좌익정부 수립을 정치적 목표로 내세웠다. 그러나 반정부 무장 게릴라들은 세계 마약 시장의 지배자였던 메데인 카르텔, 칼리 카르텔 등 마약 조직과 결탁해 어느새 정치 투쟁과는 거리가 먼 범죄 조직으로 바뀌었다. 그리고 몸값을 노린 요인 납치나 마약 밀매와 코카인 재배 등 이권

콜롬비아 내전과 FARC

FARC(콜롬비아무장혁명군)

1964년에 설립된 콜롬비아의 좌파 게릴라 조직으로 국가 전복이 목적인 단체였다. 부패한 공무원과 부유한 지주에 맞서 소작농을 보호한다는 명분으로 투쟁을 했으나, 나중에는 마약 밀매와 요인 납치를 주요 수익원으로 삼으며 범죄 조직처럼 변했다.

한때는 조직원 수가 1만 7,000명에 이를 정도로 번성했지만, 2000년대 들어 정부의 공세 강화로 그 세력이 줄었고, 2016년 정부와 평화협정에 서명, 52년 동안 이어진 내전을 끝냈다. 그 후 미국도 2021년에 FARC를 테러 단체에서 제외하게 되었다.

사업에 치중해 내전은 복잡한 구조로 변모하게 되었다. 좌익 무장 게릴라들의 납치 대상은 주로 정치가와 부유층으로, 그 수가 많을 때는 연간 3,000명에 달했다.

콜롬비아 '최후의 반군'으로 불리는 ELN은 베네수엘라 국경 지역에서 납치와 테러 활동

전성기의 FARC는 콜롬비아 땅의 3분의 1을 지배할 정도였고, 2만 명에 육박하는 병사를 거느린 남미 최대의 좌익 게릴라 단체이자 범죄 조직이었다. 한편 정부도 무장 게릴라 대책으로 민병대 등 준군사조직을 설립해 농민들을 탄압하는 바람에 콜롬비아의 내전 상태가 더욱 악화하는 결과를 초래했다.

그러나 2002년에 취임한 알바로 우리베 대통령(당시)이 미국의 원조로 군대를 동원한 소탕 작전을 개시하면서 FARC는 점차 쇠퇴한다. 결국 2012년 후안 마누엘 산토스 정권(당시)과 FARC 측은 쿠바의 중재로 평화협상을 시작, 2016년에 농지개혁과 정치참여에 합의하면서 마침내 평화협정의 결실을 맺는다. 산토스 대통령은 그 공을 인정받아 그 해 노벨평화상을 수상했다.

그러나 수십 년에 걸친 내전을 평화협정으로 일시에 해결한다는 것은 애초 불가능한 일이었다. FARC 내에서 평화협정에 반대하는 세력이 탈퇴한 옛 조직원들을 살해하고 비합법적 활동을 계속했다. 2019년, FARC는 평화협정 당시 약속한 옛 조직원의 신변 보호 조치 등이 지켜지지 않았다는 이유로 투쟁 재개를 선언했다.

그리고 일부 세력은 ELN과 연합해 부패한 집권 세력에 대한 공격에 나서겠다고 공언했다. 1965년에 결성한 제2의 반군 세력인 ELN은 콜롬비아 '최후의 반군'으로 불리며 지금도 베네수엘라 국경 지역을 근거지로 삼아 민간인 납치와 테러 등 반정부 활동을 벌이고 있다.

콜롬비아 최초의 좌파 대통령으로 2022년에 취임한 구스타보 페트로 대통령은 브라질 등 주변국의 중재로 그해 말부터 ELN과 평화 협상을 재개했다. 그리고 1960년대부터 60여 년간 45만 명 이상이 목숨을 잃고, 700여 만 명의 망명자를 낳은 내전을 마무리하기 위해 2024년 2월에 ELN과 일시 휴전 협상을 맺는 데 성공했다.

과연 콜롬비아가 오랜 내전을 끝내고 마약과 테러의 온상지라는 오명을 씻을 수 있을지 세계가 주목하고 있다.

중동의 분쟁

민족, 종교, 영토가 복잡하게 얽힌 중동은 세계에서 가장 불안정한 지역이다. 팔레스타인, 시리아, 이라크, 예멘, 아프가니스탄 등지에서 내전과 테러 등 무력 충돌이 반복되고 있다. 이슬람 시아파의 맹주 이란은 극단주의 무장 단체의 군사지원과 핵 개발 의혹으로 국제사회의 비난을 받고 있다. 중동 전체가 지뢰밭이나 다름없는 지역이다.

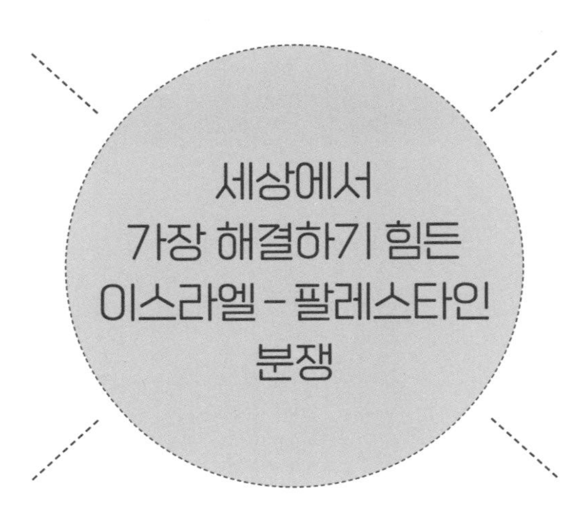

세상에서 가장 해결하기 힘든 이스라엘-팔레스타인 분쟁

유대인에게 '벨푸어 선언', 아랍인에게 '맥마흔 서한'
영국의 이중 외교가 팔레스타인 분쟁의 직접 원인

'세상에서 가장 유명한 분쟁'이라면 팔레스타인 문제를 떠올리는 사람이 많을 것이다. 민족과 종교가 다른 유대인과 아랍인(팔레스타인인)이 팔레스타인 땅을 둘러싸고 벌이는 분쟁이다. 세계적으로 너무도 유명한 이 분쟁은 시작하고 벌써 70년째임에도 불구하고 해결의 기미도 전혀 보이지 않는다.

팔레스타인 문제의 발단은 무려 2000년 전으로 거슬러 올라간다. 기원전부터 팔레스타인 땅에는 유대인 왕국이 있었고, 그 땅에서

Foreign Office,
November 2nd, 1917.

Dear Lord Rothschild,

I have much pleasure in conveying to you, on behalf of His Majesty's Government, the following declaration of sympathy with Jewish Zionist aspirations which has been submitted to, and approved by, the Cabinet

"His Majesty's Government view with favour the establishment in Palestine of a national home for the Jewish people, and will use their best endeavours to facilitate the achievement of this object, it being clearly understood that nothing shall be done which may prejudice the civil and religious rights of existing non-Jewish communities in Palestine, or the rights and political status enjoyed by Jews in any other country"

I should be grateful if you would bring this declaration to the knowledge of the Zionist Federation.

Y. ...
Arthur James Balfour

밸푸어가 로스차일드에게 보낸 편지에 포함된 밸푸어 선언 원본, 1917년. 영국 런던도서관 소장 유대인과 아랍인이 공존했다. 그러나 유대인 왕국은 바빌로니아와 로마에 의해 잇따라 멸망하고 수많은 유대인은 유랑민이 되어 떠돌아다녔다.

그 후 유대인은 유럽 등지로 이동해 차별과 박해 속에서도 유대교 중심의 커뮤니티를 구축하며 살아갔다. 그러던 유대인에게 국가를 세울 기회가 찾아왔다. 바로 제1차 세계대전 중의 일이다.

연합국의 일원으로 제1차 세계대전에 참가한 영국은 유럽과 미국에 있는 유대인의 지지를 얻을 속셈으로 유대인에게 '연합국 편에 서면 팔레스타인 땅에 유대인 국가를 건설할 수 있도록 돕겠다'라고 약속했다. 이른바 1917년에 영국 외무장관 밸푸어가 발표한 '밸푸어 선언'이 그 약속이다.

선조가 살던 땅으로 돌아가는 것이 유대인의 가장 큰 염원이었기 때문에 밸푸어 선언 이후 유대인 국가를 건설하려는 '시오니즘 운동'은 불길처럼 번져나갔다.

'밸푸어 선언'을 믿었던 유대인은 1920년경부터 팔레스타인으로 이주하기 시작했다 제2차 세계대전에서 나치 독일의 대량 학살(홀로코스트)이 시작되자, 수많은 유대인이 팔레스타인으로 몰려갔다.

자연히 팔레스타인의 아랍인들은 거세게 반발했고, 각지에서 무력 충돌과 테러가 발생했다.

그러나 영국은 유대인뿐 아니라 아랍인에게도 '장밋빛 미래'를 약속했다. 당시 오스만 제국에 지배당했던 아랍인에게도 '오스만 제국에 반기를 들면 팔레스타인 땅에 아랍인 국가를 건설하도록 돕겠다'면서 '후사인-맥마흔 서한'으로 약속했다.

물론 이 약속은 이중이었고, 영국의 이 같은 '이중 외교'가 오늘날 팔레스타인 문제의 직접적 원인이 되었다.

이스라엘 건국 선언에 반발한 아랍 5개국이 팔레스타인 침공해 중동전쟁이 시작되었다

제2차 세계대전이 끝난 1947년, 영국이 이중으로 약속한 이 문제에서 빠지며 팔레스타인 위임 통치권을 반려하자 유엔은 팔레스타인을 유대 독립국과 아랍 독립국으로 분할해(팔레스타인 분할안) 문제를 해결하려 했다.

물론 아랍인은 유엔의 분할안을 거부했다. 팔레스타인이 내전 상태로 되어가던 1948년 5월 14일, 유대인이 이스라엘 건국을 일방적으로 선언하자 미국은 즉각 이를 승인했다.

팔레스타인 땅에 살던 아랍인들은 이스라엘의 갑작스러운 건국 선언에 격렬하게 반발했다. 인근 아랍 국가들도 이에 동조해 이집트, 시리아, 요르단, 레바논, 이라크 등 아랍 연맹 5개국은 이스라엘이 독립을 선언한 다음 날 팔레스타인으로 쳐들어갔다. 제2차 세계대전이 끝나고 세계 질서의 재편 과정에서 벌어진 중동전쟁은 이렇게 시작되었다.

중동전쟁은 1948년부터 1973년까지 4차에 걸쳐 일어났으며 모두 이스라엘의 승리로 끝났다. 아랍 국가들은 미국의 지원을 받은

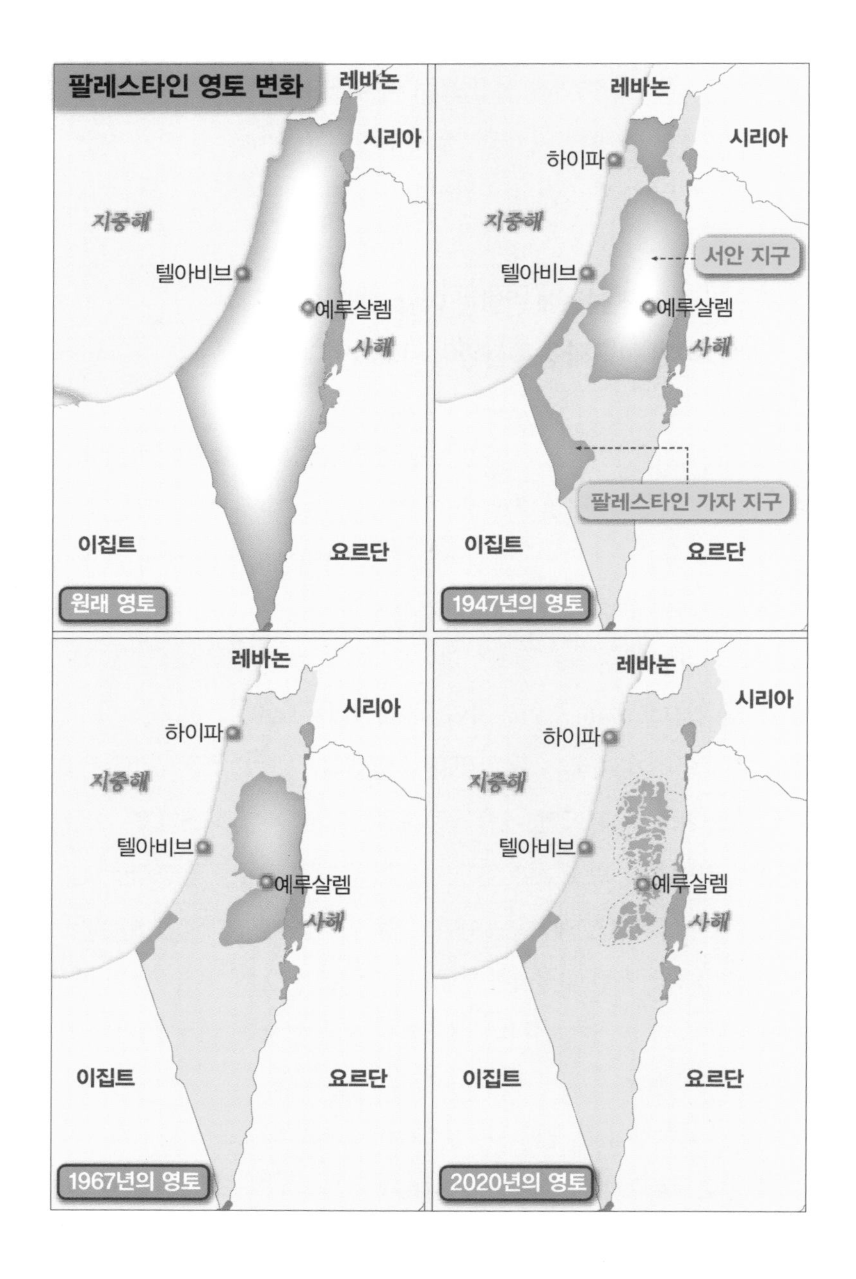
팔레스타인 영토 변화
레바논
시리아
지중해
텔아비브
예루살렘
사해
이집트
요르단
원래 영토
레바논
시리아
하이파
지중해
서안 지구
텔아비브
예루살렘
사해
팔레스타인 가자 지구
이집트
요르단
1947년의 영토
레바논
시리아
하이파
지중해
텔아비브
예루살렘
사해
이집트
요르단
1967년의 영토
레바논
시리아
하이파
지중해
텔아비브
예루살렘
사해
이집트
요르단
2020년의 영토

이스라엘에 비해 군비가 턱없이 부족했다.

이스라엘은 전쟁에서 이길 때마다 영토를 확장해 나갔다. 아랍인(이하 팔레스타인인)은 팔레스타인에서 쫓겨나 난민이 되었다. 특히 1967년 제3차 중동전쟁에서는 팔레스타인인이 대패해 대부분 지역을 이스라엘에 넘겨주어야 했다.

결국 팔레스타인 땅 절반은 이스라엘의 영토가 되었고, 팔레스타인인의 영토는 요르단강 서안과 가자 지구(두 곳에 팔레스타인자치구를 형성)만 남게 되었다. 요르단강 서안의 면적은 제주도의 약 3배, 가자 지구는 세종시 정도에 불과하다. 모두 이스라엘이 점령한 땅이며 장벽으로 둘러싸여 있다. 즉, 팔레스타인인은 마치 두 곳에 장벽으로 둘러싸인 채 수용된 형태로 있는 것이다.

유엔은 점령 지역에서 여러 번 이스라엘의 철수를 촉구하는 결의를 채택했으나 실행에 옮겨지지는 않았다.

양측이 각자 수도로 주장하는 동예루살렘이 이스라엘과 팔레스타인 평화 협상의 걸림돌

팔레스타인 측에서는 PLO(팔레스타인해방기구)를 결성해 이스라엘에 대항하는 게릴라식 무장 투쟁을 이어갔다. 1987년에 요르단강 서안과 가자 지구에서 팔레스타인의 '인티파다(intifada, 반 이스라엘 독립투쟁)'가 시작되면서 팔레스타인 해방운동은 새로운 국면을 맞았다.

팔레스타인인은 국제적으로도 인정받는 최고 지도자 야세르 아라파트 의장을 중심으로 결집했고, 1988년 11월에 예루살렘을 수도로 하는 팔레스타인 독립을 선언했다. 그리고 1993년 9월, 이스라엘의 이츠하크 라빈 총리와 팔레스타인의 잠정적 자치에 관한 주요 내용을 담은 오슬로 협정을 체결했다.

1994년 5월 4일에는 요르단강 서안 내 예리코 지역과 가자 지구에서 팔레스타인의 자치권을 인정하되 유대인 정착민 보호를 위해 이스라엘 경찰을 주둔시킨다는 내용에도 합의했다. 같은 해 7월 1일에 PLO의 아라파트 의장은 취임식을 거행해 자치 정부의 수립을 공식 선언했다.

그렇게 팔레스타인 문제는 해결되는 듯했으나 평화 노선 추진파인 이스라엘의 이츠하크 라빈 총리가 1995년 11월 4일, 텔아비브에서 극우 유대인 청년에게 암살당하면서 다시 암초에 부딪혔다. 그래도 팔레스타인과 이스라엘은 미국의 중재로 2000년 캠프데이비드협정 등을 통해 평화 협상을 계속했다. 그러나 협상은 결렬되었고, 2014년을 마지막으로 평화 협상은 중단되고 말았다.

평화 합의의 걸림돌 중 하나는 동예루살렘이었다. 팔레스타인이 동예루살렘을 '앞으로 탄생할 독립 국가의 수도'라고 하자, 이스라엘도 '영원한 불가분의 수도'라며 양보하지 않았다.

2021년 5월에 발생한 이스라엘군과 팔레스타인 무장 세력 하마스의 무력 충돌도 구시가지와 동예루살렘을 잇는 다마스쿠스 게이트에 이스라엘이 방어벽을 설치해 발생했다. 양측은 11일 만에 휴

세계 3대 종교의 성지인 동예루살렘의 올드시티
통곡의 벽
유대교를 믿는 이스라엘 사람들의 최대 성지인 제2 성전의 서쪽 벽(18m)이다. 헤롯 왕이 '지금까지 아무도 본 적이 없고, 아무도 들어본 적이 없는, 아름다운 건물'이라고 기록해 놓았을 정도이다. 유대인들이 이곳에 와서 나라를 잃은 아픔과 슬픔을 토로했다.
바위 돔
이슬람에서 가장 신성한 건축물 중 하나로 아브라함이 아들 이삭을 하느님께 제물로 바친 장소인 황금색 돔이다. 유대교, 이슬람교, 기독교도의 종교적인 랜드마크로 미국 트럼프 대통령의 예루살렘 수도 선언(2017. 12) 이후 성전 재건 운동의 목소리가 커지고 있다.
올드시티
헤롯문
다마스쿠스문
성분묘 교회
이슬람교도 지구
사자문
새문
황금문
기독교도 지구
야파문
아르메니아인 지구
유대교도 지구
다윗의 탑
시온문
시리아
이스라엘
텔아비브
예루살렘
가자 지구
요르단강 서안 지구
라말라, 헤브론, 베들레헴, 나블루스 등
알아크사 모스크
비잔틴 시대의 교회를 개조해 만든 이슬람교 사원으로, 알아크사는 '가장 오래되었다'는 뜻이다. 《코란》에 '아득한 모스크'로 묘사되고 있으며, 7개의 홀과 스테인드글라스, 타일로 아름답게 꾸며져 있다. 지붕이 은색 돔으로 되어 있어 '은의 돔'으로 불리기도 한다.
이집트
요르단

전했지만, 로켓탄과 무차별 공습으로 수백 명이 사망했다.

2023년 10월 7일, 가자 지구의 하마스가 이스라엘 남부 키부츠에 테러 공격을 감행

그렇다면 국제사회는 팔레스타인 문제에 어떻게 관여하고 있을까?

오바마 대통령 시대의 미국은 이스라엘에 요르단강 서안에 추진 중인 정착지의 건설을 보류하라고 했으나, 후임 트럼프 대통령은 예루살렘을 이스라엘의 수도로 인정하고 미국 대사관을 예루살렘으로 이전시키는 등 친이스라엘 입장을 취했다. 2020년에는 이스라엘의 베냐민 네타냐후 총리와 평화안을 발표했으나 팔레스타인에 거부당했다.

아랍 국가들도 입장을 바꿨다. 이집트와 요르단을 제외한 아랍 국가들은 오랫동안 '팔레스타인 문제의 해결 없이는 이스라엘과 국교를 맺을 수 없다'라는 입장이었는데, 2020년 8월에 미국의 중재로 아랍에미리트연합국(UAE)이 이스라엘과 국교 정상화에 합의했다. 9월에는 바레인, 12월에는 모로코가 그 뒤를 이었다. 이 같은 움직임에 팔레스타인은 '아랍의 대의보다 눈앞의 실리를 취한 배신'이라고 비난했다. 하지만 팔레스타인은 중동 국가들 사이에서도 차츰 고립되어 가고 있다.

팔레스타인은 2004년에 아라파트가 서거한 후, 온건파 정당 파타

이스라엘 방위군의 포위 공격을 받은 팔레스타인 베들레헴의 예수 탄생 교회, 2002년.
이스라엘 방위군 대변인실, 이스라엘 위키미디어

(Fatah)와 급진파 정당 하마스(Hamas)로 분열되어 내전 상태가 되는 등 내부적으로도 와해한 상태다. 현재는 파타가 요르단강 서안을, 하마스가 가자 지구를 지배하고 있다.

1987년에 아흐메드 야신이 PLO와 대립해 창설한 하마스는 아랍어로 '이슬람저항운동'의 약칭으로 '힘, 열정'이라는 뜻도 가지고 있다. 이들은 팔레스타인 땅에서 이스라엘을 몰아내고 완전한 이슬람 국가를 세우는 것을 목표로 하는 수니파 급진 무장 세력이다.

하마스는 2023년 10월 7일, 가자 지구에서 가까운 이스라엘 남부 키부츠와 군사 기지를 급습해 1,200여 명을 살해하고 250여 명을 인질로 끌고 가는 등 잔혹한 테러 공격을 감행해 전 세계를 경악시켰다. 이스라엘도 즉각 보복 공격에 나서 가자 지구에서 3만 명에 가까운 팔레스타인인이 사망했고, 100만 명이 넘는 난민이 발생해 중동 지역에서 확전의 불씨를 키우고 있다.

미국을 비롯한 국제사회가 적극적으로 이스라엘과 하마스 양측의 중재에 나서고 있으나 일시 휴전과 교전을 되풀이하면서 희생자만 늘어나고 있다. 세계에서 가장 해결하기 어려운 분쟁 지역으로 꼽히는 팔레스타인 지역에 언제쯤 평화가 찾아올 것인가.

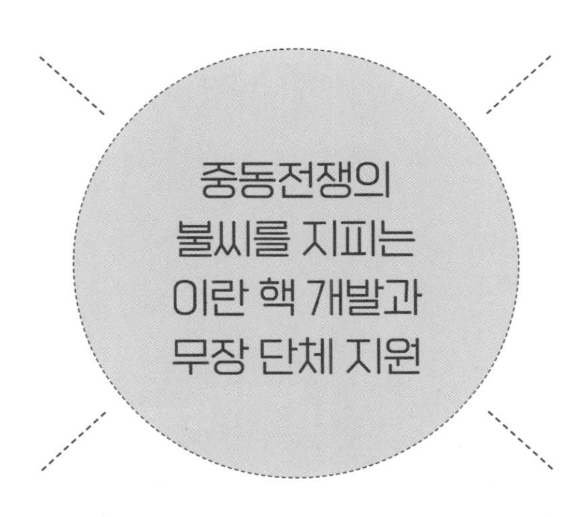

2015년 오바마 대통령이 '이란 핵 합의'를 발표, 2018년 트럼프 대통령이 핵 합의 탈퇴를 발표

세계에서 핵무기 보유가 인정된 나라는 유엔안전보장이사회 상임이사국인 미국, 러시아, 영국, 프랑스, 중국, 이렇게 5개국뿐이지만 국제사회의 승인 없이 비밀리에 핵 개발에 성공하거나 핵 개발 진행이 의심되는 나라가 있다. 그중 하나가 이란이다.

이란은 이라크에 침공당한 1980년대부터 핵무기를 개발한 것으로 추정되는데, 국제사회가 정식으로 의혹의 시선을 보낸 것은 2002년의 일이다. 핵무기 재료인 고농축 우라늄 제조 시설의 존재

이란 아라크에 설치된 중수로 IR-40, 2012년. © 낸킹 2012, W-C

가 밝혀졌기 때문이다. 2003년 2월에 이란의 원자력 발전소에 대한 핵연료 제공이 밝혀졌고, 2006년 4월에 마무드 아마디네자드 대통령은 이란이 우라늄을 3.5% 농축하는 데 성공했다고 발표했다.

이란은 원자력 발전소 가동을 위한 '평화적 이용'이라고 주장하며 고농축 우라늄을 계속해서 제조했으나, 서방은 의심을 거두지 않고 거듭 핵 개발 계획의 중지를 호소했다. 유엔 등 국제기구는 이란의 핵 개발과 우라늄 농축을 반대하는 결의안을 채택했다. 그러나 이란은 이를 무시했고, 서방은 2006년부터 경제 제재를 가했다.

2011~2012년에는 미국과 EU(유럽연합)가 이란산 원유 수입을

이란, 미국, 영국, 프랑스, 러시아, 중국, 독일, EU 등이 참여해서 벌인 이란의 핵 협상 장면, 2013년, 제네바. W-C

전면 금지했다. 이에 이란이 걸프 산유국의 원유 반출로인 호르무즈 해협을 봉쇄하겠다고 선언하자, 미국은 "봉쇄할 경우 군사 행동을 개시하겠다"라고 응수하며 순식간에 위기감이 고조되었다.

2015년 미국, 러시아, 영국, 프랑스, 중국, 독일 6개국은 이란과의 관계 개선에 나섰다. 이들은 2015년 7월 14일, 오스트리아 빈에서 이른바 '이란 핵 합의'를 발표하기도 했다.

합의 내용은 이란의 핵 개발을 대폭 제한하는 대신 경제 제재를 풀어주는 것이었다. 그러나 미국 대통령이 오바마에서 트럼프로 바뀌면서 다시 위기가 발생했다.

2018년, 미국은 일방적으로 핵 합의 탈퇴를 발표했다. 국제원자력기구(IAEA)가 이란이 합의 사항을 준수했다고 인정했음에도 미국이 탈퇴를 강행해 이란과 다시 대립의 길을 택했다. 또한 미국은 2019년 4월에 이란 정부의 군사 조직인 이란혁명수비대를 테러 단체로 지정한 후 이란산 원유 수입 금지 예외 조치를 전면 폐지했다.

이후에도 미국의 강경한 태도는 계속되었다. 2019년 9월, 사우디아라비아의 석유 시설이 정체불명의 물체에 공격당하자, 미국은 이란의 소행이라 주장하며 제재 조치로서 이란 중앙은행과 거래를 중단했다. 그러다가 이듬해 1월에는 미국 공군이 이란혁명수비대의 가셈 솔레이마니 사령관을 공중 폭격으로 살해했다.

레바논 헤즈볼라, 시리아 민병대, 예멘 후티 반군 등 이슬람 시아파 무장 단체에 대한 이란의 군사 지원

왜 미국은 이렇게까지 이란을 적대시하고 경계하는 것일까?

지금의 이란이슬람공화국(이슬람교 시아파)은 1979년 친미 성향의 팔레비 왕조를 이슬람혁명으로 무너뜨리고 탄생했다. 그러나 지금의 이란은 최고 지도자인 이슬람 법학자가 전권을 장악하는 신정국가로서, 이슬람혁명의 수출, '소악마' 이스라엘 섬멸, 그리고 '대악마' 미국과의 전쟁을 국가 정책으로 내세우고 있다.

중동 지역의 패권국을 지향하는 이란은 주로 종교, 민족 등의 문제로 분쟁이 발생하는 각국의 무장 단체를 지원한다. 이들에게 무기와 자금을 제공하고 군사 훈련을 실시해 지배 지역을 이란의 영

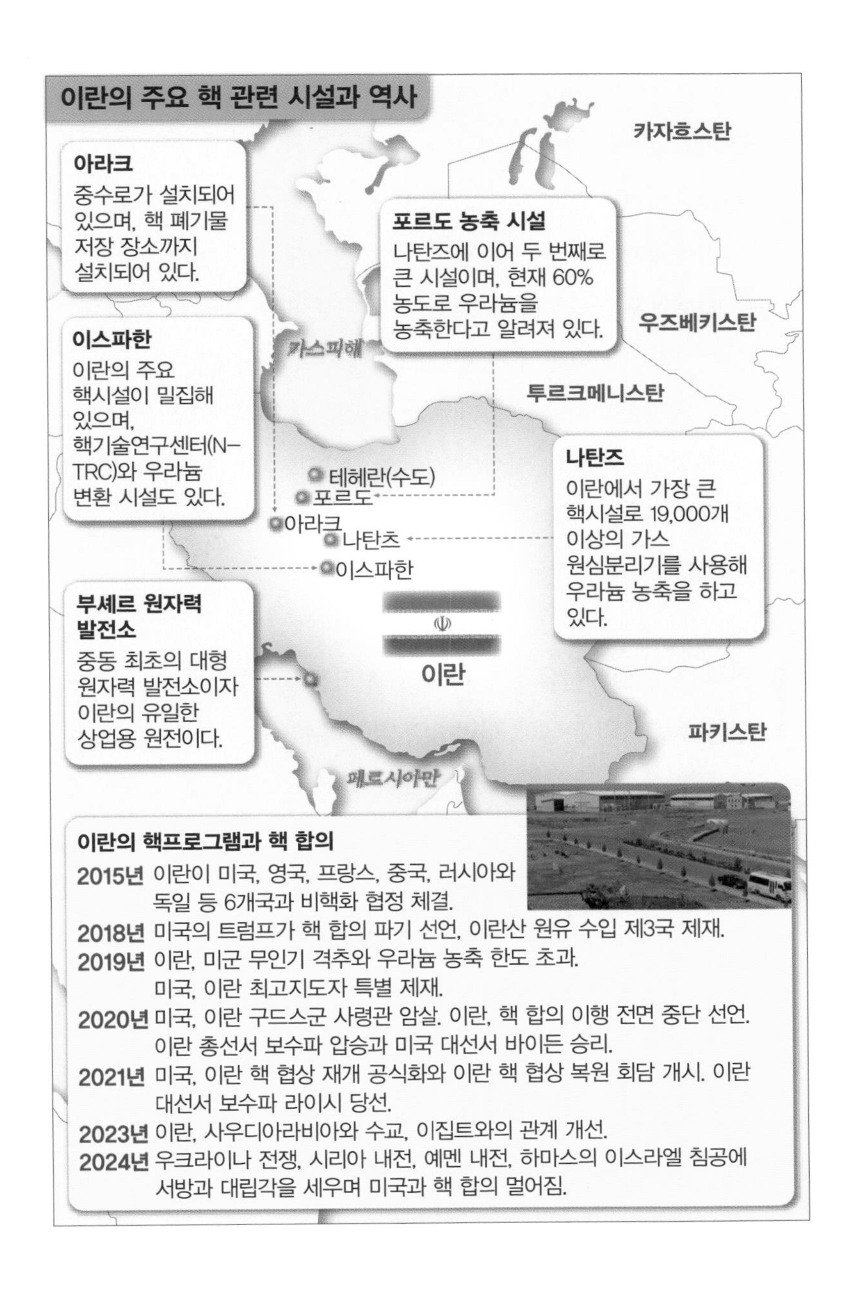
이란의 주요 핵 관련 시설과 역사
카자흐스탄
아라크
중수로가 설치되어 있으며, 핵 폐기물 저장 장소까지 설치되어 있다.
포르도 농축 시설
나탄즈에 이어 두 번째로 큰 시설이며, 현재 60% 농도로 우라늄을 농축한다고 알려져 있다.
우즈베키스탄
이스파한
이란의 주요 핵시설이 밀집해 있으며, 핵기술연구센터(N-TRC)와 우라늄 변환 시설도 있다.
카스피해
투르크메니스탄
나탄즈
이란에서 가장 큰 핵시설로 19,000개 이상의 가스 원심분리기를 사용해 우라늄 농축을 하고 있다.
테헤란(수도)
포르도
아라크
나탄츠
이스파한
부셰르 원자력 발전소
중동 최초의 대형 원자력 발전소이자 이란의 유일한 상업용 원전이다.
이란
파키스탄
페르시아만
이란의 핵프로그램과 핵 합의
2015년 이란이 미국, 영국, 프랑스, 중국, 러시아와 독일 등 6개국과 비핵화 협정 체결.
2018년 미국의 트럼프가 핵 합의 파기 선언, 이란산 원유 수입 제3국 제재.
2019년 이란, 미군 무인기 격추와 우라늄 농축 한도 초과. 미국, 이란 최고지도자 특별 제재.
2020년 미국, 이란 구드스군 사령관 암살. 이란, 핵 합의 이행 전면 중단 선언. 이란 총선서 보수파 압승과 미국 대선서 바이든 승리.
2021년 미국, 이란 핵 협상 재개 공식화와 이란 핵 협상 복원 회담 개시. 이란 대선서 보수파 라이시 당선.
2023년 이란, 사우디아라비아와 수교, 이집트와의 관계 개선.
2024년 우크라이나 전쟁, 시리아 내전, 예멘 내전, 하마스의 이스라엘 침공에 서방과 대립각을 세우며 미국과 핵 합의 멀어짐.

향권에 두려는 것이다.

이란의 원조를 받는 세력은 주로 이슬람교 시아파 단체다. 구체적으로는 레바논의 헤즈볼라, 이라크 전쟁 후의 이라크와 내전 중인 시리아에서 입지를 구축한 시아파 민병대가 있다. 시리아의 알아사드 정권에 군사 지원을 하는 것도 이란이다. 오랜 내전 끝에 예멘의 주도권을 장악한 후티 반군도 이란의 지원을 받았다.

미국 싱크탱크의 보고에 따르면 이란은 2018년, 중동 지역의 무장 단체에 160억 달러 이상의 자금을 댔다고 한다. 미국은 이런 이란의 지역 패권주의를 특히 위험하게 보고 있다. 2020년에는 이란을 '세계 최악의 테러 지원 국가'라고 비난했다.

인구 대국, 5대 산유국, 거대 영토를 가진 이란이 중동 주변국의 분쟁에 개입하며 영향력 확대

트럼프 정권이 핵 합의에서 탈퇴한 것도 이란에서 경제제재 해제로 생긴 자금이 이라크, 시리아의 무장 단체로 흘러 들어갔기 때문이라고 한다. 트럼프 정권은 핵 합의로는 이란의 위협을 억제할 수 없다고 보고 탈퇴를 강행한 것이다.

그런데도 미국의 바이든 대통령은 다시 핵 합의 복원을 위해 이란과 협의 중이다. 물론 협의는 어디까지나 이란의 태도에 달렸다. 그렇지 않은 한 같은 일의 반복일 뿐이다. 한편 이란과 적대 관계인 이스라엘은 미국의 핵 합의 복원에 반대하는 입장이다.

중앙아시아, 중동, 동유럽과 국경을 맞대고 있는 이란은 지정학적으로도 지역 강대국의 입지를 다지고 있다. 2023년 3월, 시아파 종주국인 이란은 수니파 종주국인 사우디아라비아와 수교에 이어 이집트와의 관계 개선에도 적극적으로 나서고 있다. 9,000만 명을 헤아리는 인구, 세계 5대 산유국, 거대한 영토, 그리고 끊임없이 발생하는 주변국의 분쟁도 이란이 국제적인 영향력을 유지하는 원천이다.

우크라이나 전쟁, 시리아 내전, 예멘 내전, 하마스의 이스라엘 침공 등 국제 분쟁에서 서방과 대립각을 세우면서 이란의 미국과의 핵 합의는 점점 멀어지고 있다. 세계의 경찰국가를 자처하는 미국과 반미의 선봉장을 자처하는 이란이 과연 핵 합의에 성공할 것인지는 아무도 예측할 수가 없다.

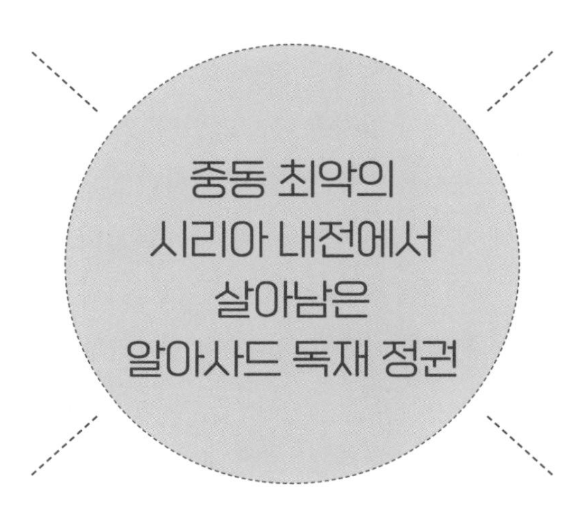

'아랍의 봄' 당시 시위대를 무력으로 진압하자
반정부 세력이 정부군과 충돌하며 내전 시작

중동, 북아프리카에서는 2010년부터 2011년까지 '아랍의 봄'이라는 민주화운동이 일어났다. 왕정 국가와 독재 정권의 부패 및 장기 집권의 정치적 문제, 사회적 불평등과 식량 위기에서 비롯한 경제적 문제가 겹치면서 민중혁명의 소용돌이가 북아프리카와 아랍권 전체를 강타한 것이다.

2010년 12월 17일, 튀니지 청년 모하메드 부아지지의 분신자살은 벤 알리 독재 정권을 붕괴시키는 신호탄이 되었다. 그리고 이집

다마스쿠스 근교의 두마에서 벌어진 반정부 시위자들의 데모, 2011년. © 샤만

트의 무바라크, 리비아의 카다피, 예멘의 살레 등 독재자들이 잇따라 퇴진하고 헌법이 개정되었다. 그러한 아랍 민주화의 조류 속에서 가장 비참한 운명을 맞이한 나라가 있으니 바로 시리아다.

시리아는 반정부 시위가 발단되어 내전이 발발했고, 그 상태가 종파와 민족 대립으로 확대되면서 10년간 지속되었다. 화학 무기 공격, 고문, 성폭력 등이 만연했고, 최소 40만 명이 사망하는 유혈 참극을 초래했다.

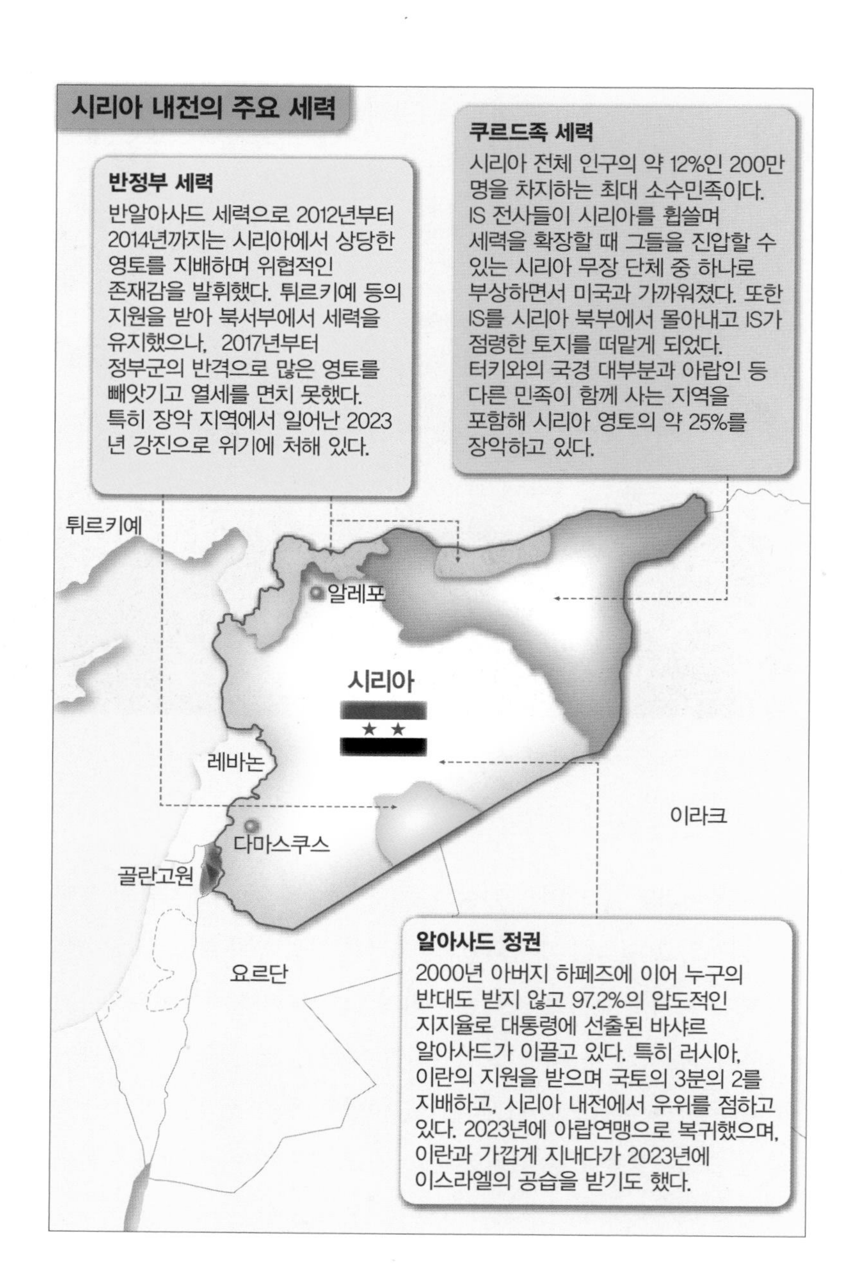
시리아 내전의 주요 세력
반정부 세력
반알아사드 세력으로 2012년부터 2014년까지는 시리아에서 상당한 영토를 지배하며 위협적인 존재감을 발휘했다. 튀르키예 등의 지원을 받아 북서부에서 세력을 유지했으나, 2017년부터 정부군의 반격으로 많은 영토를 빼앗기고 열세를 면치 못했다. 특히 장악 지역에서 일어난 2023년 강진으로 위기에 처해 있다.
쿠르드족 세력
시리아 전체 인구의 약 12%인 200만 명을 차지하는 최대 소수민족이다. IS 전사들이 시리아를 휩쓸며 세력을 확장할 때 그들을 진압할 수 있는 시리아 무장 단체 중 하나로 부상하면서 미국과 가까워졌다. 또한 IS를 시리아 북부에서 몰아내고 IS가 점령한 토지를 떠맡게 되었다. 터키와의 국경 대부분과 아랍인 등 다른 민족이 함께 사는 지역을 포함해 시리아 영토의 약 25%를 장악하고 있다.
튀르키예
알레포
시리아
레바논
다마스쿠스
골란고원
이라크
요르단
알아사드 정권
2000년 아버지 하페즈에 이어 누구의 반대도 받지 않고 97.2%의 압도적인 지지율로 대통령에 선출된 바샤르 알아사드가 이끌고 있다. 특히 러시아, 이란의 지원을 받으며 국토의 3분의 2를 지배하고, 시리아 내전에서 우위를 점하고 있다. 2023년에 아랍연맹으로 복귀했으며, 이란과 가깝게 지내다가 2023년에 이스라엘의 공습을 받기도 했다.

심지어 국민 절반에 해당하는 1,000만 명이 피난민으로 전락했고, 해외로 이주한 사람도 약 600만 명에 이른다는 보고가 있었다. 그야말로 금세기 최악의 위기가 시리아를 덮친 것이다.

중동 · 아프리카의 많은 국가가 아랍의 봄을 지나면서 한때 국가적 위기 상황에 몰리기는 했다. 하지만 시리아처럼 내전을 겪고 이렇게 비참한 상황이 된 경우는 없다.

시리아는 1970년부터 아랍사회주의 바트당 소속 알아사드 일가의 독재가 계속됐다. 당시 국방부 장관이었던 하페즈 알아사드가 총리를 거쳐 1971년에 대통령으로 취임한 후 일당 체제의 강력한 권력을 행사한 것이다. 이후 그는 반대파인 이슬람 수니파를 잔혹하게 탄압하는 등 철권통치를 휘두르며 독재 정권의 기반을 다졌다.

2000년, 하페즈 알아사드 대통령(당시)이 사망하자 차남 바샤르 알아사드(34세)가 후계자로 독재 권력을 물려받았다. 알아사드 일가는 이슬람교 시아파의 분파인 알라위파에 속해 있었고, 알라위파는 정부와 군부의 요직을 독점했다. 알라위파는 국민의 약 10%, 수니파는 약 70%를 차지하는데, 소수파가 다수파를 억압하는 구도가 된 것이다.

이렇게 불안정한 정치 체제에 불만을 품은 시리아 국민은 아랍의 봄에 편승, 2011년부터 알아사드 정권을 타도하기 시작했다. 알아사드 정권이 무력으로 시위대를 진압하자, 오히려 반정부 운동은 시리아 전역으로 더 크게 번졌다. 급기야 정부군과 반정부 세력이 맞붙으면서 시리아는 내전 상태가 되었다.

IS가 테러와 민간인 학살로 세력을 확장하자 러시아와 이란이 알아사드 정권 지원하며 참전

내전이 격해지고 전쟁의 불길이 시리아 전체로 확산하는 가운데, 정부군에서 이탈한 병사들이 결성한 자유시리아군과 재외 시리아인이 주축을 이룬 시리아 국민평의회, 알카에다계 이슬람 극단주의 알누스라전선 등이 반군 대열에 합류한다. 반정부 세력의 거점은 시리아 북부의 대도시 알레포였다. 수니파였던 반정부 세력은 알아사드 정권과 대립했던 수니파 국가 사우디아라비아와 카타르, 그리고 미국과 유럽의 지원을 받아 한때 전세에서 우위를 점했다.

2014년에는 시리아 동부와 이라크 북부를 장악한 수니파 극단주의 단체 IS(이슬람국가)가 라카를 '수도'로 정하고 국가 수립을 선언해 전 세계에 충격을 안겼다. IS가 잔혹한 테러와 민간인 학살로 거침없이 세력을 확장하자 알아사드 정권은 점점 궁지에 몰리게 되었고, 실질적인 지배 지역은 국토 전체의 약 20%로 축소됐다.

그러자 알아사드 정권은 반격에 나섰다. 오랜 동맹 러시아와 시아파 종주국 이란의 원조로 반격에 나서 점차 지배 지역을 회복했다. 반정부군을 지원하던 미국과 서방도 IS를 테러 집단으로 선언하고 점령 지역에 대한 공습을 감행했다.

공군을 지원한 러시아는 전투기와 공격헬기를 동원해 반정부군의 거점에다 공중 폭격을 대대적으로 퍼부었다. 이란은 정부 군사조직인 이란혁명수비대를 파병했으며, 레바논은 시아파 무장 단체

시리아 내전 들여다보기

2011년	바샤르 알아사드 대통령 퇴진을 요구하는 반정부 시위 시작.
2012년	미국 오바마 대통령 레드라인(시리아가 화학무기를 사용하는 건 미국이 절대 받아들일 수 없다) 선언.
2013년	시리아 정부군이 반군에 화학무기 사린가스 공격해 1,500명 사망. 시리아 화학무기금지협정에 서명.
2014년	극단주의 무장 단체 이슬람국가(IS)의 국가 선포. 미국, IS 격퇴 이유로 시리아 공습.
2015년	미군과 러시아, IS 격퇴-정부군 지원 명분으로 시리아 공습.
2018년	미국 트럼프 대통령, 시리아 관련 무력 응징 가능성 시사. 러시아는 튀르키예, 시리아군과 반군 경계에 완충 지대 설치를 합의하고 휴전 시행.
2019년	튀르키예는 지상군 투입해 시리아 내 쿠르드족 공격. 트럼프 미국 대통령이 시리아 주둔 미군 철수 결정을 발표. 미군이 시리아 은신처에서 IS 수괴 아부 바크르 알바그다디 사살.
2023년	시리아 북부와 튀르키예 남부에서 강진 발생, 시리아에서만 최소 3,000명 사망.

헤즈볼라를, 이라크는 시아파 민병대를 참전시켰다. 미국과 서방은 IS에 대한 공습 효과를 못보고 오히려 전세가 반정부군에 불리하게 돌아가자 다시 시리아 정부군에 대한 공격으로 전략을 바꾸었다.

집권 50년을 넘긴 부자 세습 독재 정권은 10여 년의 내전을 잠재우며 장기 집권 체제 구축

2016년 알아사드 정권은 반정부 세력으로부터 알레포를 탈환했으며, 2017년에는 IS가 '수도'로 정한 라카를 점령하는 데 성공했다. IS 세력의 쇠퇴와 함께 알아사드 정권은 국토의 3분의 2까지 지배 지역을 회복했고, 반정부 세력의 거점인 북서부 이들립(Idlib) 등을 러시아와 함께 공격하기도 했다.

2016년 12월에 시리아 정부군과 반정부군이 일시 휴전에 합의했으나 이듬해 2월 시리아의 공습으로 반정부군은 휴전을 철회했다. 시리아 정부군이 반정부군의 민간인 거주지에다 화학무기를 사용했기 때문이었다.

시리아의 화학무기 사용에 대해 국제사회의 비난이 쏟아지자, 당시 제45대 미국 대통령으로 취임한 트럼프 대통령은 곧바로 시리아 공군비행장에 대한 공습을 명령했다. 미국의 시리아에 대한 첫 번째 공격이었다. 그리고 2018년에 시리아가 다시 화학무기를 사용하자, 미국과 서방은 화학무기 생산공장을 폭격해 파괴했다. 이처럼 시리아 내전은 미국을 비롯한 서방 국가 대 러시아와 이란, 그리

시리아 내전 때 알레포 병원에 도착한 부상 민간인, 2012년. © 스콧 밥

고 시아파 대 수니파의 대리전쟁이 되었다.

IS 세력은 2019년경 대부분 도태되었다. 또한 2019년 10월에는 트럼프 대통령이 시리아에서 미군을 철수하겠다는 입장을 표명했다. 그러나 시리아 북부 지역에서 미군이 철수하자 튀르키예가 이 지역의 쿠르드족을 향해 공격을 개시하는 등 전쟁의 불길은 다시 타오르게 되었다.

2011년 시리아 내전 발발 이후 무자비한 인권 탄압과 반정부군을 향한 독가스 공격으로 '시리아의 학살자'로 불리던 알아사드는 서방을 비롯한 아랍 등 국제사회에서 철저하게 고립되었다. 그러나 내전이 종결되지 않은 상태에서 중동의 맹주를 꿈꾸는 사우디아라비아의 실력자 빈 살만 왕세자의 주선으로 2023년 5월에 시리아는 아랍 연맹의 회원국으로 복귀하는 외교적 성과를 거두었다. 또한 2023년 9월에는 중국 베이징에서 시진핑 주석과 정상회담을 하면서 국제무대에 본격적으로 얼굴을 내밀었다.

국제전의 성격을 지닌 시리아 내전에서 살아남은 알아사드 정권은 당분간 순항할 것으로 보인다. 1971년에 시작한 2대에 걸친 부자 세습 정권은 집권 50년을 훌쩍 넘겼고 종교, 민족, 지역의 갈등이 폭발한 10여 년의 내전조차도 무자비한 탄압으로 잠재우는 데 성공했기 때문이다. 더불어 반정부 단체 내 극단적인 이슬람 무장 세력이 등장해 지역의 혼란이 극심해지자 국내외 여론이 등을 돌리고 알아사드 정권의 지지로 돌아서는 행운도 뒤따랐다.

시리아를 둘러싸고 얽히고설킨 지정학적 환경은 알아사드 정권에 유리한 정세로 작용하고, 지리멸렬한 반정부 세력은 정권 교체의 대안으로 인정받지 못하고 있다. 또한 강대국의 이해관계에 따라 독재자의 폭압 정치를 용인하는 국제 질서는 냉혹하기만 하다.

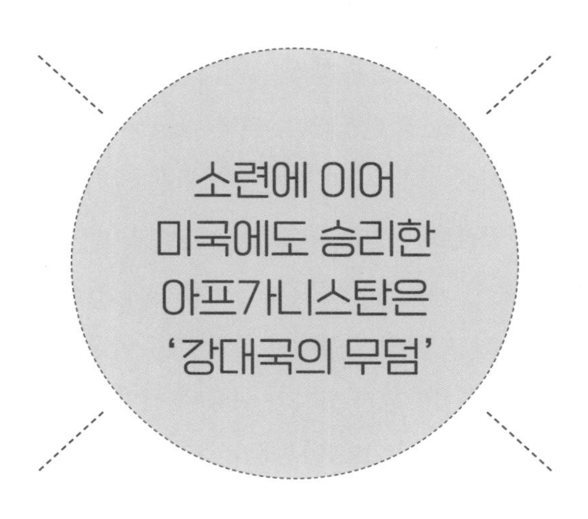

빈 라덴을 숨겨준 아프가니스탄의 탈레반은
미국 등 다국적군의 공격으로 카불에서 축출

2001년 9월 11일, 미국이 역사상 처음으로 본토를 공격당했다. 이른바 9.11 테러로 알려진 이 자살테러로 세계는 경악했고, 그 파장은 매우 컸다.

공중 납치된 민항 여객기 3대가 뉴욕 세계무역센터 빌딩 2개 동과 워싱턴 국방부(펜타곤) 청사 건물에 각각 충돌해 폭발했고, 또 1대는 피츠버그 외곽으로 추락해 항공기 4대의 탑승자를 포함해 총 2,997명이 사망하고 6,000여 명 이상이 부상을 당했다.

부시 대통령(당시)은 미국을 향한 동시다발 테러를 이슬람 극단주의 알카에다의 범행으로 단정했다. 결국 미국은 지도자 오사마 빈 라덴을 숨겨준 아프가니스탄의 탈레반 정권을 타도하기 위해 다국적군을 결성해 공격했다. 아프가니스탄 전쟁의 발발이었다.

미국이 이끄는 다국적군의 압도적 군사력 앞에 탈레반 정권은 두 달도 안 돼 무너졌고, 수도 카불에서 쫓겨났다. 미국은 탈레반을 축출한 후, 반소련 독립항쟁 지도자의 아들로 친미파 지도자였던 하미드 카르자이를 임시 의장으로 내세워 새로운 국가 만들기에 착수했다.

아프가니스탄 정부는 종전 후에도 주둔 중인 미군과 NATO(북대서양조약기구)군에 의지해 20년간 나라를 통치했다.

한편 탈레반은 이슬람교 극단주의 수니파로, 구소련의 군사 개입으로 아프가니스탄 전쟁이 발발한 후 내란 속에서 등장했다.

1990년대 전반, 아프가니스탄에서 반공산주의 게릴라 간에 격렬한 무력 충돌이 이어지던 중, 아프가니스탄과 파키스탄 국경 근처의 이슬람 신학교 학생들이 탈레반을 결성해 1994년부터 활동을 시작했다. 탈레반은 알라(신)의 길을 구하는 자들, 즉 신학생 또는 구도자를 뜻한다. 이들은 각지의 군벌을 제압하고, 1996년 수도 카불을 점령해 이슬람국가의 출범을 선언했다.

당시 탈레반은 오랜 내란을 종결하고 평화를 이룬 존재로서 아프가니스탄 국민에게 열렬한 지지를 얻었다. 그러나 이들의 통치는 오락과 문화가 없이 여성의 노동과 외출을 금했고, 이를 거역하면

디에고 가르시아 미군 기지에서 아프가니스탄의 알카에다를 공습하려고 이륙 중인 B-1B 초음속 전략 폭격기. © 레베카 루퀸, W-C

가차 없이 처형하는 잔혹함으로 차츰 지지층을 잃어갔다.

한편 탈레반이 오사마 빈 라덴을 숨겨준 것은 사실이지만, 그것은 '도움을 청하면 끝까지 보호한다'라는 아프가니스탄의 관습에 따른 것이라는 이야기가 있다. 어떻든 그 일이 화를 불러 탈레반은 미국이 주도하는 다국적군의 공격을 받고 정권을 빼앗기게 되었다.

2002년 아프가니스탄 정부는 하미드 카르자이가 정권 출범으로 새롭게 시작하지만 국내 정세는 탈레반의 테러로 여전히 불안정했다. 탈레반은 아프가니스탄 전쟁 후 국경 지대 파슈툰으로 도망쳤고, 아프가니스탄에서 영향력을 넓히려던 파키스탄의 도움을 받아

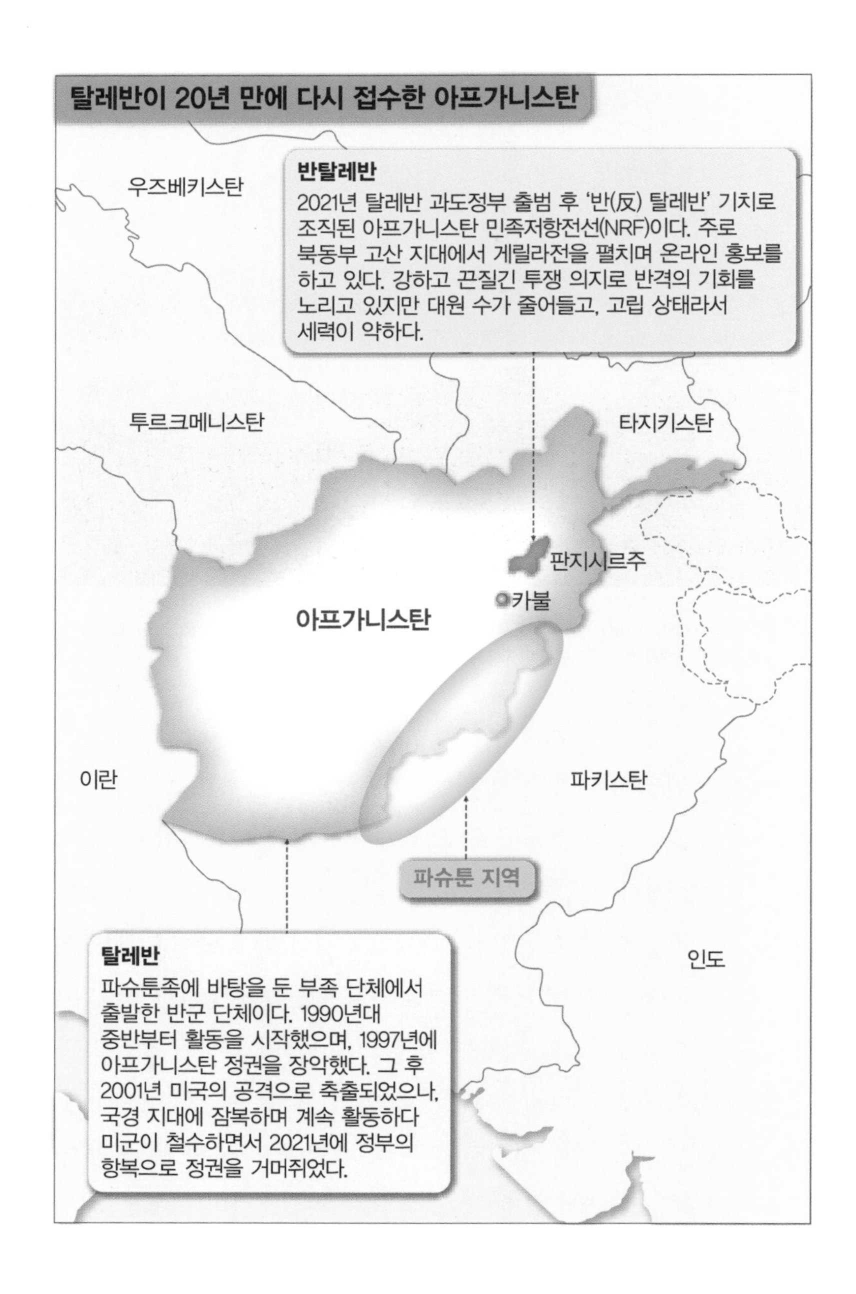

탈레반이 20년 만에 다시 접수한 아프가니스탄
반탈레반
2021년 탈레반 과도정부 출범 후 '반(反) 탈레반' 기치로 조직된 아프가니스탄 민족저항전선(NRF)이다. 주로 북동부 고산 지대에서 게릴라전을 펼치며 온라인 홍보를 하고 있다. 강하고 끈질긴 투쟁 의지로 반격의 기회를 노리고 있지만 대원 수가 줄어들고, 고립 상태라서 세력이 약하다.
우즈베키스탄
투르크메니스탄
타지키스탄
판지시르주
카불
아프가니스탄
이란
파키스탄
파슈툰 지역
인도
탈레반
파슈툰족에 바탕을 둔 부족 단체에서 출발한 반군 단체이다. 1990년대 중반부터 활동을 시작했으며, 1997년에 아프가니스탄 정권을 장악했다. 그 후 2001년 미국의 공격으로 축출되었으나, 국경 지대에 잠복하며 계속 활동하다 미군이 철수하면서 2021년에 정부의 항복으로 정권을 거머쥐었다.

미국 해병대의 아프가니스탄 작전 모습. © 미국 해병대 제임스 야보로

아프가니스탄 정부군과 미군을 계속 공격했다.

지역 부족의 지배력이 강한 국경 지대는 중앙 정부의 통치력이 미치지 않았다. 탈레반은 마약 원료인 양귀비를 밀매해 얻은 돈으로 군사 조직을 유지하고 무기 구매가 가능해 산악 국경 지대는 더없이 좋은 '은신처'가 되었다.

정부군에서 게릴라처럼 변질된 탈레반은 아프가니스탄과 파키스탄에서 테러를 일삼았다. 2012년에는 여성 교육권 확대를 호소하던 여학생 말랄라 유사프자이가 탈레반 분파 파키스탄탈레반(TTP)에 총격을 당해 중상을 입기도 했다.

2021년 4월, 미군이 전격적으로 철수하자 탈레반이 20년 만에 아프가니스탄 정권 탈환

2014년에 아슈라프 가니가 대통령으로 취임했지만, 아프가니스탄의 치안은 여전히 불안했고, 민주화도 전혀 이루어지지 않았다. 탈레반의 테러뿐 아니라 정부 관료의 부패와 무능이 심각해서 앞날이 보이지 않는 상황이었다.

그런 가운데 미국의 트럼프 대통령(당시)이 2019년 11월에 아프가니스탄의 미군 기지를 방문해 탈레반과 협상에 들어갔다. 결국 2020년 2월, 평화 합의가 이루어지면서 미군의 철수가 결정되었다. 그러나 미국의 갑작스러운 철수 결정은 큰 혼란을 불렀다.

2021년 4월 초, 바이든 정권이 '9월 11일까지 미군을 아프가니스탄에서 전면 철수한다'라고 발표하자, 탈레반이 단숨에 세력을 확장한 것이다. 8월에는 수도 카불을 포함해 아프가니스탄 전체를 탈레반이 지배하게 되었다.

탈레반은 20년 만에 다시 아프가니스탄의 실권을 장악했다. 그러나 이전 정부 시절의 전문가들이 대거 해외로 망명해 행정과 경제 체제가 붕괴하는 등 최소한의 통치 기반도 갖추지 못했다.

국제사회와 단절된 상태에서 해외 원조와 수출입이 불가능한 데다 식량 부족 사태로 탈레반은 어려움을 겪었다.

집권 초기부터 정부의 고위 관리들은 공포 정치의 부활을 부정했으나 국민은 두려움을 느끼고 있으며, 실제로 여성에 대한 극단적

아프가니스탄 전쟁 개요

2001년	9월	이슬람 무장단체 알카에다의 주도로 미국 뉴욕에 9·11 테러 발생.
	10월	미영 연합군, 아프가니스탄 공습으로 전쟁 개시.
	11월	미군의 탈레반 축출과 점령.
	12월	아프간 과도정부 수립, 한국군 의료지원단 파견.
2003년	2월	한국 육군 공병단 파견.
2007년	7월	한국인 선교단 23명 납치 사건 발생.
	12월	한국 육군 의료지원단과 육군 공병단 동시 철수.
2009년	2월	미군 1만 7,000여 명 아프가니스탄에 증파 승인.
2011년	5월	미국 해군, 파키스탄에서 알카에다의 지도자 오사마 빈라덴 사살.
2014년	12월	미국, 아프가니스탄 전쟁 종식 선언.
2015년	10월	아프가니스탄 주둔 미군 철수 계획 백지화. (탈레반의 추가 테러 대응 목적)
2017년	8월	미국, 새로운 아프가니스탄 전략 발표해 추가 파병 공격 시사.
2019년	1월	미국과 탈레반이 평화협정 원칙에 합의.
	9월	탈레반, 카불에서 차량 폭탄 공격해 미군 포함한 10여 명 사망.
	12월	미국과 탈레반 평화협상 재개.
2020년	2월	미국과 탈레반 평화합의 타결.
	6월	아프가니스탄 주둔 미군 8,600명으로 감축.
	9월	아프가니스탄, 탈레반 평화협상 개시.
2021년	1월	미국, 아프가니스탄과 이라크 주둔 미군 각각 2,500명으로 감축.
	4월	미국, 8월 말 완전 철군 발표.
	5월	미군 철수 시작 후 탈레반 공세 시작.
	7월	미군 임무 8월 31일 종료 발표.
	8월	탈레반, 카불을 제외한 아프가니스탄 거의 장악해 정부 항복.
	8월	카불 공항, IS 자폭 테러로 미군 13명 등 170여 명 사망.
	8월	탈레반의 카불 점령 뒤 미군 20년 만에 전쟁 종료.

인 인권 탄압은 세계를 경악시키고 있는 실정이다. 국제사회는 고립된 아프가니스탄이 다시 이슬람 극단주의에 의한 테러 활동의 온상이 될 가능성을 우려하고 있다.

소련에 이어 미국과의 전쟁에서도 승리한 아프가니스탄은 '강대국의 무덤'이라는 별명을 얻었다. 그러나 전쟁의 승리가 한 국가의 성공을 보장하지는 않는다.

중앙아시아의 '중앙'에 위치한 아프가니스탄은 이제 미국과 러시아의 관심권에서도 멀어졌다. 국토 대부분이 험준한 산악 지대인 탓에 강대국의 손아귀에서 벗어날 수 있었던 '독립 국가' 아프가니스탄의 미래는 어떤 모습일까?

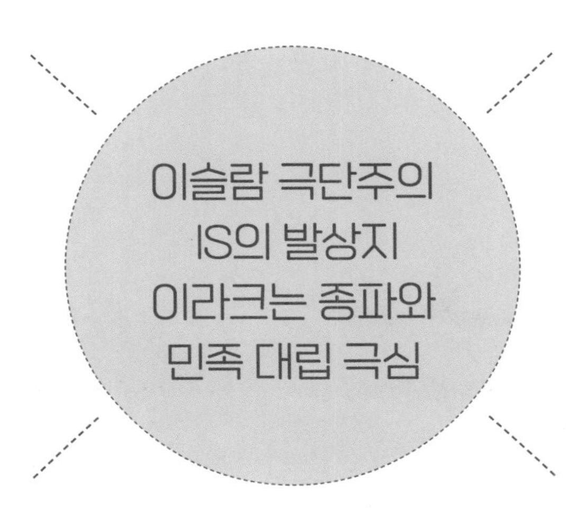

화학무기 사용과 알카에다 연관설을 이유로
미국이 이라크 침공해 독재자 후세인 제거

2001년 9.11 테러를 당한 미국의 부시 정권은 아프가니스탄과 이라크를 상대로 테러와의 전쟁을 선포했다. 이라크의 사담 후세인 정권이 화학무기 등 대량살상무기를 보유했을 뿐 아니라 알카에다와 관련이 있다는 이유를 내세웠다. 나중에 근거 없는 주장으로 밝혀졌지만, 당시 미국 여론은 이라크를 응징하기 위해 전쟁하는 분위기로 휩쓸려 갔다. 2003년 3월에 미국은 영국과 함께 이라크 공격을 단행했다.

이라크 작전 중 바그다드 '승리의 손' 기념비 앞에 있는 미국 육군 기갑부대원, 2003년. W-C

첨단 무기를 갖춘 미군 앞에 이라크군은 시종 압도당했고, 수도 바그다드는 한 달여 만에 함락됐다. 미군은 전투기와 폭격기의 지원 아래 소수의 전투 병력으로 기동전을 펼치며 이라크군을 괴멸시키고 압도적인 승리를 거두었다.

오랫동안 독재 정권을 유지하던 후세인 대통령은 바그다드에서 도망쳤으나, 2003년 12월에 고향 티크리트 근교에서 체포되었다. 그리고 2006년에 반인륜적 범죄 등으로 사형에 처해졌다.

이 전쟁도 아프가니스탄 전쟁처럼 미국의 압승으로 끝났다. 하지만 그 후 이라크는 후세인 독재 시절보다 더한 혼란을 겪게 되었다. 전후 이라크의 혼란을 안정시키는 데 미군의 병력과 인력이 턱없이

미국 럼즈펠드 국방장관, 콘돌리자 라이스와 회담 중인 잘랄 탈라바니 이라크 대통령, 2006년, 바그다드. 미국 해군단

부족했고, 신정부도 전쟁 후의 내분을 수습하기에는 너무나 무능력했기 때문이다.

이라크의 세력은 크게 이슬람교 시아파 아랍인, 수니파 아랍인, 수니파 쿠르드족으로 나뉜다. 후세인 정권 때는 이 3개 세력의 종파와 민족 대립을 무자비한 폭정으로 다스렸으나, 후세인 대통령이 사망하자 내부 주도권 싸움으로 번졌다. 말리키 신정권 측인 시아파, 구정권 측인 수니파, 독립을 원하는 쿠르드족의 3파전 양상으로 내전에 돌입한 것이다.

이라크 북부 모술과 유전 지대를 장악한 ISIL은 시리아 북부 라카를 수도로 정하고 IS 창설 선언

이라크의 종파, 민족 대립은 미국의 골칫거리였다. 전쟁으로 인한 국경의 붕괴로 국내 정세는 난장판으로 변했고, 테러 공격에 대응하는 과정에서 수많은 희생자가 발생했다. 전후의 이라크는 말 그대로 아비규환이었다.

미국은 수니파 부족과 협력해 차츰 치안을 회복시켰다. 쿠르드족 세력에게는 북부 3주에 자치 정부를 발족시켜 독립에 대한 야심을 잠재웠다. 그러나 이라크와 아프가니스탄 양대 전선을 유지하기에 힘에 부친 미국은 2009년 7월부터 이라크 주요 도시에서 미군 철수를 시작했다. 그리고 2011년 9월 1일, 오바마 대통령은 이라크에서 완전히 철수했음을 선언했다. 미국이 이라크에서 철수하자 말리키 정권의 수니파 홀대로 극단주의 수니파 세력이 이탈하면서 이들의 테러 대책은 난관에 부딪혔다.

이라크 정세가 다시 긴박해지는 가운데 수니파 극단주의 단체는 중부 도시 일부를 점령했고, 쿠르드족은 키르쿠크 유전이 있는 북부를 장악했다. 그리고 북서부를 거점으로 하는 수니파 이슬람 극단주의 단체가 급부상한다. 2011년 중동을 강타한 '아랍의 봄'은 이라크 내전 초기에 이들에게 영토의 반 이상을 내주게 되는 결과로 이어졌다.

수니파 극단주의 세력의 전신은 알카에다 계열 테러 단체 자마트

세 개의 종파와 민족으로 분열한 이라크 내전

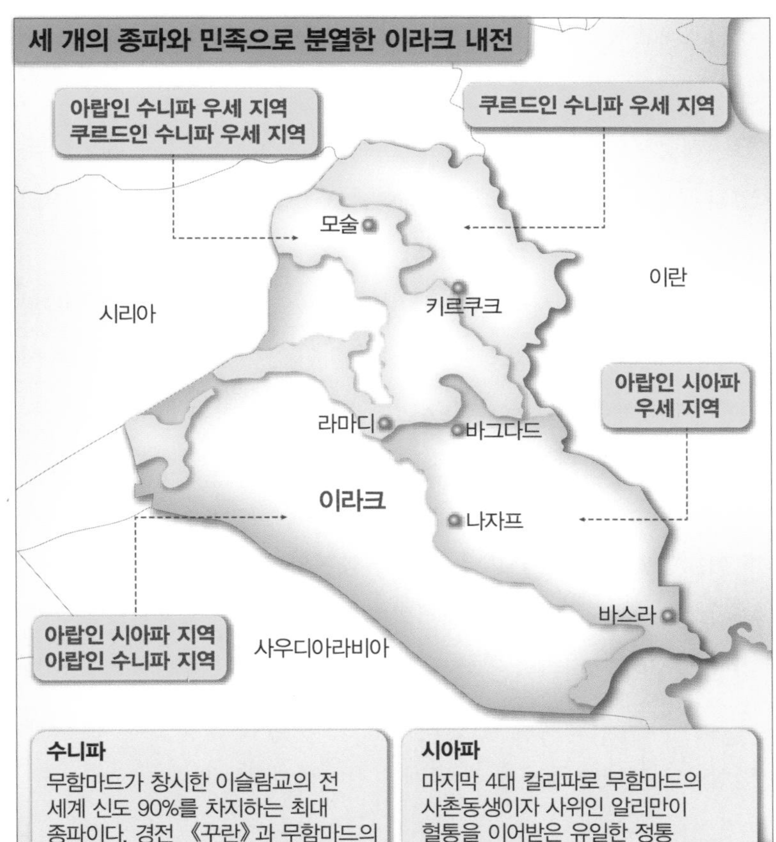

수니파

무함마드가 창시한 이슬람교의 전 세계 신도 90%를 차지하는 최대 종파이다. 경전 《꾸란》과 무함마드의 언행과 관행을 기록한 〈순나〉를 따르는 사람들이라는 뜻이다. 무함마드 사후 계승자로 나선 4대 칼리파(무함마드의 대리인)를 정통으로 인정하고, 이후 우마이아 왕조와 아바스 왕조를 거치면서 유력 부족이 칼리파의 지위를 계승했다. 종주국인 사우디아라비아를 중심으로 한 아랍 민족이 대부분이고, 오스만 제국의 뒤를 이은 튀르키예도 수니파에 속한다.

시아파

마지막 4대 칼리파로 무함마드의 사촌동생이자 사위인 알리만이 혈통을 이어받은 유일한 정통 칼리프로 인정한다. 알리가 시아파 내분으로 암살당하고, 아들 후세인마저 우마이야 왕조에 의해 살해되자 순교로 받아들이며 수니파에 대항하는 하나의 종파로 자리잡았다. 우마이야 왕조에 의해 종교적·정치적·민족적 탄압을 받아 지하드(성전)를 주창하며 지하로 숨어들었다. 페르시아계 이란을 종주국으로 삼아 이라크와 시리아 주변에 흩어져 있다.

알타우히드 왈지하드이다. 이들은 2004년 이라크의 알카에다(AQI)로 이름을 바꿨고, 2006년에는 다른 극단주의 단체와 합병해 이라크·레반트의 이슬람국가(ISIL, Islamic State of Iraq and the Levant)가 되었다. 그 후 후세인 정권의 붕괴로 갈 곳을 잃은 구이라크군의 장교와 병사를 모아 세력을 확장했다.

마침 이웃 나라 시리아에서 '아랍의 봄'으로 시작된 반정부 시위가 2012년부터 내전으로 확대되자 통치의 공백을 이용해 ISIL은 시리아 북부에 거점을 확보했다. 이후 이들은 이라크에서도 점점 지배 지역을 넓혀 나갔고, 모술과 인근 유전 지대를 장악하면서 탄탄한 자금력을 바탕으로 세력을 확장했다.

2014년 6월 29일, ISIL은 시리아 북부의 라카를 '수도'로 정하고 마침내 IS(이슬람국가)를 창설한다고 선언했다. IS는 자신들을 거역하면 여성이든 어린이든 가차 없이 죽였고, 외국인을 납치해 몸값을 요구하고 이를 거부하면 참수시키며 악명을 떨쳤다. 또한 그 동영상을 인터넷에 공개해 전 세계를 경악시키기도 했다.

이라크의 반미와 미군 철수 요구가 거세지만 IS 부활과 테러 등 불안정한 중동 정세도 문제

IS는 온라인으로 세계 각지에서 병사를 모집했고, 석유 판매로 얻은 풍부한 자금력으로 무기를 구비하는 등 기존의 테러 단체와는 차원이 다른 방법으로 세력을 확장했다. 전성기에는 이라크와 시리

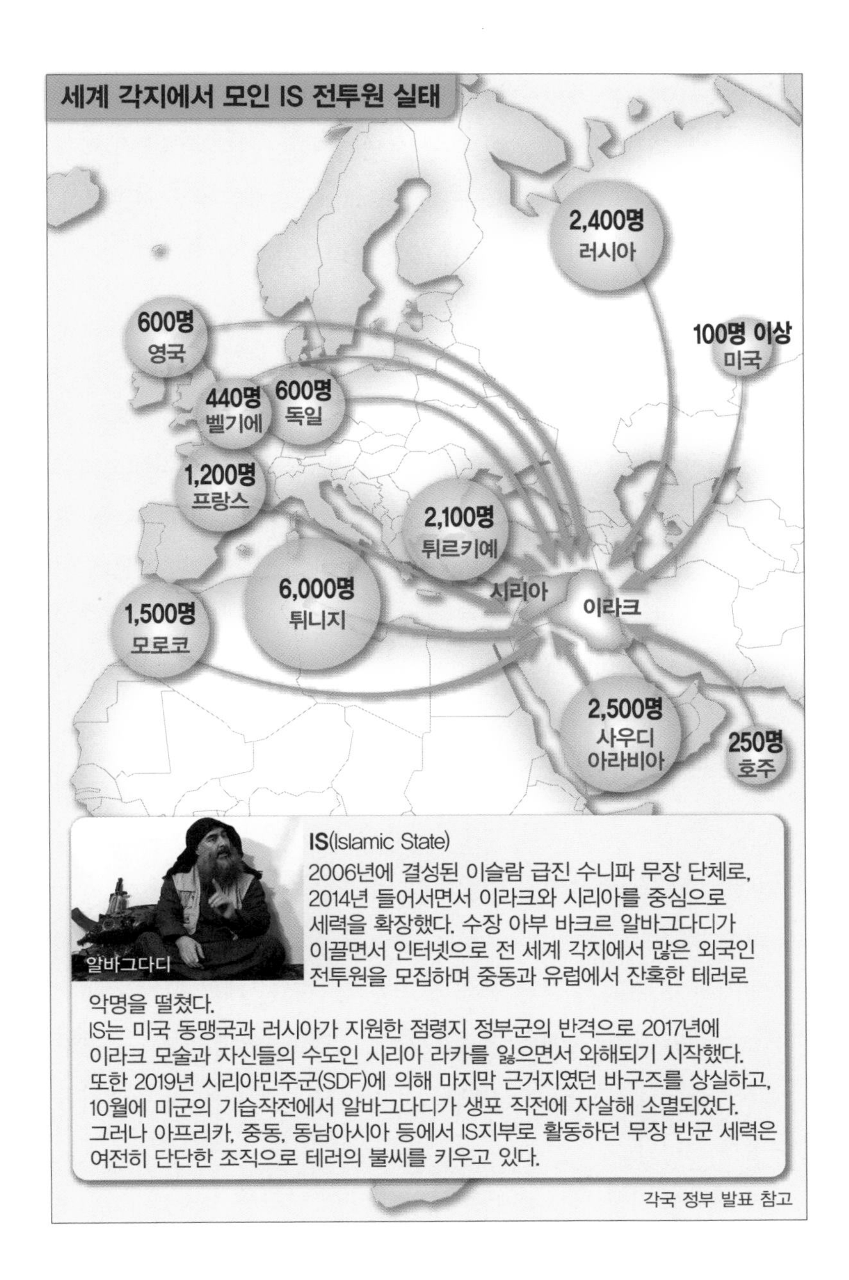

IS(Islamic State)

2006년에 결성된 이슬람 급진 수니파 무장 단체로, 2014년 들어서면서 이라크와 시리아를 중심으로 세력을 확장했다. 수장 아부 바크르 알바그다디가 이끌면서 인터넷으로 전 세계 각지에서 많은 외국인 전투원을 모집하며 중동과 유럽에서 잔혹한 테러로 악명을 떨쳤다.

IS는 미국 동맹국과 러시아가 지원한 점령지 정부군의 반격으로 2017년에 이라크 모술과 자신들의 수도인 시리아 라카를 잃으면서 와해되기 시작했다. 또한 2019년 시리아민주군(SDF)에 의해 마지막 근거지였던 바구즈를 상실하고, 10월에 미군의 기습작전에서 알바그다디가 생포 직전에 자살해 소멸되었다. 그러나 아프리카, 중동, 동남아시아 등에서 IS지부로 활동하던 무장 반군 세력은 여전히 단단한 조직으로 테러의 불씨를 키우고 있다.

각국 정부 발표 참고

아 영토의 약 3분의 1을 지배했다.

2014년 8월, 미국은 IS의 부활을 막는다는 명분을 내세워 영국 등 유럽 주요국과 국제동맹군을 결성해 이라크에 재차 파병했다. 이라크 내에서 세력을 확대하는 IS를 물리치기 위해 이라크 정부가 파병을 요청했기 때문이다.

2017년부터 서방과 러시아에 집중적인 공중 폭격을 당한 IS는 급속도로 기세를 잃게 되었다. 그해 7월에는 이라크 북부 모술을 잃으면서 자신들의 중요한 군사 거점마저 내주었다. 그리고 12월에는 사막과 국경 지대의 IS 병사들을 소탕한 후, 이라크의 하이다르 알 압바디 총리가 전 국토의 해방과 최종 승리를 선언했다. 마침내 이라크 내 IS의 지배 지역이 소멸한 것이다.

이라크에서 패퇴한 IS는 2019년 들어 시리아의 지배 지역을 상실해 한창때의 기세를 완전히 잃고 만다. 하지만 IS의 존재가 완전히 사라진 것은 아니었다. IS의 잔당들은 이라크 북부와 서부에서 테러 활동을 계속했다. 2021년 5월에는 수도 바그다드의 시장에서 자폭 테러를 감행해 35명의 목숨을 앗아갔다.

그해 8월에는 탈레반의 전격 침공으로 대혼란에 빠진 아프가니스탄에서 IS 계열의 무장 세력에 의한 충격적인 테러가 발생했다. 장소는 카불 공항 근처였다. 아프가니스탄에서 탈출하려는 사람들로 북새통이 된 틈을 타, 전투원으로 보이는 두 사람이 자폭 테러를 감행한 것이다.

이 테러로 미군 병사 13명을 포함한 70명 이상이 사망했다. IS 계

이라크 작전 중 미 해병대가 이라크 사막 수용소에서 적군 포로를 잡고 이동 중인 모습, 2003년. 미국 해병대 상병 브라이언 위클리프, W-C

열 매체는 '검문을 재빠르게 빠져나간 전투원이 자폭 조끼를 터뜨려 약 160명의 사상자가 발생했다'라고 전했다. 괴멸한 줄 알았던 IS의 기습에 전 세계가 두려움에 다시 휩싸였다.

이라크는 여러 종파와 민족이 대립하는 상황에서 사담 후세인 정권 몰락 이후 내전이 이어졌고, 미국과 이란을 배후로 하는 무장 세력들이 충돌하는 크고 작은 전투가 끊이질 않고 있다. 미군은 2021년 12월부터 직접 전투에 나서지 않고 이라크군에 대한 조언과 지원 임무만 수행하고 있다.

이스라엘과 하마스의 가자 전투와 예멘 후티 반군의 홍해 도발로 이라크는 다시 중동 분쟁의 중심지로 주목받고 있다. 이라크 내 반미 감정의 고조와 함께 미군 철수 요구도 본격화되고 있다. 하지만 미군이 철수했을 때 IS의 부활과 중동 지역의 테러가 불안정한 중동 정세에 기름을 부을 수도 있다는 우려가 나오고 있다.

2021년에 미군이 아프가니스탄에서 철수한 후 벌어졌던 상황이 이라크에서도 재현될 것인가에 국제사회의 관심이 쏠리고 있다.

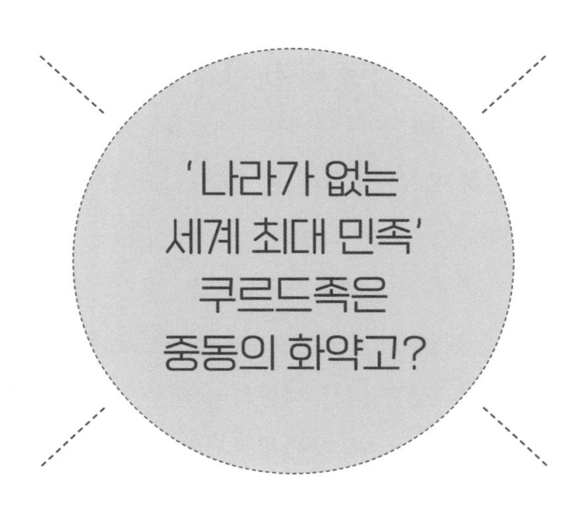

원래 페르시아계 유목민족인 쿠르드족은 '쿠르디스탄'이라는 지역에 사는 민족

일본 사이타마현의 와라비시는 '와라비스탄'이라 불린다. '스탄'은 페르시아어로 나라, 땅을 뜻하는데, 사이타마현의 와라비시와 가와구치시에 페르시아계 쿠르드족이 1,500명가량 살고 있어 이러한 이름이 붙었다.

1990년대 이후 튀르키예와 이라크 등지에서 3,000여 명의 쿠르드족 난민이 일본으로 건너가 그중 절반가량이 사이타마현에 거주하고 있다. 대부분 튀르키예 출신의 쿠르드족으로 일본에 난민 신청을 했지만 받아들여지지 않아 불법체류 신분으로 살고 있다. 이들을 난민으로 받아들이는 순간 튀르키예 정부의 쿠르드족 탄압을 공식적으로 인정하는 꼴이어서 일본 정부는 이러지도 저러지도 못하고 있는 것이다.

원래 페르시아계 유목민족인 쿠르드족은 '쿠르디스탄'이라는 지역에 사는 민족을 말한다. 인구는 3,500만 명으로 추정되는데 이들은 페르시아어계인 쿠르드어를 사용하며 대부분 이슬람교 수니파를 믿는다. 쿠르디스탄은 제1차 세계대전에 패한 오스만 제국이 붕괴하고 튀르키예, 이라크, 이란, 시리아 등 여러 나라의 국경으로 분단되는 바람에 독립국이 되는 데 실패했다. 그래서 쿠르드족은 '나라를 갖지 못한 세계 최대 민족'이라고 알려져 있다.

쿠르드족이 사는 튀르키예, 이라크, 이란, 시리아 등 4개국 모두 분리·독립운동을 무자비하게 탄압

쿠르드족의 역사는 이민족의 지배를 받는 수난의 연속이었다. 산악 유목민의 특성상 주변 강대국의 직접적인 지배와 영향을 피할 수가 없었기 때문이다. 10세기 무렵 메소포타미아 북부(자지라)와 아르메니아 서남부, 쿠르디스탄 북부에 마르완 왕조라는 쿠르드계 지방 정권이 탄생했으나, 11세기 초에 튀르키예계인 셀주크 왕조에 의해 멸망했다.

쿠르디스탄이 분단된 이유는 강대국의 패권 다툼 때문이었다.

누루즈(쿠르드족의 새해)를 축하하는 쿠르드족, 2018년. © 바크티아르 사마디

16~17세기, 오스만 제국과 사파비 왕조 페르시아가 쿠르디스탄에서 충돌한 후 임의로 경계선을 정했다. 그렇게 쿠르드족은 두 나라로 나뉘어 살게 되었다.

제1차 세계대전에서 패전국인 오스만 제국이 해체되면서 영국과 프랑스 연합국은 1920년 쿠르드족에게 쿠르디스탄의 독립을 약속했다(세브르 조약). 하지만 그리스 전쟁에서 승리한 튀르키예공화국의 초대 대통령 케말 아타튀르크가 내정 간섭이라면서 반대하자 연합국은 1923년에 다시 새로운 조약을 맺었고(로잔 조약), 이걸로 쿠르디스탄의 국가 건설은 실패했다. 제2차 세계대전 후에도 이란 북

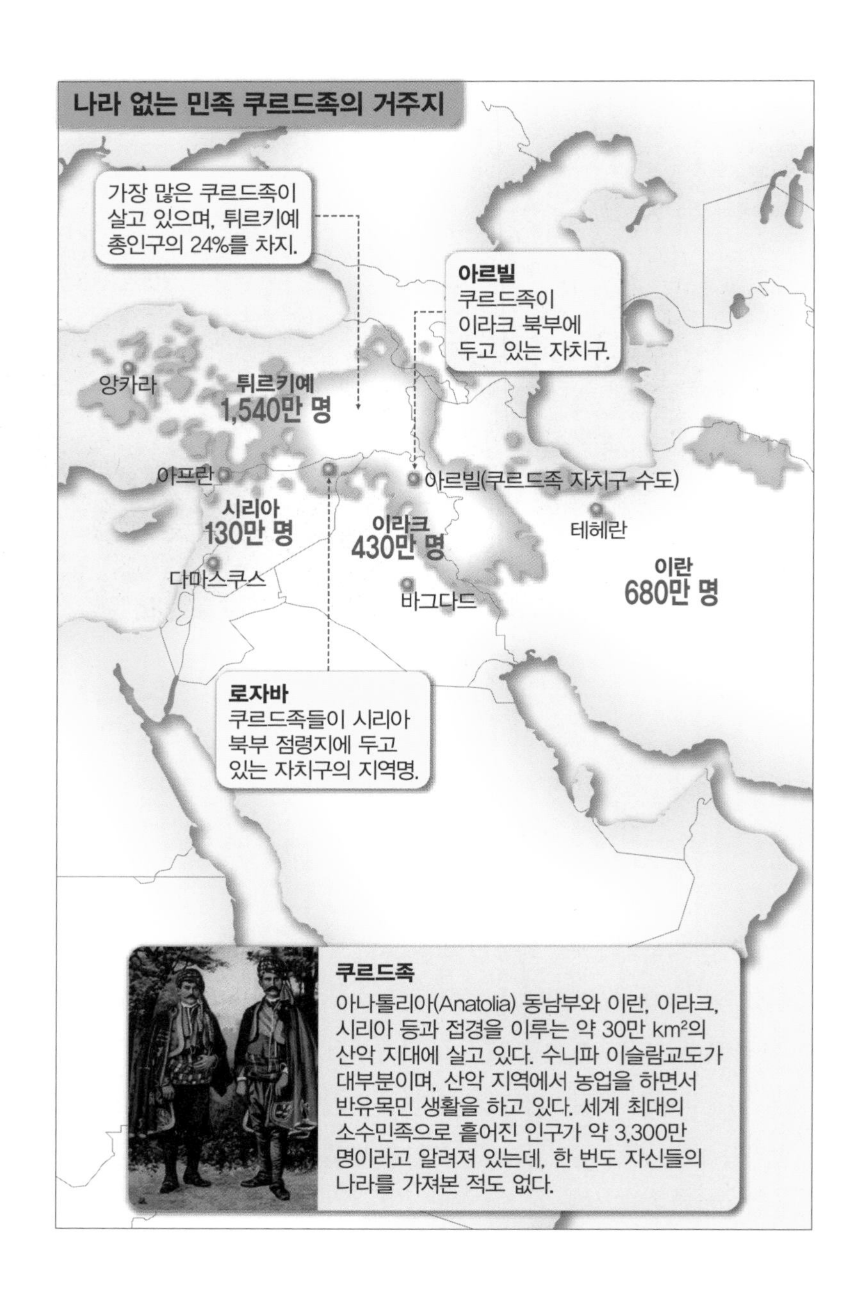
나라 없는 민족 쿠르드족의 거주지
가장 많은 쿠르드족이
살고 있으며, 튀르키예
총인구의 24%를 차지.
아르빌
쿠르드족이
이라크 북부에
두고 있는 자치구.
앙카라
튀르키예
1,540만 명
아프린
아르빌(쿠르드족 자치구 수도)
시리아
130만 명
이라크
430만 명
테헤란
이란
680만 명
다마스쿠스
바그다드
로자바
쿠르드족들이 시리아
북부 점령지에 두고
있는 자치구의 지역명.
쿠르드족
아나톨리아(Anatolia) 동남부와 이란, 이라크,
시리아 등과 접경을 이루는 약 30만 km²의
산악 지대에 살고 있다. 수니파 이슬람교도가
대부분이며, 산악 지역에서 농업을 하면서
반유목민 생활을 하고 있다. 세계 최대의
소수민족으로 흩어진 인구가 약 3,300만
명이라고 알려져 있는데, 한 번도 자신들의
나라를 가져본 적도 없다.

서부로 진출한 소련을 등에 업고 '쿠르디스탄공화국' 수립을 선언했으나, 소련이 철수하면서 1년도 못 되어 붕괴했다.

쿠르드족 전체 인구의 45%는 튀르키예, 24%는 이란, 19%는 이라크, 6%는 시리아에 거주하고 있다. 제2차 세계대전 이후 쿠르드족의 분리 운동이 무장 또는 비무장 형태로 지속되고 있지만 튀르키예, 이라크, 이란, 시리아 등 4개국 모두 쿠르드족의 독립운동을 무자비하게 탄압하고 있다.

나라 없는 설움 외에도 쿠르드족의 비극은 또 있다. 튀르키예에서는 쿠르드족의 존재를 아예 부정하면서 '산악 튀르키예인'으로 부르고 쿠르드어를 사용하지 못하게 하는 등 차별과 탄압에 시달리고 있다.

또 국가 간 전쟁에 이용당하기도 했다. 이란-이라크 전쟁에서는 이란군이 이라크의 쿠르드족 무장 세력을 이용하려 했다. 쿠르드족 무장 세력이 이라크와 대립하는 움직임을 보이자, 분노한 후세인 대통령(당시)이 이라크의 쿠르드족 마을을 화학무기로 공격했다.

그런 중에도 쿠르드족은 국가 건설을 위해 노력했다. 그 중심 존재인 쿠르드노동당(PKK)은 주로 튀르키예에서 테러 수준의 격렬한 투쟁을 벌여왔다. 그들의 표적은 튀르키예군과 경찰이었다. 이스탄불, 앙카라 등의 대도시에서는 활동이 뜸하지만, 남동부와 동부에서는 지금도 계속 테러 활동을 벌이고 있다. 그 때문에 튀르키예에서는 쿠르드족에 대한 인식이 안 좋은 편이다.

이라크 전쟁에서는 미국의 후세인 축출에 기여, 시리아에서는 알아사드 정권과 싸우며 IS 제압

이처럼 고난의 역사를 걸어온 쿠르드족이지만, '세계의 화약고'

강대국의 배신으로 점철된 쿠르드의 역사

1920년	오스만 제국 해체와 쿠르드 독립 국가 건설을 보장하는 '세브르 조약' 체결.
1923년	영국과 프랑스가 만든 국경선대로 튀르키예의 영토를 결정지은 '로잔 조약' 체결로 쿠르드 독립 국가 건설 무산.
1927년	튀르키예 동북부에 아라라트공화국 건국.
1930년	튀르키예에 의해 아라라트공화국 멸망.
1946년	구소련의 도움으로 이란 내에 마하바드공화국 건국. 구소련의 배신과 이란군의 진압으로 1947년 멸망.
1963년	이란군 진압으로 이라크의 쿠르디스탄 제압.
1972년	미국과 이란의 지원으로 이라크 내에서 독립운동을 벌였으나, 이라크와 이란 관계 개선과 미국의 배신으로 독립 무산.
1991년	미국 권유로 이라크 내 봉기 일으켰으나 미국이 끝내 군사 지원을 거부함.
1993년	미국한테 무기 공급을 받은 튀르키예가 북쿠르디스탄을 불태우고 쿠르드족을 학살.
2004년	동쿠르디스탄에서 이란군과 전쟁.
2007년	미국이 튀르키예의 이라크 내 쿠르드족 폭격 승인.
2018년	4년간 시리아에서 미군과 함께 IS 격퇴 나섰으나 미군 철군 후 미국은 튀르키예의 시리아 공격 승인.

중동 지역에서 이라크 전쟁과 시리아 전쟁으로 주변 정세가 어수선할 때 독립의 기회가 찾아왔다.

1991년 걸프전쟁 이후 이라크 북부 지역에서 자치권을 행사한 쿠르드족이 2003년 미국의 이라크 공격 때 적극 가담해 후세인 정권을 무너뜨리는 데 크게 기여했기 때문이다.

미국을 도운 덕분에 쿠르드족은 전후 이라크에서 중요한 세력으로 부상할 수 있었다. 결국 쿠르드족은 북부의 풍부한 유전 지대에 자치권을 행사하면서, 석유 채굴과 이익 분배를 놓고 이라크 정부와 협상을 벌일 수 있을 정도다.

시리아에서는 알아사드 정권과 싸운 쿠르드족, 이들은 2017년에 IS의 거점이던 라카를 제압했으며, 현재도 북동부 지역을 지배하고 있다. 뿐만 아니라 시리아 내전을 틈타 북부 국경 지역의 지배력 강화에 나서고 있다.

그러나 쿠르드족의 국가 건설은 평탄치 않았다. 2017년 9월, 이라크 북부 쿠르드족자치구에서 독립에 관한 주민투표 결과 90% 이상이 독립에 찬성했지만, 이라크 정부는 이를 무시하고 군사력으로 진압한 후 유전 지대를 점거하기도 했다.

국제사회의 반응은 어땠을까? 주요국은 모두 쿠르드족자치구의 독립을 반대했다. 독립의 길이 멀고 험한 쿠르드족에게 국가 건설의 염원이 이루어지는 날은 언제일까?

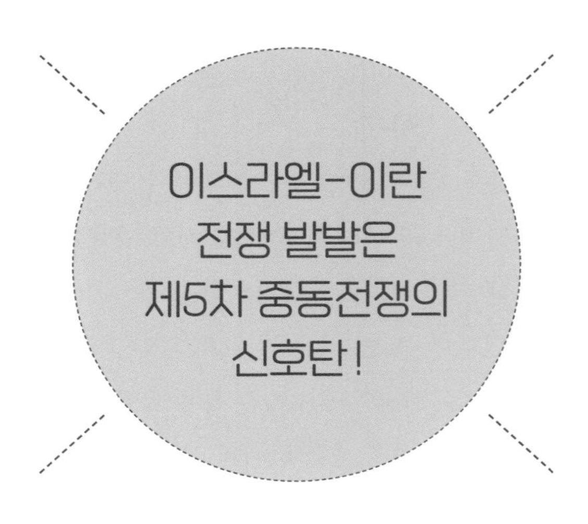

이슬람혁명 전에는 팔레비 왕조와 이스라엘이 친미 국가라는 공통 분모를 가진 우방국 관계

팔레스타인 문제에서 알 수 있듯이 이스라엘은 주변 아랍 국가(이슬람 국가)들과 대립 중이다. 그중에서도 '주적'으로 꼽는 나라는 이란이다.

이란의 국가 목표는 이슬람혁명 수출, '대악마' 미국과의 전쟁, '소악마' 이스라엘 타도이다. 그래서 이스라엘은 시리아에 주둔 중인 이란군에게 폭격을 가하고, 이란의 핵시설 공격이나 핵물리학자의 암살 등 다양한 형태로 이란을 공격했다. 물론 이란도 가만히 있지 않았다. 이스라엘의 선박을 공격하고 로켓탄을 발사하며 반격했다. 양국은 말 그대로 견원지간이다.

그러나 과거에는 사이가 좋았다. 1948년 이스라엘이 건국된 후, 이란은 이슬람권에서 두 번째로 이스라엘과 국교를 수립했고 중동 전쟁에도 참전하지 않았다. 이슬람혁명 이전에는 팔레비 왕조와 이스라엘이 친미 국가라는 공통 분모를 가지고 우방국으로 사이좋게 지냈다. 양국이 적극적인 경제 교류를 하는 동안 이스라엘의 석유는 대부분 이란산이었고, 심지어 군사교육과 미사일 개발을 공동으로 진행할 정도로 찰떡궁합을 유지했다.

이란의 국교는 이슬람교이지만 아랍인의 나라가 아닌 페르시아인의 나라다. 또한 이란의 시아파는 아랍의 주류인 수니파와 종교적으로도 대립하는 관계였다. 이렇게 '적의 적은 친구'라는 금언처럼 이란과 이스라엘은 중동 지역에서 가장 가까운 동맹국으로 지냈다.

팔레스타인 가자 지구에서 이스라엘에 저항하는 하마스도 이란의 무기와 자금을 지원받고 있다

이스라엘과 이란의 관계가 급변한 것은 1979년 2월에 일어난 이란혁명 이후다. 이 혁명으로 이슬람 법학자가 최고 지도자로서 전권을 갖는 신정국가가 된 이란은 혁명 이전의 팔레비 왕조를 지원하던 미국과 국교를 단절했다. 또한 미국이 후견인 역할을 하는 이스라엘과도 과감하게 단교를 해버렸다. 이란은 미국과 이스라엘을

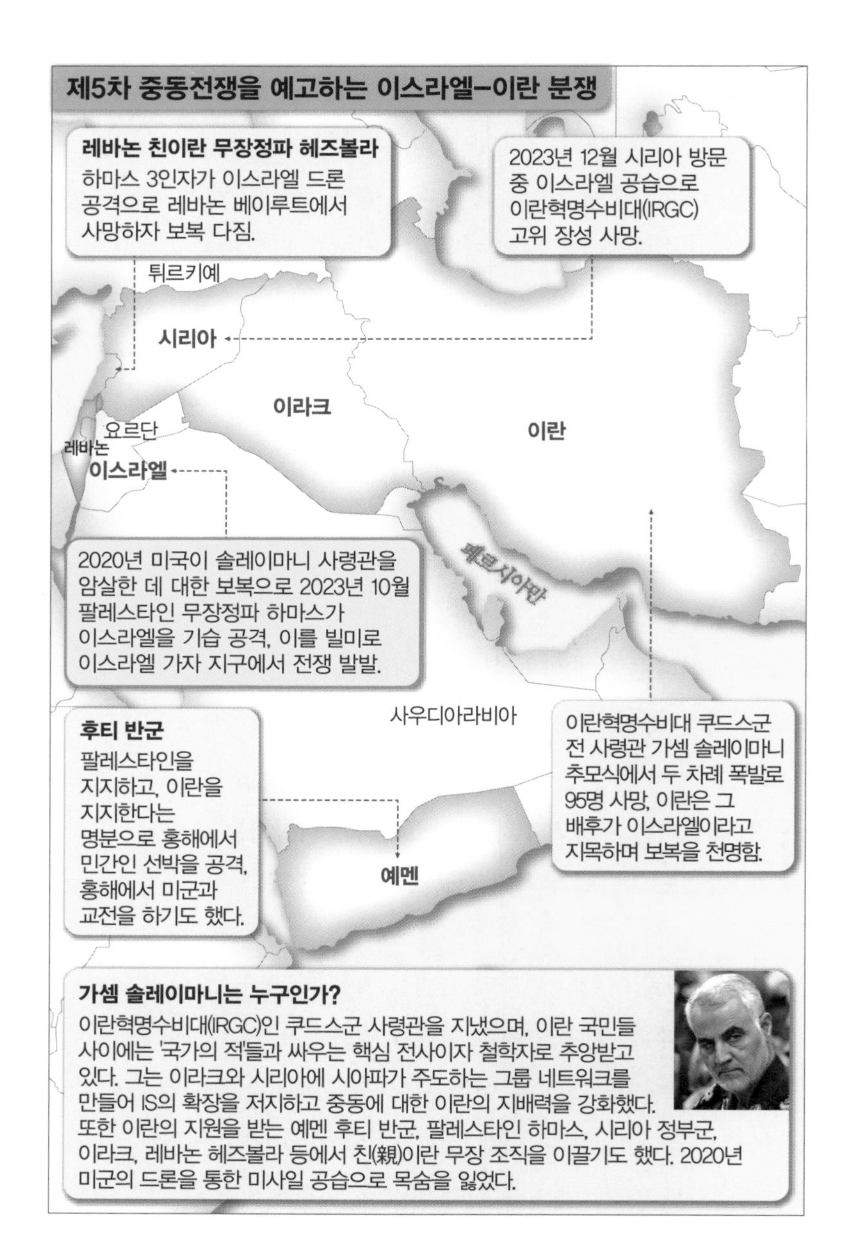
제5차 중동전쟁을 예고하는 이스라엘-이란 분쟁
레바논 친이란 무장정파 헤즈볼라
하마스 3인자가 이스라엘 드론 공격으로 레바논 베이루트에서 사망하자 보복 다짐.
2023년 12월 시리아 방문 중 이스라엘 공습으로 이란혁명수비대(IRGC) 고위 장성 사망.
튀르키예
시리아
이라크
이란
요르단
레바논
이스라엘
페르시아만
2020년 미국이 솔레이마니 사령관을 암살한 데 대한 보복으로 2023년 10월 팔레스타인 무장정파 하마스가 이스라엘을 기습 공격, 이를 빌미로 이스라엘 가자 지구에서 전쟁 발발.
사우디아라비아
후티 반군
팔레스타인을 지지하고, 이란을 지지한다는 명분으로 홍해에서 민간인 선박을 공격, 홍해에서 미군과 교전을 하기도 했다.
예멘
이란혁명수비대 쿠드스군 전 사령관 가셈 솔레이마니 추모식에서 두 차례 폭발로 95명 사망, 이란은 그 배후가 이스라엘이라고 지목하며 보복을 천명함.
가셈 솔레이마니는 누구인가?
이란혁명수비대(IRGC)인 쿠드스군 사령관을 지냈으며, 이란 국민들 사이에는 '국가의 적'들과 싸우는 핵심 전사이자 철학자로 추앙받고 있다. 그는 이라크와 시리아에 시아파가 주도하는 그룹 네트워크를 만들어 IS의 확장을 저지하고 중동에 대한 이란의 지배력을 강화했다. 또한 이란의 지원을 받는 예멘 후티 반군, 팔레스타인 하마스, 시리아 정부군, 이라크, 레바논 헤즈볼라 등에서 친(親)이란 무장 조직을 이끌기도 했다. 2020년 미군의 드론을 통한 미사일 공습으로 목숨을 잃었다.

다시는 안볼 것처럼 원수로 규정했다.

그리고 1975년 이스라엘 인접 국가에서 발발한 레바논 내전으로 양국의 관계는 결정타를 맞는다. 1982년에 이스라엘이 레바논의 기독교도를 지지하는 형태로 내전에 개입하자, 이란이 레바논의 시아파를 모아 무장 단체 헤즈볼라를 조직해 이스라엘과 싸우게 한 것이다.

이란 대 이스라엘의 대립은 거기서 멈추지 않았다. 이란은 2010년대 초반 시리아 내전 당시 정부군을 지원한 대가로 이란에서 시리아의 알레포공항을 거쳐 레바논까지 연결하는 무기 수송 루트를 확보하는 데 성공했다.

또한 이란은 이 루트를 통해 이슬람 극단주의 테러 단체인 헤즈볼라에도 무기를 공급했다.

팔레스타인 가자 지구에서 이스라엘에 저항하는 하마스도 마찬가지로 이란의 지원을 받고 이란이 지원한 무기와 자금으로 이스라엘을 공격하고 있다.

이런 역사를 알면 이스라엘이 이란을 적대시하는 배경을 이해할 수 있다. 그런 이스라엘의 반 이란 감정을 결정적으로 악화시킨 계기는 바로 이란의 핵 개발 의혹으로 보인다.

미국이 2000년대 초 이란을 '악의 축'으로 규정하고 선제공격론까지 거론한 이유도 바로 핵 개발 의혹 때문이다. 1950년대부터 핵 개발을 시도한 이란은 2003년 이라크 전쟁 전후로 전비를 증강하고 본격적으로 핵 개발에 뛰어들었다.

이란의 핵 개발이 이스라엘을 비롯한 중동과 미국 등 국제사회의 질서에 큰 파장 예고

이란은 국제원자력기구(IAEA)의 경고에도 불구하고 그동안 우라늄 농축 실험을 계속해 왔다. 대외적으로 전력 생산이라는 평화적 목적을 강조하지만, 이란의 궁극적인 목표가 핵무기 제조에 있음은 분명하다. 2007년에는 이스라엘 전체가 사정거리에 들어오는 준중거리 탄도미사일 개발에 성공했다고 발표하기도 했다. 이란의 핵폭탄과 탄도미사일 개발은 이스라엘 전체를 공포로 몰아넣었다.

이스라엘은 국제사회에 이란의 핵 개발 저지를 위한 경제 제재를 강력하게 주장해 미국이 주도한 유엔 안보리에서 이란 제재 결의가 채택되었다. 그리고 2015년 7월 14일, 미국을 비롯한 6개국과 이란이 핵 문제를 다루는 협정에 합의하고 제재를 풀었다. 이란이 핵 개발을 중단하는 대가로 미국을 비롯한 서방은 이란에 대한 경제 제재를 해제한다는 것이 핵심이다.

하지만 미국의 트럼프 대통령은 2018년 5월에 이란의 핵 위협을 완전히 제거할 수 없다며 '핵 합의' 그룹에서 탈퇴했다. 이후 바이든 대통령은 2021년 4월부터 핵 합의 복원을 위해 다시 협상을 진행해 왔으나 양측의 입장을 좀체 좁히지 못하고 있다. 서로 입장이 크게 엇갈리면서 협상 타결 전망은 더욱 불투명해졌다.

바이든 정부는 2023년 10월 하마스의 이스라엘 공격 이후 이란을 하마스 공격의 배후로 판단하고 '핵 합의' 협상을 사실상 중단

이란혁명수비대가 드론으로 이스라엘 골란고원 부근을 여러 차례 공습하는 모습, 2024년. 메르 뉴스 에이전시

했다. 또한 2024년 11월 대선 전까지 핵 협상을 재개하지 않는다고 발표했다.

중국의 중재로 이란과 사우디아라비아의 극적인 화해, 미국의 주선으로 사우디아라비아와 이스라엘의 국교 수립을 목전에 둔 상황에서 발생한 하마스의 이스라엘 기습 공격은 국제사회에 엄청난 파장을 몰고 왔다. 오랜만에 평화의 기운이 감돌던 중동 지역에 다시 전운의 그림자가 짙게 드리워진 것이다.

팔레스타인 가자 지구의 전투는 휴전 협상이 지지부진한 상황에도 쌍방의 교전이 끊이질 않고 있다. 이란이 이스라엘을 미사일로 공격하고, 이스라엘은 이란 본토를 공격하는 사상 초유의 일까지 벌어져 제5차 중동전쟁으로 확전할 가능성까지 대두하고 있는 실정이다.

이란의 핵 개발에 공개적으로 반발하는 이스라엘과 이란과의 핵 합의를 주도하는 미국의 입장 차이도 쉽게 좁혀질 문제가 아니다. 뿐만 아니라 이란의 지속적인 핵 개발이 이스라엘을 비롯한 중동과 국제사회의 역학 구도에 어떤 영향을 미칠지도 국제사회의 어려운 숙제로 남아있다.

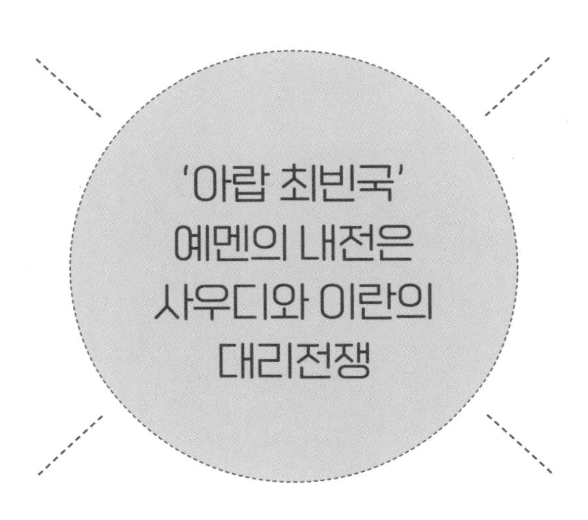

사우디아라비아의 지원을 받는 예멘 정부군과 이란의 지원을 받는 후티 반군의 무력 충돌

이스라엘과 하마스의 전쟁에 예멘의 후티(Houthi) 반군이 팔레스타인 지지를 선언하고 참전하면서 중동의 정세가 한층 복잡한 양상으로 확대되고 있다. 2023년 말, 후티 반군은 이스라엘에 선전포고를 하면서 수에즈운하와 홍해를 지나는 미국과 이스라엘 선박에 대해 미사일로 공격하거나 나포를 시도했다.

수에즈운하는 유럽의 지중해와 홍해 그리고 아시아의 인도양을 연결해, 전 세계 해운 물동량의 12~13%를 차지할 정도로 중요한

수에즈운하에서 항해 중인 미국 항공모함, 1981. W-C

국제 무역 항로다. 후티 반군이 홍해를 지나는 상선에 공격을 가하자, 국제 무역을 담당하는 선박회사의 상선들이 아프리카의 희망봉 항로를 선택하는 바람에 물류비도 급증하고 있다.

미국은 자국의 선박과 군함이 미사일 공격을 받자 우선 영국군과 함께 예멘 후티 반군의 군사 시설에 대한 보복 공습을 감행했다. 그리고 홍해를 지나는 상선을 보호하고, 후티 반군의 공격을 방어하기 위한 다국적군의 결성을 국제사회에 호소하고 있다.

하마스를 지원하기 위해 이스라엘과 미국에 대한 공격을 개시한

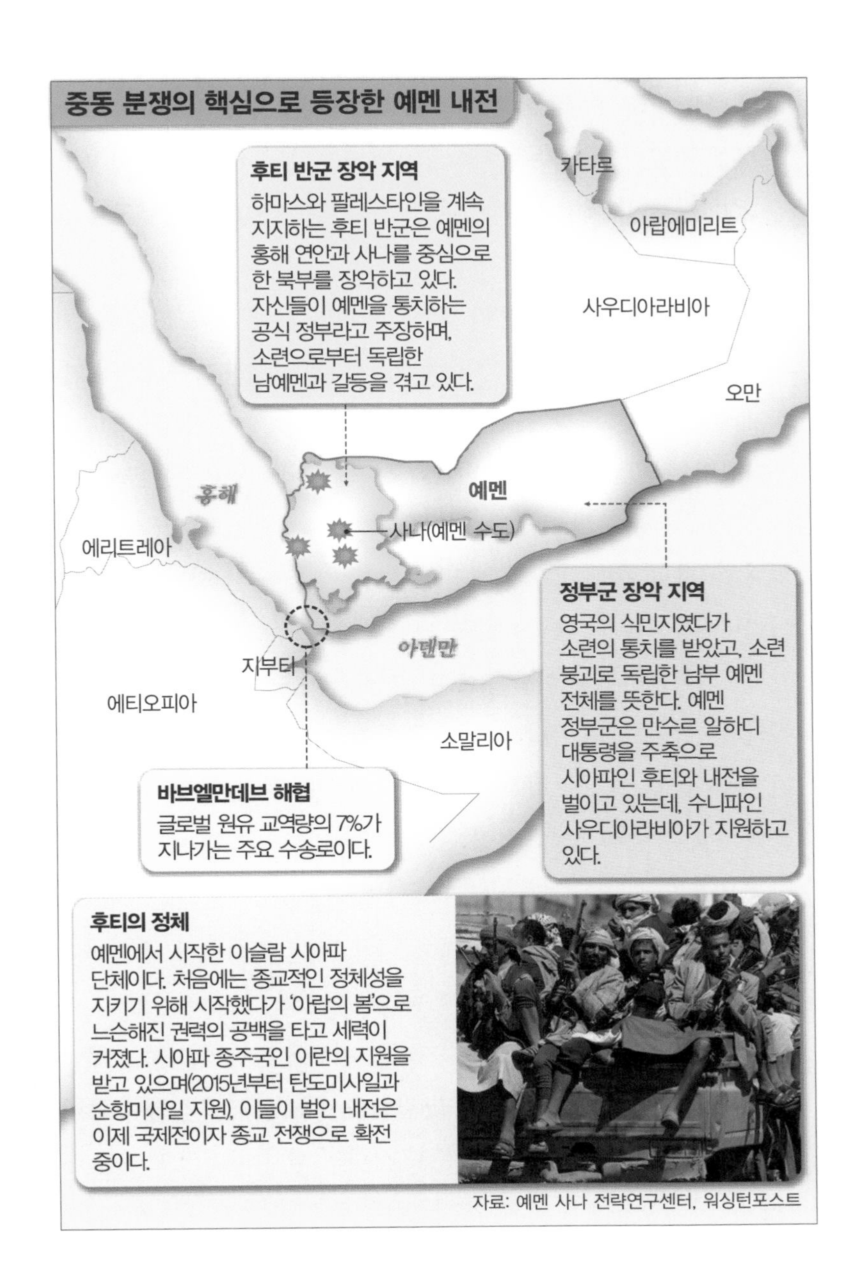
중동 분쟁의 핵심으로 등장한 예멘 내전
후티 반군 장악 지역
하마스와 팔레스타인을 계속 지지하는 후티 반군은 예멘의 홍해 연안과 사나를 중심으로 한 북부를 장악하고 있다. 자신들이 예멘을 통치하는 공식 정부라고 주장하며, 소련으로부터 독립한 남예멘과 갈등을 겪고 있다.
카타르
아랍에미리트
사우디아라비아
오만
홍해
예멘
사나(예멘 수도)
에리트레아
지부티
아덴만
에티오피아
소말리아
정부군 장악 지역
영국의 식민지였다가 소련의 통치를 받았고, 소련 붕괴로 독립한 남부 예멘 전체를 뜻한다. 예멘 정부군은 만수르 알하디 대통령을 주축으로 시아파인 후티와 내전을 벌이고 있는데, 수니파인 사우디아라비아가 지원하고 있다.
바브엘만데브 해협
글로벌 원유 교역량의 7%가 지나가는 주요 수송로이다.
후티의 정체
예멘에서 시작한 이슬람 시아파 단체이다. 처음에는 종교적인 정체성을 지키기 위해 시작했다가 '아랍의 봄'으로 느슨해진 권력의 공백을 타고 세력이 커졌다. 시아파 종주국인 이란의 지원을 받고 있으며(2015년부터 탄도미사일과 순항미사일 지원), 이들이 벌인 내전은 이제 국제전이자 종교 전쟁으로 확전 중이다.
자료: 예멘 사나 전략연구센터, 워싱턴포스트

후티 반군이 국제 뉴스의 주인공으로 등장하면서 오랜 세월 이어져 온 예멘 내전이 다시 주목받고 있다. 시아파 무장 단체인 후티 반군은 2004년 무렵 예멘 서북부 지역에서 반란을 일으켜 정부군과 대립해 왔다.

이슬람교 시아파의 혈통인 알자이드파의 압둘 말리크 알후티가 이끄는 후티 반군은 자신들이 예멘의 공식 정부라고 주장하지만, 국제사회의 인정은 받지 못하고 있다.

이란의 지원을 받는 후티 반군과 사우디아라비아의 지원을 받는 예멘 정부군의 무력 충돌은 내전을 넘어 국제전의 모습을 보이고 있다. 이처럼 예멘 내전의 배경에는 중동 지역에서 벌이는 사우디아라비아와 이란의 패권 다툼도 하나의 요인으로 작용하고 있다.

사우디아라비아와 이란은 모두 중동의 이슬람 대국인데 사우디아라비아는 수니파 아랍인, 이란은 시아파 페르시아인이라는 차이가 있다. 국제 관계도 사우디아라비아가 친미, 이란이 반미였기 때문에 양국은 사사건건 대립했다. 아라비아반도 남부의 예멘은 양국이 패권을 다투는 무대가 된 셈이다.

사실 두 나라의 다툼은 예멘뿐 아니라 이라크, 시리아, 카타르에서도 일어났으며 중동 정세를 좌우하는 큰 요인으로 작용했다. 아라비아반도 남단의 홍해 초입에 자리한 예멘은 양국이 다투는 무대가 되었고, 세계 최고의 위기라고 일컬을 만큼 심각한 상태에 놓이게 되었다. 세계유산에 등재된 수도 사나의 역사적 거리도 건물 대부분이 공중 폭격으로 파괴되고 말았다.

긴 내전으로 황폐해진 예멘. © 유엔난민기구

수도 사나를 포함해 예멘 인구의 70%를 통치하는 후티 반군을 이란 제외한 국제사회는 불인정

예멘은 아라비아반도 국가 중에서는 드물게 원유와 천연가스 자원이 적은 편인 데다 개발 시기도 늦어 후진국의 상태를 벗어나지 못했다. 그리고 오랜 세월에 걸친 내전으로 국민 대다수가 가난으로 고통받고 있으며, '아랍 최빈국' 또는 '세계 최빈국'이라는 오명을 얻게 되었다.

그런 예멘에 2011년에는 '아랍의 봄'이라는 민주화운동의 바람까지 불었다. 당시 예멘은 알리 압둘라 살레 대통령이 30년 이상 독재자로 군림하고 있었다. 이에 불만을 품은 국민이 반정부 시위를 일

후티 반군의 공습을 받은 사나, 2015년, W-C

으켜 살레 정권을 무너뜨렸다. 하지만 그 후 민주화로 이행하는 데 실패해 국내 정세는 대혼란에 빠졌고, 2015년 반정부 무장 단체 후티(후티족)에 수도 사나까지 점령당했다.

이에 압드라부 만수르 알하디 대통령이 이끌던 임시정부는 남부 항만 도시 아덴으로 피신해 후티 반군과 대립하면서 내전에 돌입했다. 알하디 정권은 사우디아라비아에 원조를 요청했다. 한편 후티 반군은 이란의 지원을 받았기 때문에 예멘 내전은 차츰 사우디아라비아 대 이란전의 양상을 띠게 되었다.

사우디아라비아는 사나를 비롯한 후티 반군의 지배 지역에 공중 폭격을 가했다. 또한 자국의 수도 리야드에 알하디 정권을 망명 형식으로 받아들여 보호했다. 이란도 후티 반군에 무기를 계속 제공해 사우디아라비아 내 공항과 석유 시설에 대한 공격을 부추겼다.

예멘 정부는 사우디아라비아를 비롯한 아랍 국가들의 도움으로 아덴과 남부 지역을 되찾았으나, 2019년 8월에 남부 분리주의자들이 이끄는 남부과도위원회에 지배권을 넘겨주고 말았다. 2020년 12월에 공산주의 노선을 추구하는 남부과도위원회가 예멘 정부에 참여하면서 삼자 갈등에서 예멘 정부군과 후티 반군의 양자 대립으로 정리되었다. 후티 반군이 예멘 인구의 70%를 통치하고 있기 때문에 반군이라는 명칭과는 달리 예멘 정부를 자처하고 있다. 단지 이란을 제외한 국제사회가 후티 반군을 공식적인 정부로 인정하지 않을 뿐이다.

유럽, 아프리카, 중동, 아시아를 잇는 요충지인 예멘의 내전은 얽히고설킨 실타래만큼 복잡

예멘 내전으로 수많은 일반 시민이 지상전과 공중 폭격에 희생됐고, 경제 악화로 인한 식량난으로 기아는 일상사가 되었다. 예멘 인구의 80%인 약 2,400만 명은 인도주의적 지원이 필요한 절대빈곤 상태였다. 2020년에는 예멘에도 신형코로나바이러스 감염이 확산하여 마침내 일시적으로 휴전이 이루어지기도 했다.

2021년, 미국에서 바이든 대통령의 새 정부가 출범하자, 바이든 정권을 의식한 사우디아라비아가 예멘 정부와 후티 반군에게 전국

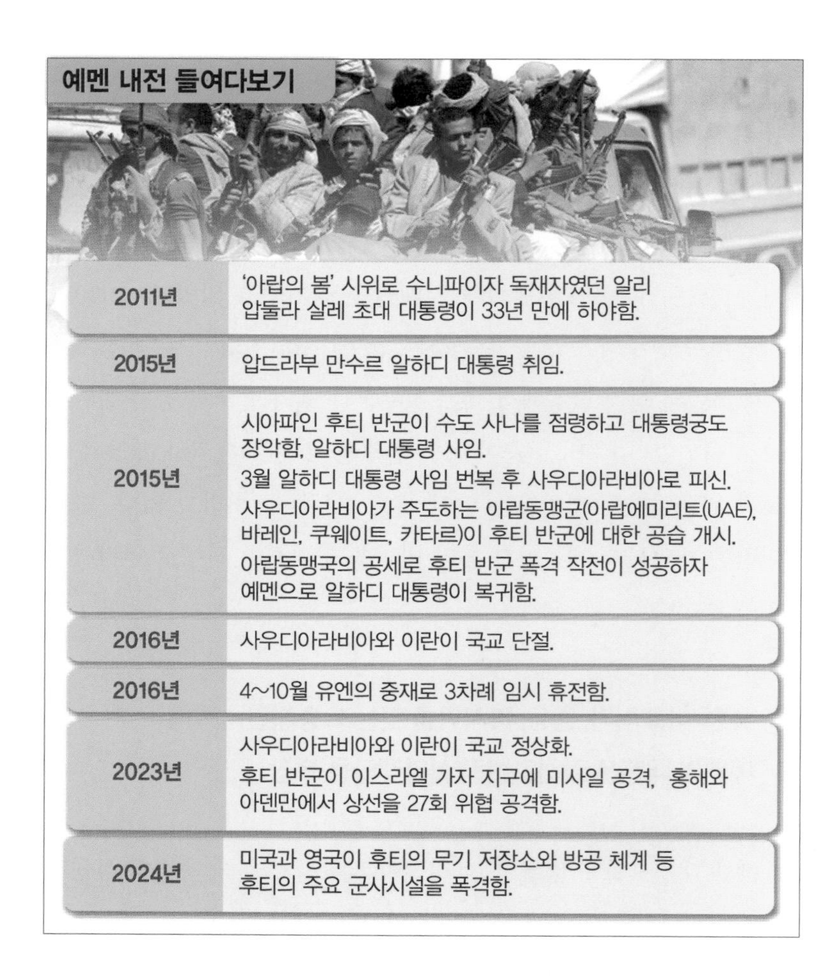

예멘 내전 들여다보기

2011년	'아랍의 봄' 시위로 수니파이자 독재자였던 알리 압둘라 살레 초대 대통령이 33년 만에 하야함.
2015년	압드라부 만수르 알하디 대통령 취임.
2015년	시아파인 후티 반군이 수도 사나를 점령하고 대통령궁도 장악함. 알하디 대통령 사임. 3월 알하디 대통령 사임 번복 후 사우디아라비아로 피신. 사우디아라비아가 주도하는 아랍동맹군(아랍에미리트(UAE), 바레인, 쿠웨이트, 카타르)이 후티 반군에 대한 공습 개시. 아랍동맹국의 공세로 후티 반군 폭격 작전이 성공하자 예멘으로 알하디 대통령이 복귀함.
2016년	사우디아라비아와 이란이 국교 단절.
2016년	4~10월 유엔의 중재로 3차례 임시 휴전함.
2023년	사우디아라비아와 이란이 국교 정상화. 후티 반군이 이스라엘 가자 지구에 미사일 공격, 홍해와 아덴만에서 상선을 27회 위협 공격함.
2024년	미국과 영국이 후티의 무기 저장소와 방공 체계 등 후티의 주요 군사시설을 폭격함.

휴전을 포함한 새 평화안을 제안했다. 후티 반군은 이를 거부한 채 사우디아라비아에 대한 공격을 멈추지 않았다. 그러던 중 2023년 3월에 사우디아라비아와 이란이 국교 정상화 합의를 하고 양국은 예멘 내전에 대한 지원을 중단하기로 했다.

사우디아라비아가 후티 반군과 평화 협상을 벌이는 등 중재에 적극적으로 나서면서 예멘 내전의 종식도 머지않아 보였다. 하지만 세계 최악의 분쟁 지역 가운데 하나인 예멘의 내전이 잠잠해지던 시기에 후티 반군이 이스라엘에 선전포고를 하는 바람에 평화에 대한 기대도 물거품이 되고 말았다.

유럽, 아프리카, 중동, 아시아를 연결하는 전략적 요충지인 예멘의 내전은 역사, 종교, 민족 등 여러 갈등이 얽히고설킨 실타래만큼이나 복잡하다. 그나마 예멘 내전의 배후인 사우디아라비아와 이란의 화해가 해결의 실마리로 작용할 것으로 기대할 뿐이다.

민족주의와 이슬람주의를 양대 축으로 삼아 튀르키예의 영향력을 확장하는 팽창주의 전략

현대 중동의 정세는 이 지역의 맹주 튀르키예를 빼고 논할 수 없다. 워낙 정치, 경제적 파워가 막강하고 최근에는 에르도안 정권이 '신오스만주의'를 내세우며 각지의 분쟁에 적극적으로 개입하고 있기 때문이다.

튀르키예는 고대부터 유럽과 아시아를 육로로, 흑해와 지중해는 바다로 연결해 지정학적으로 중요한 위치에 자리한 지역 강국이다. 이슬람 역사상 가장 거대한 지역을 지배했던 오스만 제국의 후신으

튀르키예를 이끄는 에르도안 대통령. © 튀르키예 대통령실

로 일찌감치 서구적 민주 국가로 탈바꿈을 시도해 중동의 모범국으로 세계의 주목을 받았다.

사우디아라비아와 이라크, 아랍에미리트연합국(UAE)과는 다른 비아랍 국가지만 이슬람교도가 전 국민의 98%를 차지한다. 이슬람 국가는 대부분 종교와 정치가 일체화된 신정국가인 반면, 튀르키예는 정교를 분리한 세속국가다.

튀르키예는 1923년 현재의 튀르키예공화국을 수립한 초대 대통령 케말 아타튀르크 이후 정치와 종교를 분리한 세속주의 입장을 고수하고 있다. 1950년에 발발한 6 · 25전쟁에도 미국의 지원 아래 대규모 병력으로 참전한 후, 그 대가로 1952년부터 나토에 가입해 서방과 동맹관계를 유지하고 있다.

이런 튀르키예를 2003년부터 이끈 인물이 레제프 타이이프 에르도안이다. 그는 2003년부터 2014년까지 총리를 맡으면서 임기 초에는 눈부신 경제 성장을 이루며 세속주의를 추진했고, EU 가입 협상도 적극적으로 추진하는 등 국제사회에 튀르키예의 존재감을 각인시켰다. 2011년 '아랍의 봄' 당시 민주화운동이 중동의 독재자들을 몰아낼 때도 그의 입지는 흔들림이 없었다.

2014년 대선 때 튀르키예의 최초 대통령에 당선된 에르도안은 정적 탄압과 쿠데타 진압 등 권위주의 통치를 본격화하면서 장기 집권의 발판을 다지기 시작했다. 에르도안 대통령이 2010년대 중반부터 통치 이념으로 내세운 신오스만주의는 서아시아, 동유럽, 북아프리카를 600년에 걸쳐 지배한 오스만 제국의 영광을 재현하겠다는 선언이나 다름없다. 민족주의와 이슬람주의를 양대 축으로 삼아 지역 일대에서 튀르키예의 존재감과 영향력을 확장하려는 일종의 팽창주의 전략이다.

미국의 탈중동 정책에 따른 중국의 영향력 확대, 2014년의 러시아 크림반도 병합과 우크라이나 침공 등 튀르키예를 둘러싼 국제 정세의 변화도 에르도안 대통령이 지역 분쟁에 개입하는 명분으로 작용하고 있다. 그는 시리아 내전과 이라크 분쟁, 그리고 리비아 내

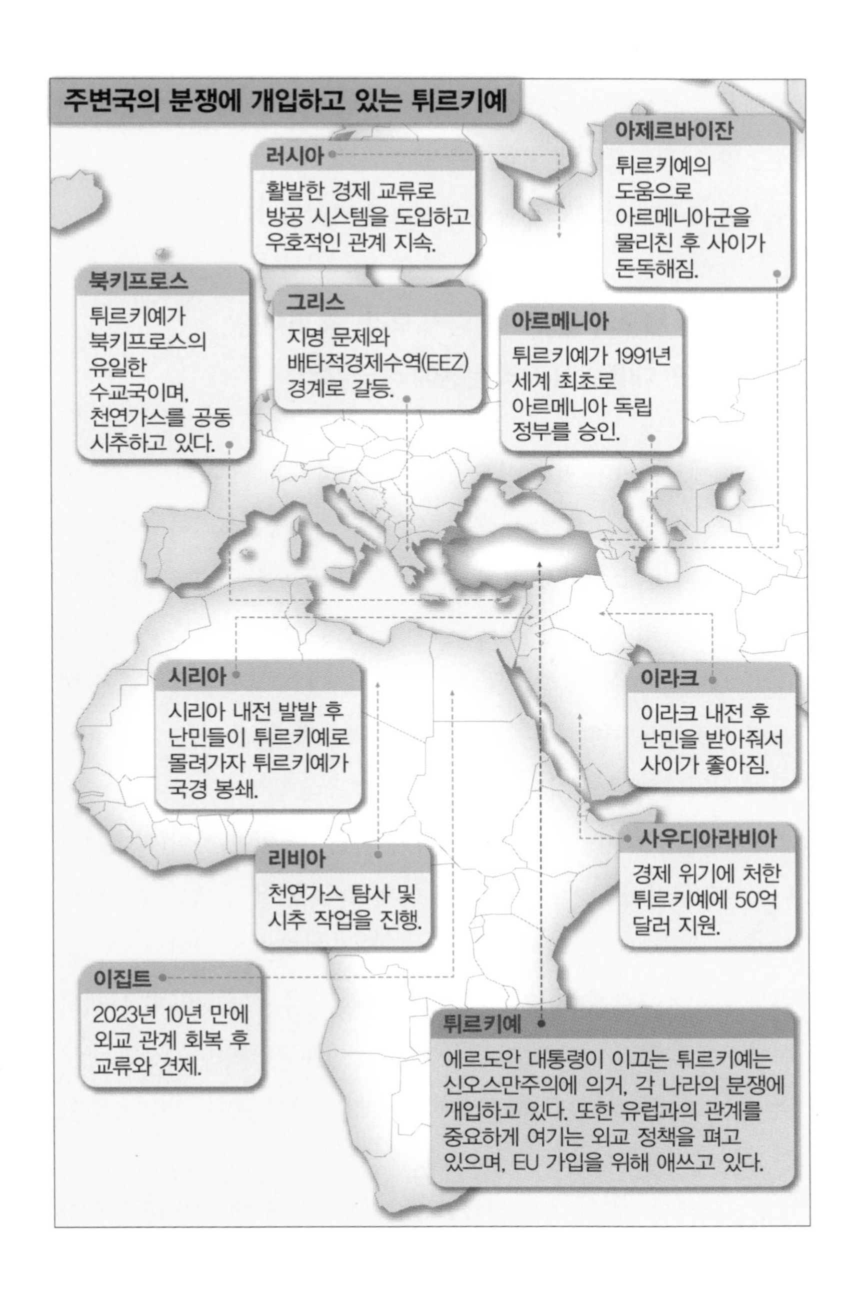

주변국의 분쟁에 개입하고 있는 튀르키예
러시아
활발한 경제 교류로 방공 시스템을 도입하고 우호적인 관계 지속.
아제르바이잔
튀르키예의 도움으로 아르메니아군을 물리친 후 사이가 돈독해짐.
북키프로스
튀르키예가 북키프로스의 유일한 수교국이며, 천연가스를 공동 시추하고 있다.
그리스
지명 문제와 배타적경제수역(EEZ) 경계로 갈등.
아르메니아
튀르키예가 1991년 세계 최초로 아르메니아 독립 정부를 승인.
시리아
시리아 내전 발발 후 난민들이 튀르키예로 몰려가자 튀르키예가 국경 봉쇄.
이라크
이라크 내전 후 난민을 받아줘서 사이가 좋아짐.
사우디아라비아
경제 위기에 처한 튀르키예에 50억 달러 지원.
리비아
천연가스 탐사 및 시추 작업을 진행.
이집트
2023년 10년 만에 외교 관계 회복 후 교류와 견제.
튀르키예
에르도안 대통령이 이끄는 튀르키예는 신오스만주의에 의거, 각 나라의 분쟁에 개입하고 있다. 또한 유럽과의 관계를 중요하게 여기는 외교 정책을 펴고 있으며, EU 가입을 위해 애쓰고 있다.

전에도 군부대를 파견하고 무기를 지원하며 영향력을 행사했다. 신오스만주의를 펼치는 에르도안 입장에서는 그리스와 벌이는 키프로스의 영유권 문제도 해묵은 분쟁으로 남겨져있다.

"오스만 제국의 영광이여, 다시 오라!"를 외치는 에르도안 대통령이 지역 분쟁에 적극 개입

사실 에르도안 정권은 신오스만주의에 따라 여러 지역 분쟁에 개입했다. 시리아 내전에서 러시아의 지원을 받은 시리아 정부군에 밀려 국경 지대로 퇴각한 반군 쿠르드 민병대를 공격해 러시아와 군사합의를 하는 등 영향력을 확대하는 성과를 거두기도 했다. 시리아 내전에서 승리한 시리아 정부군을 지원한 러시아와 이란을 비롯해 중동에서 영향력을 키우는 중국과도 그는 원만한 관계를 유지하면서 지역 맹주의 지위를 다지는 데 성공한 셈이다.

또한 그는 2020년에 아르메니아와 아제르바이잔 사이에 벌어진 나고르노카라바흐의 2차 분쟁 때 아제르바이잔을 원조하는 형태로 분쟁에 개입했다. 양국이 충돌한 나고르노카라바흐 지역의 주민은 기독교계의 아르메니아인이지만, 소련 붕괴 후 이슬람계의 아제르바이잔에 속하면서 분쟁 지역이 되었다. 이때 아제르바이잔의 군사적 승리가 명확해지자 2024년에 아르메니아계 주민이 퇴거하면서 분쟁은 종식되었다.

튀르키예의 에르도안 대통령은 2018년에 이어 2023년 대선에 당선되고 3연임에 성공하면서 독재자의 길을 걷고 있다. 2022년 2월, 러시아가 우크라이나를 침공했을 때도 나토 회원국인 튀르키예는 미국이 주도하는 대러시아 제재에 동참하지 않고 중재자로 나서면서 대화를 강조했다.

동서 양 진영을 오가며 중재자 역할로 실리를 취하는 에르도안 대통령의 줄타기 행보는 자칫하면 국제 질서에 도전으로 받아들여져 큰 후유증을 남길 가능성도 있다. 지역 패권국을 추구하는 에르도안 대통령의 신오스만주의는 실현될 것인가?

아프리카의 분쟁

아프리카는 중동 못지않게 분쟁이 많은 지역이다. 민족과 종교의 차이, 자원의 이권을 둘러싼 대립으로 분쟁이 끊이지 않는다. 최근에는 이슬람 극단주의의 테러가 극성이고, 나일강 인접국 간의 수자원을 둘러싼 새로운 분쟁도 일어나고 있다. 사하라사막 이남 사헬 지대의 '군사쿠데타 삼총사'의 등장도 주목할 만하다.

남부의 부유한 기독교도 요루바족과 이보족, 북부의 가난한 이슬람교도 하우사족의 대립

마을 습격으로 연간 수천 명의 민간인을 죽이고, 학교에서 200명 넘는 여학생들을 납치했으며, 자폭 테러로 정부 요인과 외국 기업 관계자를 공격하는 등 악랄한 짓을 서슴지 않는 '사상 최악의 테러 단체'가 있다. 바로 나이지리아의 이슬람 극단주의 보코하람이다.

나이지리아는 아프리카를 대표하는 경제 대국이다. 약 2억 3,000만 명의 인구, 풍부한 매장량을 자랑하는 원유와 천연가스를 기반으로 고성장을 이룬 나라이다. 고층 빌딩이 즐비한 남부 상업도시라고스의 모습을 보면 이 나라의 잠재력을 미루어 짐작할 수 있다. 2014년에는 남아프리카공화국을 따돌리고 아프리카 최고의 경제 대국이 된 나라이기도 하다.

그러나 나이지리아는 빈부 격차, 민족 · 종교 대립, 정치 불안이라는 고질적 문제가 있다. 보코하람도 이런 사회 분위기에서 결성되었다.

나이지리아에는 약 250개 종족이 살고 있으며, 3대 종족은 북부의 이슬람교도 하우사족(풀라니족 포함 29%), 남부의 기독교도 요루바족(21%)과 이보족(18%)이다. 하우사족은 북부, 요루바족과 이보족은 남부에 다수 분포하며 내전이 발생할 정도로 서로 사이는 좋지 않다.

1959년, 영국의 영연방으로 독립할 때 나이지리아는 북부 하우사족과 남동부 이보족의 연합정권으로 출발했으나 종족과 종교의 분열을 극복하지 못했다. 1966년에 발생한 군부 쿠데타의 주도 세력은 북부 앙가시족 출신의 야쿠부 고원을 국가원수로 추대했다. 영국 사관학교에서 군사교육을 받았던 엘리트 군인 고원은 31세에 국가수반의 자리에 오르자, 그동안 북부 세력에 의해 탄압을 받았던 이보족이 반란을 일으켰다.

1967년 5월 30일, 이보족 출신의 오두메구 오주쿠 중령이 자신을 지지하던 군인들을 이끌고 나이지리아에서 독립해 '비아프라공화국'을 세우겠다고 선언했다. 원유가 풍부한 남동부의 독립을 인정할 리 없었던 나이지리아 정부는 비아프라군과 격렬한 전투를 벌였

비아프라 전쟁 참전으로 장애인이 된 용사들, 2017년. © 치카 오두아, W-C

다. 이것이 널리 알려진 '비아프라 내전'이다.

나이지리아 정부군은 전쟁 기간 중 비아프라 지역 주민을 상대로 무자비한 집단 학살과 강간, 약탈을 일삼았다. 특히 정부군이 난민 캠프와 시장에도 융단폭격을 퍼부어 국제사회의 비난이 쏟아졌다. 정부군이 민간인을 상대로 대량 살상을 자행한 것은 독립을 꿈꾸는 다른 종족에 대한 강력한 경고이기도 했다. 4년간의 내전은 비아프라 측의 무조건적 항복으로 끝났다. 하지만 최소 100만에서 250만 명의 희생자를 낳은 이 내전은 나이지리아의 여러 민족과 종교의 극심한 대립을 불러왔다.

기독교가 강세인 남부는 풍부한 원유, 천연가스 덕분에 부유해진

나이지리아 민족 분포와 보코하람 세력도
보코하람 점령지
나이지리아 국토의 약 20%(이스라엘 면적과 비슷함)를 점유하고 있으며,
매우 가난한 나이지리아 북동부를 중심으로 잦은 테러 활동을 벌이고 있다.
니제르
차드
마이두구리
하우사족
나이지리아
베냉
조스
아부자
(나이지리아 수도)
요루바족
라고스
보코하람이 결성된 도시
이보족
기니아만
카메룬
하우사족
나이지리아 중북부와 사헬 지대에 걸쳐 살고 있으며, 정치나 문화적으로 중요한 위치를 차지하지만 보코하람의 중심 세력이 된 후 이미지가 좋지 않다.
보코하람
(Boko Haram)
극단적인 이슬람 무장 단체로 2001년에 결성되었으며, 서구식 교육과 가치를 죄악으로 여기는 조직이다. 보코하람의 창설자로 젊은 지도자였던 유수프가 2009년 공개 처형 당한 후 아부바카르 셰카우가 이끌었다. 하지만 그도 2021년에 사망했고 현재 보코하람의 세력은 약해졌다.
유수프
이보족
아프리카 최대 민족의 하나로 자신들만의 민족주의를 내세워 비아프라공화국으로 분리 독립을 선포했다. 그러나 나이지리아 정부군에게 진압되면서 소외당했다.
요루바족
나이지리아 전체 인구의 16%를 차지하고 있으며, 이보족과 함께 아메리카 노예로 많이 팔려가 미국과 중남미 예술에 많은 영향을 미쳤다.

반면, 무슬림이 대부분인 북부는 그렇다 할 자원이 없어 경제 성장에서도 뒤처지고 말았다. 이윽고 남부의 부유한 기독교도 요루바족과 이보족, 북부의 가난한 이슬람교도 하우사족의 대립 구도 속에서 이슬람 극단주의 보코하람이 등장했다.

이슬람교 수니파 극단주의 단체 '보코하람'은 인신매매와 자폭 테러로 유명한 테러 단체

보코하람은 2002년 무함마드 유수프가 설립한 이슬람교 수니파 극단주의 단체다. 그 단체명은 '서양식 교육은 죄악'이라는 뜻이며, 샤리아(이슬람 율법)에 기초한 사회 실현을 목표로 북동부 삼비사 숲과 만다라 산지에서 주로 활동한다.

창설 초기에는 잠시 평화적으로 활동했으나, 곧 나이지리아 북부의 정부 시설과 치안 당국, 기독교 교회에 테러를 시작했다. 2009년 나이지리아 정부의 소탕 작전으로 유수프를 포함한 800명 이상의 전투원이 살해되었으나, 이듬해 아부바카르 셰카우가 새로운 최고 지도자를 맡아 활동을 재개했다. 그들은 2014년 4월, 북동부 보르노주에서 276명의 여학생을 납치했다. 셰카우는 비디오를 통해 여자들을 노예로 팔아치우겠다고 협박해 전 세계를 공포로 몰아넣었다.

그 후에도 보코하람은 정부 요인과 군, 경찰, 기독교 교회, 이슬람교 시아파 등을 지속적으로 공격했다. 2017년까지 약 2만 명 이상을 죽이고 수천 명의 여성과 아이들을 납치했다. 게다가 이들은 차드, 니제르, 카메룬 등 주변국으로 활동 범위를 넓혀 각국의 정부군과도 교전을 벌일 정도로 세력을 키워나갔다.

보코하람에 납치된 젊은 여성들은 성노예가 되거나 인신매매를 당했다. 일명 '아기 공장'이라는 병원에 감금되어 강제로 출산하게 하고, 그 아이를 인신매매로 팔아넘기는 만행도 그들은 서슴지 않았다.

납치된 여성들은 심지어 자폭 테러를 강요당해 '인간 폭탄'이 되기도 했다고 알려져 있다. 보코하람은 그야말로 '사상 최악의 테러 단체'로 전 세계에 악명을 떨치며 나이지리아를 공포로 몰아넣은 셈이다.

민족과 종교의 갈등으로 테러가 계속되는 아프리카 최고의 경제 대국 나이지리아

보코하람은 2015년부터 IS(이슬람국가)와 연대하기 시작했다. 이들은 공식적으로 IS 지지를 선언한 후 '이슬람국가서아프리카지부(ISWAP)'로 이름을 바꾸었다. 그들의 목표는 칼리프가 통치하는 칼리프제 국가의 수립이었다.

그러나 2016년 중반부터 보코하람에 균열이 발생한다. 최고 지도자 셰카우 일파와 ISWAP의 2개 파벌이 분열된 것이다. 셰카우는 개칭 당시 서아프리카지부 지도자를 맡고 있었는데, IS가 셰카우 대신 창설자 유수프의 아들 아부 무사브 알바르나위를 지도자로 우

나이지리아의 경찰 폭력에 반대하는 시민들의 대규모 시위, 2020년. © 케이젠파이, W-C

대하자 이에 분노해 독립한 것이다.

셰카우는 테러 시 민간인도 공격하면서 물불을 가리지 않는데, ISWAP는 정부와 군만 표적으로 삼는다는 입장을 표명했다. 이런 방침의 차이로도 양측은 무력 충돌을 일으키다가, 2021년 6월 벌어진 전투에서 셰카우가 자폭으로 사망했다. 그리고 같은 해 10월에는 알바르나위도 사망했다고 나이지리아 정부가 공식 발표했다. 최고 지도자의 사망으로 새로운 국면을 맞이한 보코하람은 내부 분열로 전투원 약 6,000명이 이미 투항했다고 한다.

나이지리아 북동부 지역을 근거지로 활동하는 보코하람 등 이슬람 근본주의 무장 세력은 지금도 민간인과 기독교를 상대로 테러를 일삼고 있다. 거기에다 북동부 지역은 부패한 정부의 공권력이 미치지 않는 곳이 많고, 정부군 또한 테러 단체와 비슷한 폭력을 행사하기도 한다. 또한 일부 지방은 아예 샤리아로 통치하기 때문에 정부와 남부 기독교 지역의 반발을 사는데, 이것이 빌미가 되어 다시 테러로 이어지는 악순환이 반복되고 있다.

현재 나이지리아 전역에서는 민족과 종교의 갈등으로 일어나는 무력 충돌, 무장 조직의 테러와 납치 사태가 끊이질 않는다. 정치적 불안정과 경제적 불균형도 테러 단체가 활동할 수 있는 자양분으로 작용한다.

'아프리카 탈레반'이라고 불리는 나이지리아 이슬람 무장 세력의 향방은 여전히 오리무중이다.

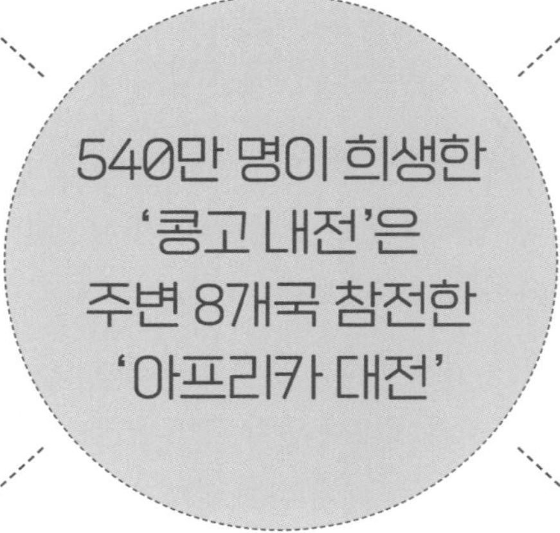

제1차 콩고 내전으로 32년의 독재 끝낸 모부투는 모로코로 망명했다가 같은 해 병으로 죽었다

아프리카 지역의 분쟁은 중동과 유럽의 분쟁에 비해 거의 보도가 되지 않아 실상이 제대로 알려지지 않는 경우가 많다. 제2차 세계대전 이후 일어난 분쟁 중 무려 540만 명 이상이라는 최다 희생자를 기록한 '아프리카 대전'이 이런 경우이다. 이 분쟁은 아프리카 중앙부의 콩고민주공화국에서 벌어진 '콩고 분쟁'을 말한다.

콩고는 아프리카 대륙 중에서 알제리 다음으로 큰 면적을 자랑하는 대국이다. 국토 대부분은 열대우림으로 덮여 있으나 금과 동, 다

미국 국방장관 캐스퍼 와인버거를 만나고 있는 콩고의 모부투 대통령(좌), 1983년. 미국 국방부 사진

이아몬드, 코발트, 콜탄, 주석 등 광물자원이 풍부하다. 자원의 보고인 만큼 부유한 나라라고 생각이 들지만, 2022년 1인당 GDP(국민총생산)는 586달러로 세계에서 가장 낮은 수준을 기록했다. 독립 이후 계속되는 분쟁과 쿠데타가 이런 이권을 둘러싼 다툼이었고, 결국 국민이 빈곤으로 고통받는 주요한 원인으로 추정된다.

콩고는 1885년부터 75년간 벨기에의 지배를 받았다. 식민지 지배 동안 벨기에의 무자비한 수탈로 생활이 피폐해진 것도 사실이다. 이들은 1960년 독립을 이루었으나, 얼마 후 주변 5개국이 연루된 콩고 전쟁으로 큰 희생을 치러야 했다.

콩고는 1965년부터 미국의 지원 속에 쿠데타를 일으킨 모부투 세세 세코 대통령(당시)의 독재국가가 되었다. 모부투 정권은 광물자원의 이익을 모조리 자신의 친인척한테 돌아가게 했기 때문에 국민은 계속 가난에 허덕였다. 당연히 정권의 부패와 종족 간의 대립으로 국민의 불만이 폭발해 폭동이 발생하고 내정은 혼란에 빠졌다.

이런 가운데 투치계 주민이 주도하는 콩고자이르해방민주세력연합(ADFL)이 반기를 들었고, 1997년의 치열한 전투 끝에 승리해 ADFL의 의장인 카빌라가 대통령으로 취임했다. 32년의 독재 정권에 마침표를 찍은 모부투 대통령은 모로코로 망명했다가 같은 해 병으로 죽었다. 이것이 제1차 콩고 분쟁의 전말이다.

독립 당시에는 콩고공화국이라고 했으나 1964년에 콩고민주공화국으로, 1971년에 자이르공화국으로 변경되었고, 1997년 5월에 카빌라 대통령이 지금의 콩고민주공화국(Democratic Republic of the Congo, 일명 DR콩고)으로 국명으로 고쳤다. 모부투 대통령을 축출한 카빌라 대통령 역시 광물자원으로 축재에 몰두하는 독재자의 길을 걸었다.

여기에 ADFL의 주도 세력인 투치계가 정권에서 배척되면서 콩고민주연합(Rally for Congolese Democracy, RCD)을 결성해 반기를 들었다. 제1차 콩고 분쟁에서 투치계를 지원했던 르완다와 우간다도 자동으로 내전에 참전하게 되었다. 이것이 1998년 이후 콩고 동부 지역을 중심으로 더욱 격렬한 무력 충돌로 이어졌던 제2차 콩고 분쟁이다.

8개 주변국까지 참전한 '아프리카 대전' 이후로도 콩고 동부의 지하자원 이권 놓고 무력 충돌 계속

제2차 콩고 분쟁은 카빌라 대통령이 이끄는 콩고와 앙골라, 짐바브웨, 나미비아, 차드, 수단 대 르완다, 우간다가 대립하는 구조였다. 참전국 가운데 국내외 정세가 특히 어지러웠던 나라는 르완다였다.

제1차 콩고 분쟁 당시 르완다는 콩고의 모부투 정권 타도에 협력했으나, 이후 수립된 카빌라 새 정권과는 대립했고, 콩고 동부의 무장 세력을 지원하는 형태로 새 정권의 힘을 빼고자 했다. 얼마 후 르완다가 우간다, 부룬디와 연합해 콩고를 침공하자 앙골라, 짐바브웨, 나미비아, 차드, 수단이 콩고의 동맹군으로 참전해 이른바 '아프리카 대전'이라는 대규모 전쟁이 발생하게 되었다.

콩고의 승리를 확신한 카빌라는 전쟁의 종결을 반대했고, 결국 의문의 암살을 당한 후에야 그의 아들 조제프 카빌라가 정권을 잡게 되었다. 그리고 참전 세력들의 내부 사정에 따라 종전으로 기울어지게 되었다. 이후 유엔에서 PKO(유엔평화유지활동) 부대를 파견해 2002년 평화 프로세스를 추진했고, 이듬해에는 각국의 군대가 콩고민주공화국에서 철수했다. 마지막으로 남은 반군 세력도 정부군과 협정을 맺고 전쟁을 끝내는 데 합의했다.

하지만 실제로는 2003년 이후에도 콩고 정부군과 반정부 세력의 전투가 계속되었다. 국가 간 갈등, 자원의 이권을 둘러싼 다툼, 민

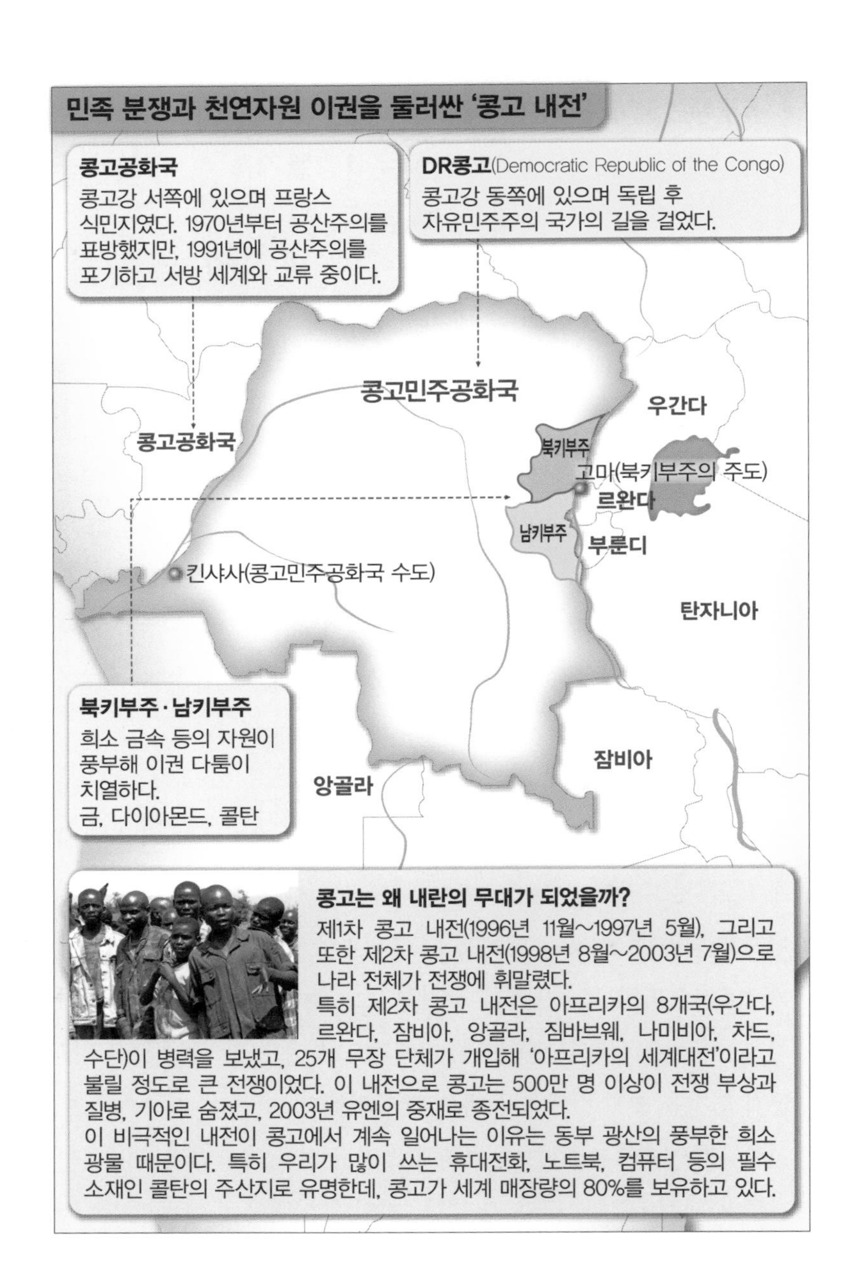
민족 분쟁과 천연자원 이권을 둘러싼 '콩고 내전'
콩고공화국
콩고강 서쪽에 있으며 프랑스 식민지였다. 1970년부터 공산주의를 표방했지만, 1991년에 공산주의를 포기하고 서방 세계와 교류 중이다.
DR콩고(Democratic Republic of the Congo)
콩고강 동쪽에 있으며 독립 후 자유민주주의 국가의 길을 걸었다.
콩고민주공화국
우간다
콩고공화국
북키부주
고마(북키부주의 주도)
르완다
남키부주
부룬디
킨샤사(콩고민주공화국 수도)
탄자니아
북키부주·남키부주
희소 금속 등의 자원이 풍부해 이권 다툼이 치열하다.
금, 다이아몬드, 콜탄
잠비아
앙골라
콩고는 왜 내란의 무대가 되었을까?
제1차 콩고 내전(1996년 11월~1997년 5월), 그리고 또한 제2차 콩고 내전(1998년 8월~2003년 7월)으로 나라 전체가 전쟁에 휘말렸다.
특히 제2차 콩고 내전은 아프리카의 8개국(우간다, 르완다, 잠비아, 앙골라, 짐바브웨, 나미비아, 차드, 수단)이 병력을 보냈고, 25개 무장 단체가 개입해 '아프리카의 세계대전'이라고 불릴 정도로 큰 전쟁이었다. 이 내전으로 콩고는 500만 명 이상이 전쟁 부상과 질병, 기아로 숨졌고, 2003년 유엔의 중재로 종전되었다.
이 비극적인 내전이 콩고에서 계속 일어나는 이유는 동부 광산의 풍부한 희소 광물 때문이다. 특히 우리가 많이 쓰는 휴대전화, 노트북, 컴퓨터 등의 필수 소재인 콜탄의 주산지로 유명한데, 콩고가 세계 매장량의 80%를 보유하고 있다.

족 간 대립 등 복합적인 이유로 분쟁 해결은 앞이 보이지않는 상태다. 특히 남북 키부주를 중심으로 동부에서 심각한 충돌이 계속되고 있다.

콩고 동부에서 이 충돌이 이어지고 있는 이유는 여기에 전자 회로 콘덴서에 사용되는 콜탄 등 희귀 금속이 풍부하기 때문이다. 선진국의 생활필수품인 컴퓨터, 스마트폰 등을 만들려면 이런 희귀 금속이 꼭 필요하기 때문에 각국 정부와 기업은 비싼 돈을 지불하더라도 콩고의 이 천연자원을 얻으려 애쓰고 있다.

전세계 콜탄 생산량의 80%를 콩고가 차지한다는 사실도 콩고 분쟁의 한 요인이라고 할 수 있을 것이다. 모두 약속이나 한듯이 남북 키부주의 콜탄을 두고 끊임없이 싸우고 있기 때문이다.

콩고 분쟁에서 540만 명 이상의 희생자가 발생, 무장 세력에게 성폭력 당한 여성만 40만 명 이상

지금도 PKO 부대는 주둔 중이다. 이들은 2012년과 2013년에 반정부 무장 세력인 M23(3월 23일을 의미)과 치열한 전투를 벌인 끝에, 한 차례 점령된 북키부주 고마시를 탈환하기도 했다. 자원이 풍부한 키부주를 장악하고 살인, 납치, 강간 등 잔혹한 범죄를 저지르는 M23에서 내분이 일어난 틈을 이용해 대규모 공습으로 격퇴했지만, 잔존 세력은 여전히 동부를 거점으로 삼아 활동하고 있다.

콩고 땅이 너무 넓고 인프라도 부족해 PKO는 주어진 인원으로

콩고 분쟁에서 강간당한 여성들이 남키부 평화의 오두막에 모여 있는 모습. © 미국 국제개발처 레아 워칙, W-C

제 기능을 못하고 있는 실정이다. 2017년 12월에는 반정부 무장 세력인 민주군사동맹(ADF)의 소행이라고 추정되는 습격으로 PKO 부대원 14명이 사망한 일도 있다. ADF는 우간다의 이슬람 극단주의에서 파생된 무장 단체로서, 주로 북키부주 등지에서 활동한다. 2020년 12월에는 이들이 동부 캉바시 교도소를 습격해 1,300여 명의 수감자가 탈옥했다. 또한 2022년에는 북키부주의 난민 지역에서 무력 충돌이 발생해 수십 명이 희생되기도 했다.

끝날 듯 끝나지 않는 콩고 분쟁에서 540만 명 이상의 희생자가 나왔지만, 전투로 사망한 자는 10%도 안 된다. 90% 이상은 기아로 죽거나 말라리아 등의 질병으로 사망했다. 게다가 군인이 아닌 일반 시민의 희생자가 훨씬 많았다.

특히 콩고 분쟁에서 가장 심각한 것은 여성에 대한 성폭력이다. 1996년 이후 무장 세력에게 성폭력을 당한 여성이 40만 명 이상이라고 보고되고 있다. 성욕뿐 아니라 지배욕을 채우기 위해 강간을 저지른다는 무장 세력들, 현재 콩고는 말 그대로 '여성에게 가장 최악의 나라'가 되고 있다.

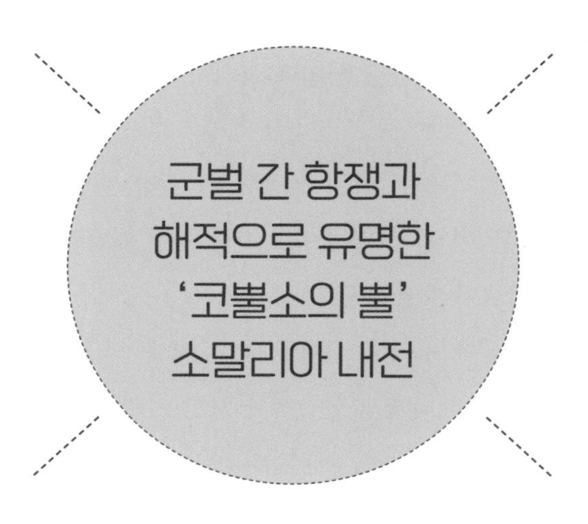

군벌 간 항쟁과 해적으로 유명한 '코뿔소의 뿔' 소말리아 내전

1991년 5월, 내전으로 무정부 상태에 빠지자 소말릴란드 지역과 푼틀란드가 독립을 선언

외교부 해외안전 홈페이지에서 소말리아의 여행 경보 지도를 보면 영토 전체가 흑색이다. 흑색은 '레벨4', 즉 '여행금지'를 알리는 색이다. 이처럼 소말리아는 외국인이 여행할 수 없는 위험한 지역으로 묶여있다.

소말리아는 내전으로 시작된 군벌 간의 무력 충돌과 테러, 주변 해역에서의 해적 활동 등으로 내정과 치안이 극도로 어지러운 상황이다. 이런 상황을 초래한 소말리아 내전은 군벌 간의 항쟁에서 시

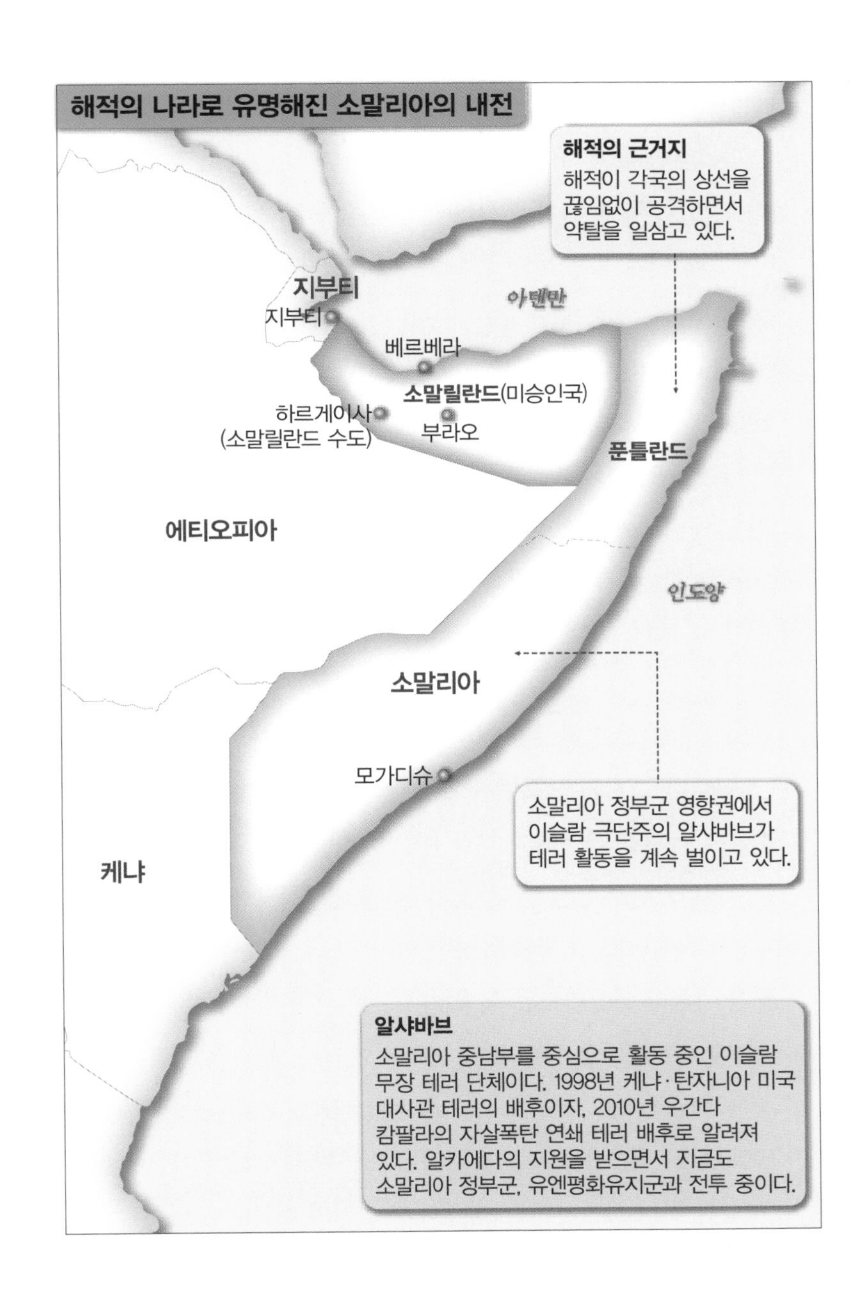
해적의 나라로 유명해진 소말리아의 내전
해적의 근거지
해적이 각국의 상선을 끊임없이 공격하면서 약탈을 일삼고 있다.
지부티
지부티
아덴만
베르베라
소말릴란드(미승인국)
하르게이사
(소말릴란드 수도)
부라오
푼틀란드
에티오피아
인도양
소말리아
모가디슈
소말리아 정부군 영향권에서 이슬람 극단주의 알샤바브가 테러 활동을 계속 벌이고 있다.
케냐
알샤바브
소말리아 중남부를 중심으로 활동 중인 이슬람 무장 테러 단체이다. 1998년 케냐·탄자니아 미국 대사관 테러의 배후이자, 2010년 우간다 캄팔라의 자살폭탄 연쇄 테러 배후로 알려져 있다. 알카에다의 지원을 받으면서 지금도 소말리아 정부군, 유엔평화유지군과 전투 중이다.

작되었다.

소말리아인 90% 이상은 소말리아족이며, 이슬람교 수니파에 속한다. 단일 민족에 가까운 나라여서 민족과 종교 대립은 적은 편이지만, 1960년에 북부의 영국령 소말릴란드와 동남부의 이탈리아령 소말릴란드가 통합해 소말리아공화국이 수립한 후로는 지역별 군벌 간에 대립이 계속됐다.

1969년에 쿠데타로 집권한 모하메드 시아드 바레 정권이 22년간 지속되는 동안 영국령 소말릴란드 지역의 분리 운동이 계속되었다. 그리고 에티오피아와 전쟁에서 패배한 후 1991년 1월에 바레 정권이 무너지자, 본격적인 내전에 돌입했다. 각지에서 치열한 전투가 벌어졌고, 거리에는 어린이들까지 무기를 들고나올 정도로 난장판이었다.

1991년 5월, 소말리아가 내전으로 무정부 상태에 빠지자 옛 영국령 소말릴란드 지역은 독립을 선언했다. 그리고 북동부 지역의 푼틀란드도 독립을 선언해 나라가 분열되고 말았다.

소말릴란드공화국은 현재 수도가 하르게이사로 실질적인 독립국이지만 UN의 미승인 국가로 남아 있다.

뿐만 아니라 푼틀란드는 독립하지 못한 채 연방의 자치주로 남았다. 한때 소말리아 해적의 주요 근거지이기도 했지만, 지금은 해적 소탕에 적극적으로 나서 대부분 소멸하였다.

1998년에는 큰 가뭄으로 이 나라에 기근이 발생하여 어린이 위주로 수십만 명의 아사자가 또 발생해서 세계의 이목을 모았다.

모가디슈 전투에서 미군 헬기가 추락해 사망한 미군을 끌고다니는 영상이 방송

바레 독재 정권의 붕괴로 각지에서 군웅할거하던 군벌들의 주도권 싸움은 더욱 치열해졌다. 정부군과 반군이 구별되지 않는 무정부 상태를 우려한 국제사회는 1993년에 PKO 부대를 파견했으나 무장 세력의 무자비한 공격으로 수많은 사상자가 속출했다.

더불어 모가디슈 전투에서 미군 헬기의 추락사고와 함께 사망한 미군 병사가 무장 반군에게 끌려다니는 영상이 방송되는 충격적인 사건이 벌어진다. 이 일로 미국에서 반전 분위기가 고조되자 미군을 철수시켰고, 이후 소말리아는 다시 무정부 상태에 빠졌다.

2004년에는 주변 국가들의 원조로 모가디슈를 수도로 하는 과도연방정부가 출범했으나, 군벌 세력이 인정하지 않아 사실상 통치가 불가능한 상태였다. 그러던 중 이슬람법정연합(ICU)이라는 이슬람주의 세력이 대두하면서 새로운 대립 전선이 형성되었다. ICU는 임시정부를 '괴뢰 정권'으로 간주해 2006년에 모가디슈 전체를 지배하에 두었다. 이후 소말리아 대부분이 이슬람 세력의 지배권에 들어가게 되었다.

그러나 ICU의 지배도 오래가지 못했다. 과도연방정부를 지원하던 에티오피아군이 아프리카연합과 합세해 모가디슈를 탈환하고 ICU 세력을 완전히 괴멸시켰기 때문이다. ICU가 붕괴하자 하부 청년조직이 이슬람 극단주의 무장 세력인 알샤바브(Al-Shabaab)를

모가디슈 전투에 참전한 브라보 중대, 1993년, 미군은 이 전투에서 입은 피해로 소말리아에 손을 떼고 철수함. © 미국 연방정부

결성해 소말리아 정부군과 아프리카연합의 공격에 나선 것이다. 정부군과 연합군도 대대적인 공세를 퍼부어 알샤바브의 세력이 위축되기는 했으나 게릴라식 공격과 테러 활동은 멈추지 않고 있다.

2012년에는 신연방의회가 발족했고, 하산 셰흐 마하무드 대통령(당시)의 통일 정부가 출범했다. 내전 20년 만에 무정부 상태를 벗어난 것이다. 통일 정부 출범으로 소말리아의 내정도 안정을 되찾을 것으로 기대했지만, 무정부 상태가 장기화하면서 해적이 날뛰어 오히려 소말리아는 국제사회의 골칫거리로 떠올랐다.

아덴만과 인도양을 잇는 해상 교통의 요지인 '코뿔소의 뿔' 주변 해역에 소말리아 해적 출몰

소말리아가 있는 동아프리카 해역은 아덴만과 인도양이 이어지는 해상 교통의 요지로서, 각국의 대형 선박과 탱커(유조선)가 지나다닌다. '코뿔소의 뿔'로 불리는 그곳에서 소말리아 해적은 총기를 들고 선박에 접근해 선원들을 모조리 납치하고 몸값을 요구하고 있다. 그 때문에 세계 유수의 해운 회사들이 곤경에 처했고, 큰 타격을 입게 되었다. 한국도 상선이 납치당하는 등 피해가 있어 해군 전투부대인 청해부대가 아덴만에 파견 중이다.

해적뿐 아니라 이슬람 근본주의 국가 건설을 목표로 내세운 알샤바브의 끊임없는 테러도 소말리아의 불안 요소다. 소말리아에서 테러 공격을 벌이는 이슬람 극단주의 테러 단체 알샤바브는 미국의 9.11 테러를 일으킨 알카에다와 관계가 깊다. 소말리아 정부군의 소탕 작전으로 조금씩 지배 지역을 상실하고 있으나, 여전히 수도 모가디슈 등지에서 정부와 외국군 부대를 표적으로 테러를 일삼는다.

알샤바브뿐 아니라 ISIL소말리아도 주목해야 한다. ISIL소말리아는 알샤바브의 전 간부가 창설한 IS(이슬람국가)의 소말리아지부로 소말리아 각지에서 테러를 일으키고 있다. 2017년 10월에는 모가디슈에서 수백 명의 목숨을 앗아간 사상 최악의 대규모 폭탄 테러가 발생했다. 2020년 이후에도 자동차 폭탄 등 여러 가지 테러 사건이 일어나고 있어 나라가 안정되기까지는 시간이 필요해 보인다.

'코뿔소의 뿔' 소말리아의 내전 현황

1991년	모하메드 시아드 바레 군사정권 축출 후 내전 시작.
1992년	유엔평화유지군 파견.
1995년	유엔평화유지군 철수.
2004년	압둘라히 유수프 아흐메드 과도정부 케냐에서 출범.
2005년	과도정부 귀국.
2006년~2009년	이슬람법정연합이 모가디슈 장악, 에티오피아군 모가디슈 공항 공습 및 본격적인 공세 시작.
2009년~현재까지	알샤바브의 테러 진행, 수많은 사상자와 실향민 발생, 전 세계 모든 국가가 여행금지국가로 지정.

최근에는 해양 진출을 노리는 에티오피아가 소말릴란드공화국과 홍해로 이어지는 해안에 항구 건설을 추진하는 양해각서를 체결해 소말리아의 강력한 반발을 불렀다. 소말릴란드의 독립을 인정하지 않는 소말리아와 에티오피아의 갈등이 수면 위로 떠오른 것이다. 또한 알샤바브도 국제 해운망에 대한 파괴를 공언하고 있어 홍해를 향하는 이중삼중의 파고는 여전히 높고, 국제사회의 우려도 깊다.

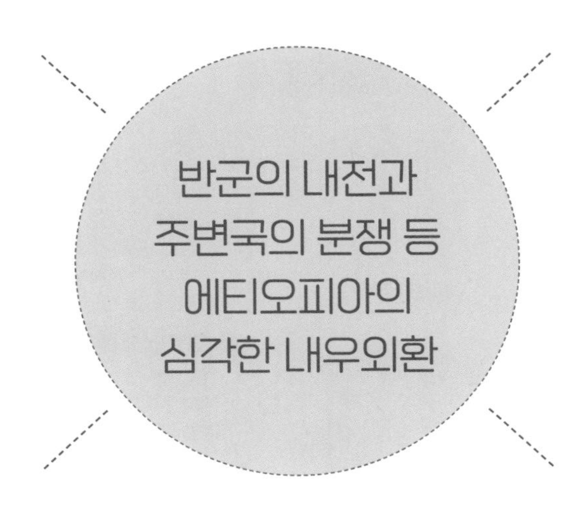

에티오피아-에리트레아 국경 분쟁이 시작해 20년간 약 10만 명의 희생자를 낳았다

인기 있는 커피 원두 모카의 원산지로 유명한 에티오피아. 일찍이 기독교의 영향으로 번영을 누리며 근대 이후 아프리카에서 유일하게 독립을 유지한 나라지만 현재는 안팎으로 여러 가지 어려움을 겪고 있다. 내부에서는 내전, 외부에서는 북쪽 접경국 에리트레아와 오랫동안 분쟁을 벌이고 있는 탓이다.

에티오피아와 에리트레아는 10세기경까지 악숨이라는 하나의 왕국을 이루고 있었다. 19세기 후반 제국주의 시대에는 에리트레아

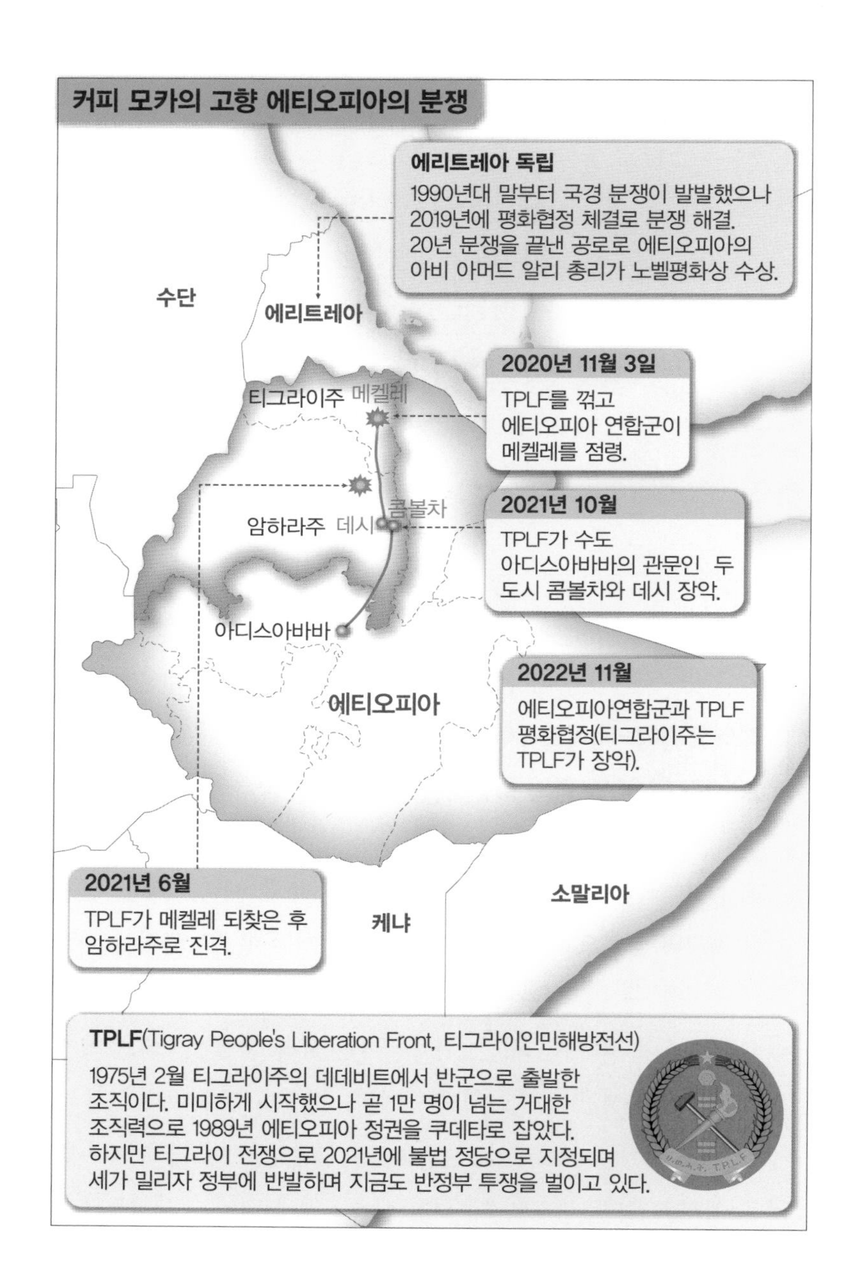

커피 모카의 고향 에티오피아의 분쟁
에리트레아 독립
1990년대 말부터 국경 분쟁이 발발했으나
2019년에 평화협정 체결로 분쟁 해결.
20년 분쟁을 끝낸 공로로 에티오피아의
아비 아머드 알리 총리가 노벨평화상 수상.
수단
에리트레아
2020년 11월 3일
TPLF를 꺾고
에티오피아 연합군이
메켈레를 점령.
티그라이주
메켈레
콤볼차
암하라주
데시
2021년 10월
TPLF가 수도
아디스아바바의 관문인 두
도시 콤볼차와 데시 장악.
아디스아바바
2022년 11월
에티오피아연합군과 TPLF
평화협정(티그라이주는
TPLF가 장악).
에티오피아
2021년 6월
TPLF가 메켈레 되찾은 후
암하라주로 진격.
케냐
소말리아
TPLF(Tigray People's Liberation Front, 티그라이인민해방전선)
1975년 2월 티그라이주의 데데비트에서 반군으로 출발한
조직이다. 미미하게 시작했으나 곧 1만 명이 넘는 거대한
조직력으로 1989년 에티오피아 정권을 쿠데타로 잡았다.
하지만 티그라이 전쟁으로 2021년에 불법 정당으로 지정되며
세가 밀리자 정부에 반발하며 지금도 반정부 투쟁을 벌이고 있다.

가 이탈리아의 지배를 받았으나 제2차 세계대전 중에는 영국이 점령했다. 이후 식민 지배에서 해방되어 1952년 유엔 결정에 따라 양국은 다시 하나가 되었다. 그러나 에티오피아는 기독교도(콥트파)가 다수파인 반면, 에리트레아는 이슬람교도가 다수파여서 양국의 관계는 원만치 않았다.

에티오피아는 조금씩 에리트레아에 압력을 가하다 1962년 강제로 합병했다. 그러자 에리트레아는 반정부 세력 에리트레아인민해방전선(EPLP)을 조직해 독립 투쟁에 나섰다.

에티오피아는 하일레 셀라시에 황제가 통치하는 입헌군주제가 1974년에 혁명으로 무너지고, 사회주의를 주창하는 멩기스투 군사정권이 들어섰다. 그러나 1977년 소말리아의 침공으로 오가덴 분쟁이 일어나고, 민족 분쟁까지 겹쳐 수십만 명이 목숨을 잃는 등 반정부 운동이 치열해졌다.

1990년대 초, 동서 냉전이 종식되자 소련의 원조를 받던 에티오피아의 사회주의 정권은 쇠퇴한다. 그 결과 1993년, 에리트레아는 주민투표를 거쳐 독립을 이루었는데, 이번에는 국경 지대에 있는 '이르가 삼각지' 영유권 문제로 또다시 대립하게 된다. 양국은 1998년 5월부터 무력 충돌을 벌였다. 이른바 에티오피아-에리트레아 국경 분쟁의 시발이었다.

이 분쟁은 휴전과 개전을 반복하며 20년간 약 10만 명의 희생자를 낳았다. 그러나 2018년, 에티오피아 총리로 취임한 아비 아머드 알리가 에리트레아의 이사이아스 아페웨르키 대통령과 정상회담을 가진 후 종전에 합의했다. 아비 총리는 그 공을 인정받아 2019년 노벨평화상을 수상하기도 했다.

북부 티그라이주에서 반군과 내전이 발발해 에티오피아로 넘어온 난민은 약 200만 명

에리트레아와의 분쟁이 해결된 지 2년째 되던 해, 에티오피아는 새로운 내부 문제에 직면한다. 북부 티그라이주에서 반정부 세력과 내전이 발발한 것이다.

티그라이주는 티그라이인들로 결성된 티그라이인민해방전선(TPLF)이 권력을 쥐고 있었는데, 에티오피아 정부가 그들에게 압력을 가하면서 충돌이 일어난 것이다. TPLF는 에리트레아와 국경 분쟁 당시 에티오피아 정권의 집권 세력이기도 해서 에리트레아와 분쟁을 겪으면서 대립 관계가 더 극심해졌다. 거기에다 아비 정권이 티그라이 출신들을 요직에서 축출하면서 티그라이인들의 분노와 반발이 시작되었다.

2020년 11월, 에티오피아 정부군이 티그라이주의 독자적인 지방 선거를 불법 선거로 규정하면서 주도 메켈레에 군사 공격을 개시했다. 이에 TPLF도 반격에 나서 에티오피아는 내전 상태에 돌입했다. 수천 명의 민간인 희생자가 발생한 티그라이주 사람들은 접경국인 수단 등지로 수십만 명이 대피해 난민 신세가 되었다.

또 TPLF가 에리트레아의 수도 아스마라 공항에 로켓탄을 발사

반군과의 전투가 벌어진 후 대통령궁 밖에 부서진 채 방치된 T-62 메인탱크, 1991년. © ED 보이스, W-C

해 에리트레아도 이 싸움에 말려들게 되었다. 산악 지대로 피신한 티그라이 반군은 게릴라전의 무장 투쟁을 이어가며 세력을 키웠다. 이런 내전이 진행될 때 티그라이주에서 에티오피아로 넘어온 피난민과 난민은 약 200만 명으로, 정부군이 그들에게 학살을 일삼는다는 보도도 있었다.

2021년 6월, 티그라이 반군은 주도 메켈레를 수복했을 뿐만 아니라 에티오피아 영토에 대한 반격에 나서 상당한 성과를 거두었다.

에티오피아 정부군과 티그라이 반군이 일진일퇴를 거듭하는 동안 희생자와 난민은 급격히 증가하고, 여성을 상대로 하는 성범죄와 인권 탄압도 국제 문제화되었다.

2022년 3월에 에티오피아 정부와 TPLF가 휴전을 선언해 내전은 소강상태에 접어들었다. 반면 평화협정 이후에도 암하라 등 주변 지역의 반군들은 여전히 무장 투쟁과 테러 활동을 멈추지 않아 정부군이 보복에 나서고 있을 정도이다.

국토는 망가진 채 기아와 빈곤으로 대부분 국민이 고통받는 등 에티오피아 내전의 후유증은 심각한 상태가 지속되고 있다. 게다가 소말리아와 수단 등 주변국들과도 갈등을 빚고 있어 에티오피아는 말 그대로 내우외환의 소용돌이에서 빠져나오기가 쉽지 않아 보인다.

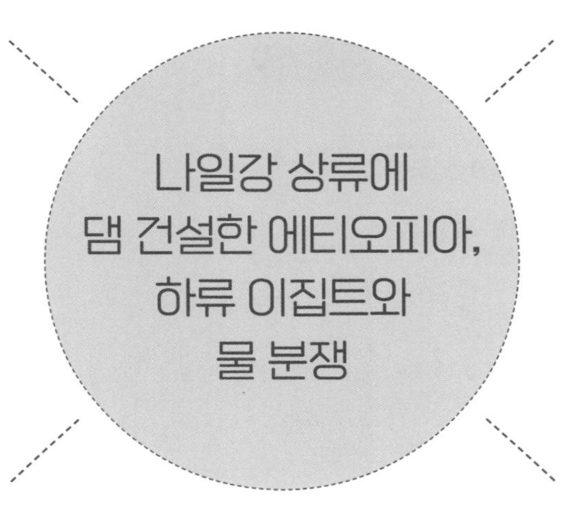

나일강 상류에 댐 건설한 에티오피아, 하류 이집트와 물 분쟁

2011년, 청나일강이 발원하는 에티오피아는
자국의 상류에 길이 1.8km의 거대한 댐 건설

지구는 물의 행성이다. 실제로 지구 표면의 3분의 2는 물로 덮여 있는데, 97.5%는 해수고 담수는 겨우 2.5%에 불과하다. 게다가 최근에는 기후 온난화와 기상이변에 따른 가뭄으로 세계 각지에서 물(담수) 부족 현상이 나타나고 있다.

아프리카도 물 부족 상태가 심각한 지역으로, 특히 나일강 유역에서는 이집트, 수단, 에티오피아가 물을 둘러싸고 무력 충돌 일보 직전에 있다.

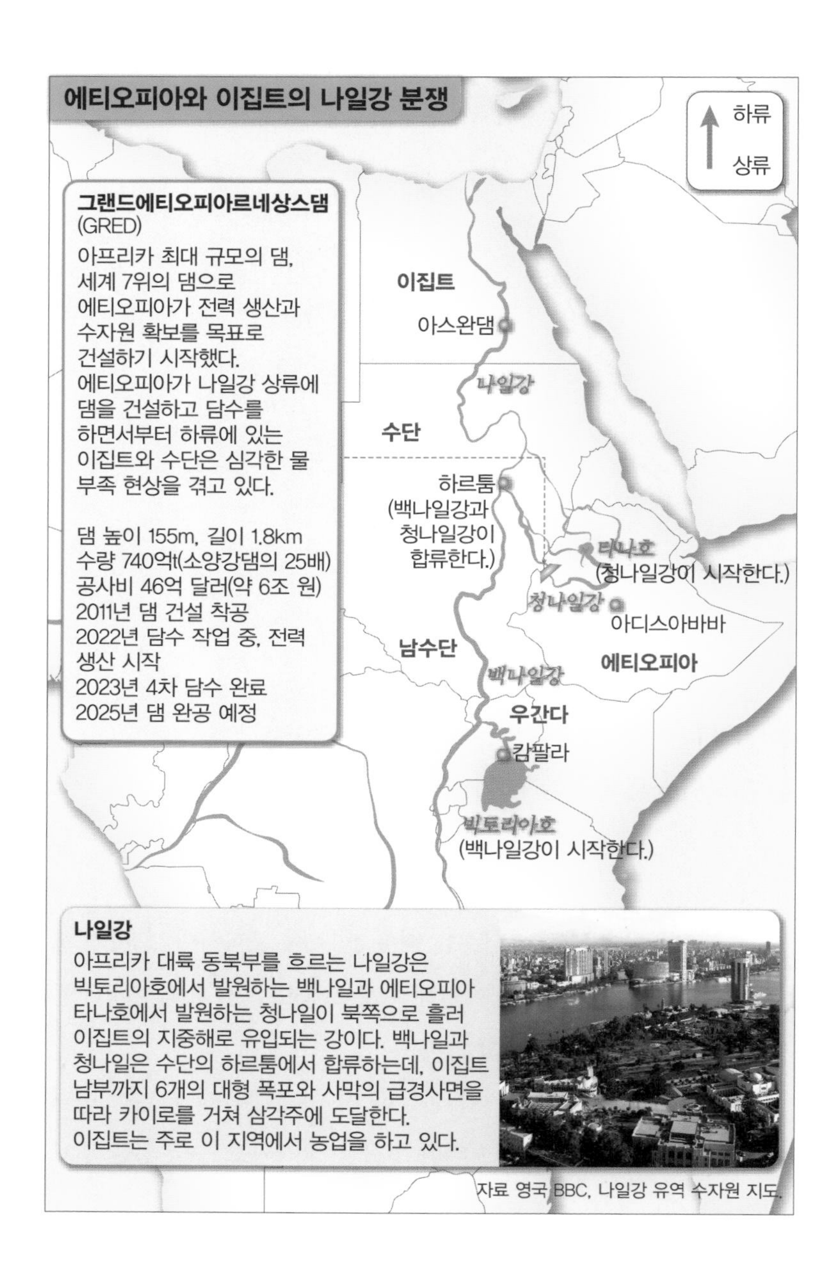

자료 영국 BBC, 나일강 유역 수자원 지도.

탄자니아, 우간다, 케냐의 국경 지대에 있는 빅토리아호에서 발원한 나일강을 둘러싸고 일어난 분쟁이 바로 이 물 분쟁이다. 이 분쟁은 각 나라마다 처한 환경과 나일강 의존도에 따라 이해가 엇갈리기 때문에 어느 한 나라만의 주장이 통하지도 않는다.

브라질의 아마존강에 이어 세계에서 두 번째로 긴 하천인 나일강에 이집트의 경우 인구의 90%(약 1억 1,500만 명-2024년 기준)가 모여 산다고 알려져있다. 게다가 나일강은 아프리카 북동부 지역의 많은 국가에 중요한 식수원일 뿐 아니라, 문명의 발달과 인구 증가에 따른 물 부족 현상이 심각해지면서 수자원 개발을 둘러싼 주변국 간의 분쟁도 심각한 강이다.

그런데 2011년, 나일강의 지류인 청나일강이 발원하는 에티오피아는 자국의 상류에다 댐 길이 1.8km에 이르는 거대한 그랜드에티오피아르네상스댐(GERD) 건설을 시작했다. 에티오피아로서는 전력 생산과 경제 성장을 위해 백나일강 상류의 댐 건설이 불가피하다는 입장이다.

에티오피아가 건설하는 이 댐은 이집트 아스완하이댐의 뒤를 잇는 아프리카 최대 규모의 댐으로 총저수량 740억m^3를 자랑한다. 그래서 전력 부족을 걱정하던 에티오피아 국민은 댐 건설에 대한 기대로 부풀었다.

하지만 이 댐이 가져올 영향력 때문에 나일강 하류에 있는 이집트와 수단은 위기를 느끼고 댐 건설 초기부터 강경 대응에 나섰다.

이집트는 식수와 농업용수 등 97%의 수자원을 나일강에 의존하기 때문에 국가 존망의 기로

이집트는 식수와 농업용수 등 97%의 수자원을 나일강에 의존해 살아가기 때문에 유량이 2% 감소만 해도 100만 명의 농민이 수입원을 잃는다고 한다. 또한 폭발적인 인구 증가로 물 수요도 늘어나는 추세다. 그러므로 지금보다 나일강의 수량이 줄어들면 국가의 존망을 걱정해야 할 만큼 심각한 위기에 빠진다. 수단 또한 에티오피아가 마음대로 댐에다 저수할 경우 수백만 명이 큰 위기에 처한다고 한다.

그러나 에티오피아는 최근 눈부신 경제 성장을 이루고 있고, 국민에게 전기를 공급해 성장에 박차를 가해야 하는 시점이라 댐 개발을 중단할 수 없는 형편이다. 또한 댐이 완공되더라도 이집트로 흘러 들어가는 유량에는 변함이 없을 거라고 반박했다. 에티오피아는 2010년에 이집트, 수단을 제외한 나일강 유역 국가들과 체결한 협정에 의거, 2020년부터는 비가 많은 여름 우기에만 저수하겠다는 입장이다.

2021년에 에티오피아가 1차 저수를 강행하자 이에 반발한 이집트와 수단은 '나일의 수호자'라는 이름으로 해군과 공군이 참여하는 합동 군사훈련을 실시했다.

이집트와 에티오피아는 댐 건설 초기부터 협상을 계속했으나 타협점에 이르지 못했다. 유엔 등 국제사회의 중재도 효과가 없었다.

이집트 룩소르의 농업을 지원하는 나일강의 관개 시설, 2005년. © 바이오넷

이집트의 압델 파타 엘시시 대통령은 '우리 물에 손대면 모든 수단을 모색하겠다'라며 군사 행동도 불사할 것임을 암시했다.

2023년에는 에티오피아가 댐 건설 막바지에 이르러, 아비 아머드 총리가 "네 번째이자 마지막 물 채우기를 성공리에 마쳤다"라고 선언했다. 이에 반발한 이집트 정부는 "물을 일방적으로 채운 에티오피아의 조치가 2015년 3국 간의 합의를 위반했다"라며 반발하는 성명을 발표했다.

이후 2년 넘게 교착 상태에 빠졌던 나일강 분쟁과 관련된 협상을 재개했지만 최종 합의에 이르기까지는 여러 난관이 예상된다.

그리스의 역사가 헤로도토스가 '이집트는 나일강의 선물이다'라고 했듯이, 이집트 입장에서 나일강은 무엇보다 중요하다. 때문에 에티오피아의 행동에 따라 양국 간 무력 충돌이 발생해도 전혀 놀라운 일은 아니다. 그만큼 첨예한 대립이 숨어있기 때문이다.

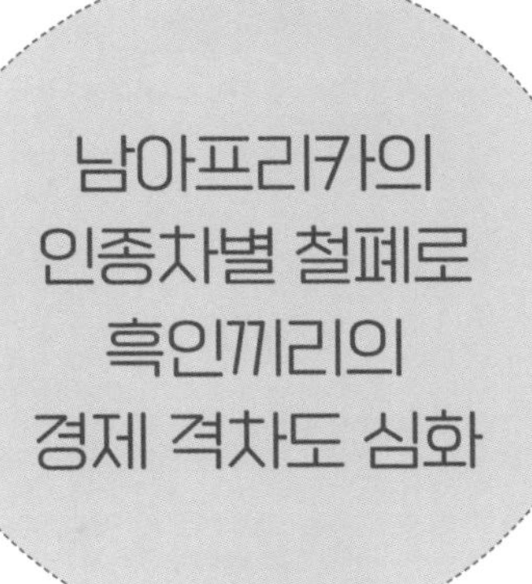

남아프리카의 인종차별 철폐로 흑인끼리의 경제 격차도 심화

아프리카 굴지의 경제 대국에서 폭동 발생
세계 최악 수준의 경제 격차가 원인이다!

2021년 7월, 남아프리카공화국 전체에 대규모 폭동이 일어났다. 제이콥 주마 전 대통령의 수감에 항의하는 지지자들이 시위를 일으켰고, 여기에 수많은 빈곤층이 가세하며 폭동으로 발전한 것이다. 시위대의 무차별적인 약탈과 방화가 잇따르면서 남아프리카는 무정부 상태가 되었다.

폭동은 일주일가량 계속됐고, 200명 이상의 희생자가 발생했으며, 160여 개의 쇼핑몰과 20여 개의 창고와 공장이 약탈과 방화 피

남아프리카공화국의 폭동과 인종차별
짐바브웨
보츠나와
모잠비크
나미비아
프리토리아
에스와티니
콰줄루나탈주
블룸폰테인
더반
레소토
남아프리카공화국
LG전자 공장은 방화로 전소함. 삼성전자 창고는 약탈당함.
케이프타운
인도양
남아프리카공화국 폭동
2021년 아파르트헤이트(유색인종 차별) 철폐와 흑인 인권 신장을 위해 애쓴 주마 전 대통령 구금에 항의하는 시위로 시작되었다. 처음에는 제이컵 주마의 고향인 콰줄루나탈주를 중심으로 벌어졌는데, 국민의 분노로 많은 사람이 죽거나 다치는 나라 전체의 폭동이 되었다. 더반 산업단지에 있는 삼성전자와 LG전자는 가전제품과 장비, 자재를 약탈당했으며, LG전자 공장이 전소했다. 결국 이 폭동은 경기 침체에 빠진 남아프리카공화국의 높은 실업률, 극심한 빈부 격차, 권력 부패 등 민낯을 보여준 셈이다.

해를 당했다고 한다. 신형코로나바이러스의 백신 접종 장소였던 약국도 약탈당해 백신 접종이 중지되기까지 했다. 1994년, 남아프리카에서 민주화가 이루어진 이래 최대 규모의 폭동이었다.

남아프리카공화국은 아프리카 국가 중에서도 매우 발전한 나라라는 인상이 있다. 금, 다이아몬드, 희소 금속 등의 광물자원과 자동차 산업을 바탕으로 경제 성장을 이루었으며, 2014년까지는 아프리카 최고의 경제 대국이었다. 아프리카 유일의 G20 참가국이기도 하며, 2010년에는 월드컵을 개최해 자국의 발전상을 세계에 과시했다.

하지만 남아프리카공화국은 알려진 것과 달리 경제 성장 이면에 어두운 그늘을 가지고 있었다. 바로 국민의 경제적 격차였다. 경제적 풍요는 일부 부유층의 전유물이었고, 국민 절반은 가난으로 고통받고 있었던 것이다.

부를 손에 넣은 것은 엘리트 흑인들이었고, 나머지 대부분은 여전히 빈곤층에 머물렀다

남아프리카공화국은 1994년까지 아파르트헤이트 정책을 실시했던 나라로 유명하다. 아파르트헤이트는 '분리, 격리'를 뜻하는데, 1950년부터 남아프리카의 백인 정부가 실시한 극단적인 인종차별 정책이다. 즉 남아프리카공화국은 소수인 백인을 우대하고 절대다수인 흑인에게 선거권을 주지 않거나 주거 장소와 교통수단을 구별하는 극단적인 인종차별정책을 내놓고 실행했던 것이다.

넬슨 만델라와 빌 클린턴 전 미국 대통령. 만델라는 남아프리카공화국의 첫 흑인 대통령으로 백인 정권의 인종차별에 맞서 투쟁했다. 1993년. 미국 백악관 사진

흑인들의 무장 투쟁과 국내외 여론의 압박에 못 이긴 국민당 정권은 인종차별 정책 폐기를 선언하고, 1990년에 흑인 운동가 넬슨 만델라를 석방해 인구의 80%를 차지하는 흑인계의 정치 단체인 아프리카민족회의(ANC)로의 정권 이양의 발판을 마련했다. 1994년에 남아프리카공화국 사상 첫 보통선거가 치러지고, ANC가 집권에 성공하며 첫 흑인 대통령으로 넬슨 만델라가 선출됐다.

최초의 흑인 대통령 넬슨 만델라가 악명 높은 인종차별정책을 폐지하면서 이 나라는 진정한 민주주의를 향한 귀중한 발걸음을 내디뎠다. 이후 남아프리카는 한동안 순조롭게 경제 성장을 이루어 나갔다. 그러나 수많은 흑인은 경제 성장의 혜택을 받을 수 없었고 여

요하네스버그 소웨토 지구의 슬럼가, 2005년. © 매트-80, W-C

전히 가난에서 벗어나지 못했다.

1994년 이후 민주화와 함께 남아프리카공화국은 흑인을 우대하는 흑인 경제력 강화 정책을 폈고, 과거 백인이 독점한 경영자 자리에 흑인들을 내세웠다. 그러나 부를 손에 넣은 것은 극히 일부의 엘리트 흑인들이었고, 나머지 대부분은 여전히 빈곤층에 머물렀다. 그 결과, 이제는 흑인끼리도 경제 격차가 벌어지면서 심각한 사회 문제로 대두되었다.

남아프리카에서 가장 큰 도시 요하네스버그에는 '소웨토'라는 슬럼가가 있는데, 이곳은 지금도 전기와 수도가 없다. 이 같은 열악한 환경 속에서 많은 사람이 살아가고 있다. 반면 그 근처 길 건너에는 부유층이 사는 고급 주택가가 있다. 이 나라의 경제 격차를 상징하는 풍경이다. 빈곤층의 삶은 신형코로나바이러스 감염 확산으로 더욱 악화하였고, 외출 제한으로 일을 할 수 없어 더욱 가난해졌다.

반 아파르트헤이트 운동가로 두각을 나타낸 제이콥 주마 전 대통령은 2009년 대통령으로 취임한 후 여러 차례 부패 의혹에 연루되어 결국 사임했다. 남아프리카의 흑인 중 인구가 가장 많은 줄루족 출신인 주마 전 대통령은 백인의 경제권과 기득권을 박탈하겠다는 주장으로 흑인들의 압도적인 지지를 받았지만, 무능력과 사생활 문제로 중도 하차할 수밖에 없었다.

임기 중 하야한 주마 전 대통령은 2018년에는 16건의 범죄로 기소되었다. 그리고 2020년 2월에 체포영장이 발부되었고, 2021년 7월에 구속되면서 그의 출신지 콰줄루나탈을 중심으로 지지자들이 석방을 요구하는 시위가 일어났다. 수감 두 달 만에 가석방으로 풀려난 주마 전 대통령은 80세를 넘긴 고령에도 불구하고 여전히 정치권에 막강한 영향력을 행사하고 있다.

2021년의 전국적인 폭동은 세계 최악 수준의 경제 격차와 사회적 불평등에서 비롯되었다고 볼 수 있다. 아프리카의 선두 주자인 남아프리카의 빈부 격차 문제. 그 근본적인 사회 구조를 바꾸지 않는 한 국민의 행복은 먼 이야기일 것이다.

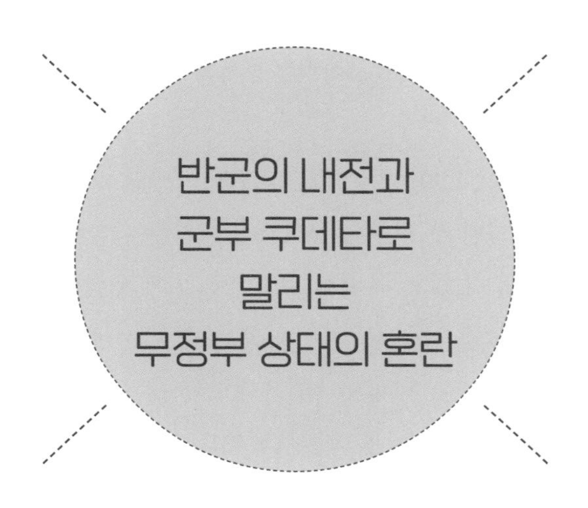

국민의 약 90%가 이슬람교도인 말리는 반군과 테러 세력의 활동으로 무정부 상태

아프리카에 있는 말리공화국은 사하라사막에서 서아프리카로 광대한 국토가 펼쳐지는데, 기후는 북반부가 사막 기후, 남반부는 스텝성 열대사바나 기후로 초원과 삼림 지대를 이루고 있다. 또한 북부와 남부 사이의 중부를 지나는 사하라사막 이남의 반건조 지역인 사헬(Sahel, 가장자리 또는 변두리) 지대는 아프리카의 동서쪽을 연결하는 거대한 벨트를 형성한다.

그런데 바로 이 지역에서 이슬람, 아랍, 기독교, 유목 문화 등 여러 이질적인 요소로 인해 정치적 · 경제적 · 종교적 문제로 갈등이 확대되고 있다.

말리는 국민의 약 90%가 이슬람교도인 이슬람 국가로, 11세기경 이슬람교가 전파된 후 꾸준히 신도가 증가하며 이슬람 문화가 화려하게 꽃을 피운 나라다. 나이저강 주변의 도시 팀북투와 젠네에는 거대한 모스크(이슬람교 사원)가 있는데, 진흙으로 만들어진 이 모스크들은 모두 유네스코 세계유산에 등재되어 있을 정도이다.

이런 말리가 최근 반정부 무장 단체와 이슬람교 극단주의 테러 세력의 활동으로 무정부 상태의 혼란에 빠져 있다.

2012년 1월, 사하라사막 서부의 베르베르족계 유목민, 북부의 투아레그족 무장 단체 아자와드민족해방운동(MNLA)이 아자와드 지역의 분리 독립을 요구하며 이슬람 극단주의인 이슬람마그레브알카에다(AQIM)와 함께 봉기했다.

투아레그족이 말리의 이슬람화를 추구하며 알카에다와 연계함에 따라 무력 충돌이 발발한 것이다. 마그레브(서쪽)라는 명칭은 고대 베르베르족이 활동한 북아프리카 중서부 지역을 가리킨다. AQIM은 1990년대 후반 알제리계 이슬람 극단주의가 창설한 단체의 분파로, 2007년 미국 9.11 테러의 주모자 오사마 빈 라덴이 이끄는 알카에다의 지부로 활동하며 세력을 키웠다.

2012년 전쟁에서 말리 정부군은 일방적으로 밀렸고, 4월에는 북부 지역을 장악한 MNLA가 '아자와드'의 독립을 선언했다. 아자와드독립국은 샤리아의 극단적 해석에 기초해 지배되었고, 그 결과

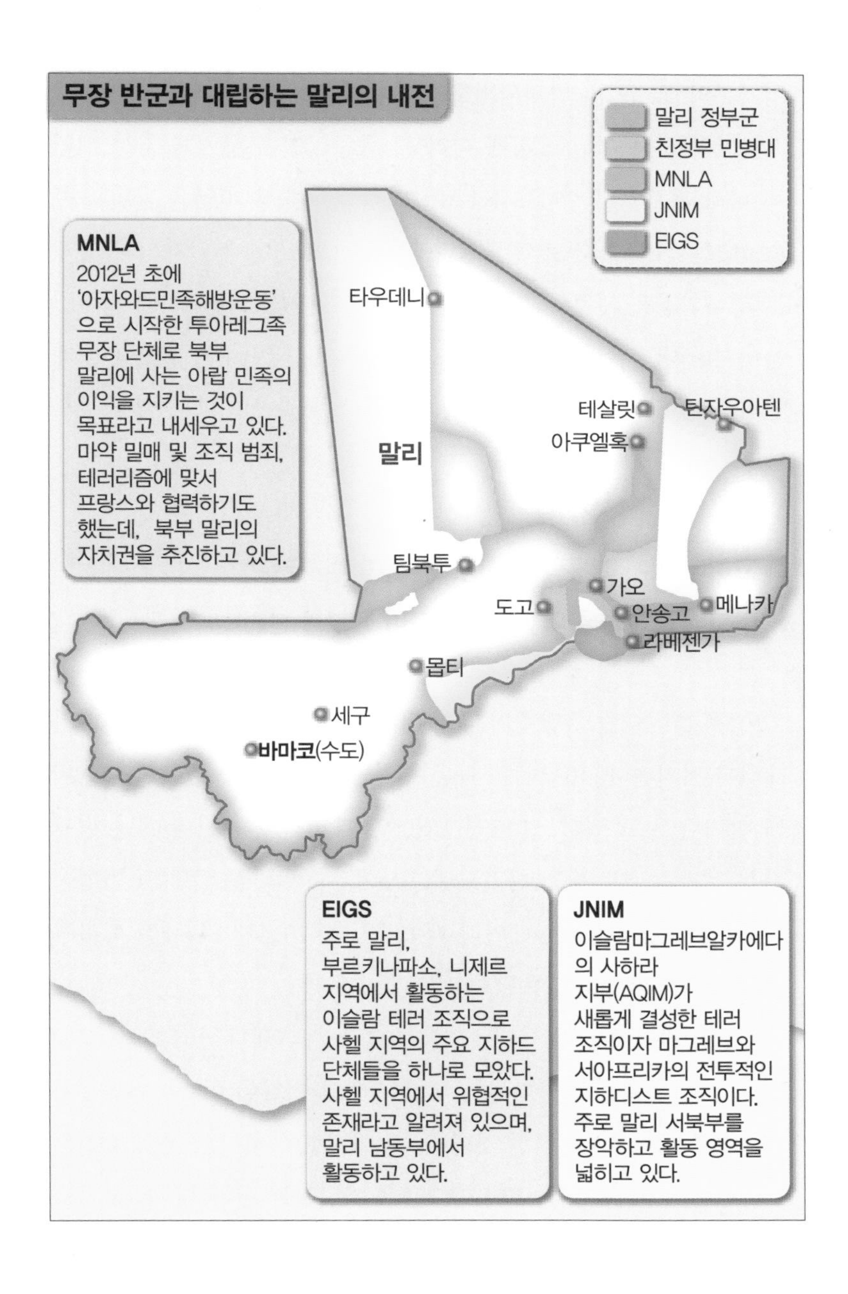

무장 반군과 대립하는 말리의 내전
말리 정부군
친정부 민병대
MNLA
JNIM
EIGS
MNLA
2012년 초에 '아자와드민족해방운동'으로 시작한 투아레그족 무장 단체로 북부 말리에 사는 아랍 민족의 이익을 지키는 것이 목표라고 내세우고 있다. 마약 밀매 및 조직 범죄, 테러리즘에 맞서 프랑스와 협력하기도 했는데, 북부 말리의 자치권을 추진하고 있다.
타우데니
말리
테살릿
틴자우아텐
아쿠엘혹
팀북투
가오
도고
안송고
메나카
라베젠가
몹티
세구
바마코(수도)
EIGS
주로 말리, 부르키나파소, 니제르 지역에서 활동하는 이슬람 테러 조직으로 사헬 지역의 주요 지하드 단체들을 하나로 모았다. 사헬 지역에서 위협적인 존재라고 알려져 있으며, 말리 남동부에서 활동하고 있다.
JNIM
이슬람마그레브알카에다의 사하라 지부(AQIM)가 새롭게 결성한 테러 조직이자 마그레브와 서아프리카의 전투적인 지하디스트 조직이다. 주로 말리 서북부를 장악하고 활동 영역을 넓히고 있다.

팀북투의 모스크가 파괴되기도 했다.

말리의 군사 지원 요청에 따라 구 종주국인 프랑스가 군사 개입에 나서 정부군과 함께 MNLA가 지배하던 북부 지역을 탈환했고, AQIM은 산악 지대로 후퇴했다. 그리고 2015년에 알제리의 중재로 평화협정을 체결해 말리 북부 지역에 투아레그족의 자치 정부가 들어서며 내전은 종결되었다. 그러나 이슬람 극단주의 알카에다 계열의 무장 단체들이 평화협정에 반발해 반군들 사이에 무력 충돌과 테러 활동은 계속 이어졌다.

고이타 임시 대통령은 프랑스군을 철수시키고, 바그너 그룹을 끌어들여 친러시아 정부를 선언

2013년, 이슬람 극단주의 테러 단체는 서양인을 대상으로 잇따라 테러를 저지른다. 10월에는 북동부 지역에서 프랑스 언론인을 납치해 살해한 일도 있다. 2013년 1월에 알제리 동부에서 일어난 천연가스 정제 플랜트 습격 사건도 AQIM계 이슬람 극단주의의 범행이었다. 이후에도 테러는 해마다 계속되었고, 2016년 1월에는 팀북투에서 스위스 여성이 납치됐다.

이후 말리의 이슬람 극단주의는 조직을 개편했다. 2017년 AQIM 산하 조직이 새롭게 알카에다 무장 단체의 연합인 이슬람과무슬림지지그룹(JNIM)을 결성한 것이다. 최고 지도자 이야드 아그 갈리는 프랑스를 비롯한 서방, 그리고 그들을 지원하는 서아프리카 국가들

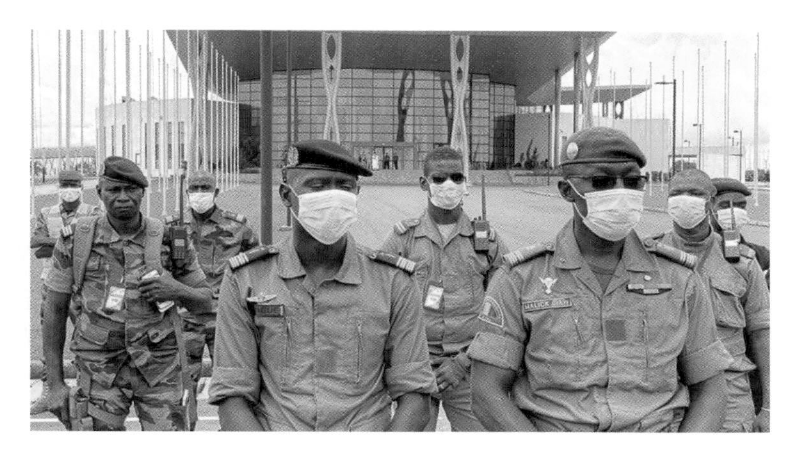

말리 정권의 국민을 위한 국가위원회 위원들, 앞줄에 정부 대변인 이스마엘 와게(왼쪽)와 제1부통령 말릭 디아우 대령(오른쪽)이 있다, 2020년. © 카심 트라오레, W-C

을 공격하겠다고 엄포를 놓았다.

JNIM은 북부뿐 아니라 수도 바마코와 남부까지 테러 공격을 감행했다. 2017년 6월에는 바마코의 고급 호텔을 공격했을 뿐 아니라 이후에도 민간인, 정부군, 평화유지군 등 대상을 가리지 않고 잔혹한 테러를 자행했다.

프랑스군과 말리 치안 당국도 소탕 작전을 펼쳤으나 JNIM의 기세는 꺾이지 않았고, 오히려 프랑스군 기지를 습격하는 등 더욱 무섭게 날뛰었다. 2020년 6월, 프랑스군이 말리 북부에서 AQIM의 리더 압델말렉 드룩델을 살해했다. 그러나 2022년 6월, 이슬람 무장 단체가 말리 중부 몹티주 반카스 서클 지역을 습격해 민간인 130여 명을 학살하는 만행을 저질렀다.

2020년 8월에 말리 정세가 혼란한 상황에서 쿠데타를 일으킨 군부 지도자 아시미 고이타 대령은 2021년에 출범한 과도정부의 임시 대통령으로 취임했다. 이어 2022년, 고이타 임시 대통령은 군부의 정권 연장에 반대하는 프랑스 주둔군을 철수시키고, 대신 러시아의 용병인 바그너 그룹을 끌어들여 국내 치안을 맡기면서 친러시아 정부임을 선언했다. 이에 2023년에는 유엔평화유지군도 철수하면서 말리의 국내외 정세는 한층 오리무중의 상황으로 치닫고 있다.

말리의 이런 변화를 보자면 2012년에 북아프리카를 강타한 아랍의 민주화 운동에 가담했던 이슬람 극단주의 무장 세력들이 떠오른다. 이들이 사하라사막 이남의 말리 등으로 밀려나면서 내전을 주도하는 반군 세력의 주축이 되었기 때문이다. 이들 지하디스트가 부르키나파소, 니제르 등 말리 주변 국가에 침투해 정치가 불안정해지고, 군부가 쿠데타를 일으키는 명분으로 작용한 점도 있다.

과거 프랑스의 식민지였던 사헬 지대의 국가들이 최근에 연쇄적으로 발생한 쿠데타로 몸살을 앓고 있는 것도 이런 사태와 궤를 함께 한다. 2020년과 2021년의 말리, 2022년의 부르키나파소, 2023년의 니제르까지 쿠데타의 열병은 현재 이 지역에 전염병처럼 퍼져나가고 있다.

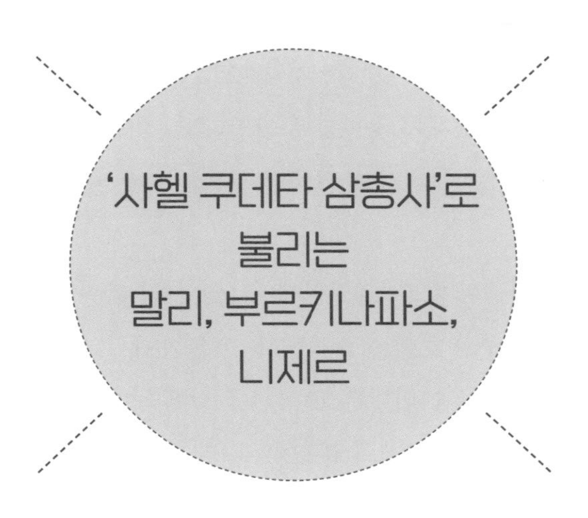

부르키나파소는 영토의 절반이 정부의 통제 밖,
IS나 알카에다 등과 연계된 무장 단체가 장악

서아프리카의 부르키나파소에 대해 얼마나 알고 있는가? 대부분은 서아프리카 내륙에 있는 이 나라가 낯설 것이다. 사헬 지대 중앙에 있는 부르키나파소는 식민지 종주국 프랑스로부터 1950년대 독립한 이후 군부 쿠데타와 장기 독재가 되풀이하는 아프리카 최빈국이다. 게다가 영토의 40%가 정부의 통제 밖이어서 세계에서 가장 불안정한 나라의 하나로 꼽힌다.

'사헬 쿠데타 삼총사'로 불리는 부르키나파소, 말리, 니제르 등은 세계에서 테러 위험이 가장 큰 지역으로도 분류한다. 특히 부르키나파소는 국내외 정세가 극도로 불안정하고, 북부에서는 IS와 알카에다 등 이슬람 급진 세력과 연계된 무장 단체들이 활동하고 있기 때문이다.

2016년에 이슬람마그레브알카에다(AQIM)의 분파인 알무라비툰은 수도 와가두구의 호텔을 습격했다. 이용객 대부분이 서양인임을 노린 것이었다. 알무라비툰은 2013년에 알제리에서 일어난 천연가스 정제 플랜트 습격 사건의 주모자 목타르 벨목타르가 자신이 이끌던 복면여단 등을 재편성한 조직이다. 이들은 정부의 영향력이 미치지 않는 부르키나파소, 말리, 니제르의 국경 지대를 활동 거점으로 삼았다.

2017년부터는 AQIM 산하 조직이 새로 결성한 이슬람과무슬림지지그룹(JNIM)이 활개를 쳤다. 그들은 와가두구의 군대 본부와 프랑스 대사관에 테러를 저질렀으며, 정부군과 민간인을 상대로 테러 공격을 벌이고 있다.

서아프리카에서 이슬람 극단주의가 기승을 부리게 된 것은 2015년부터다. 그들은 중동을 떠나 서아프리카에 새로운 보금자리를 마련한 후 왕성한 테러 활동을 벌이고 있다.

때문에 부르키나파소는 국내 피난민과 난민이 증가하는 등 점점 심각한 사태로 빠져들고 있다. 부르키나파소에서 벌어진 내전과 테러로 지금까지 약 2만 명이 숨지고, 200만 명 넘는 난민이 발생한 것으로 추정한다.

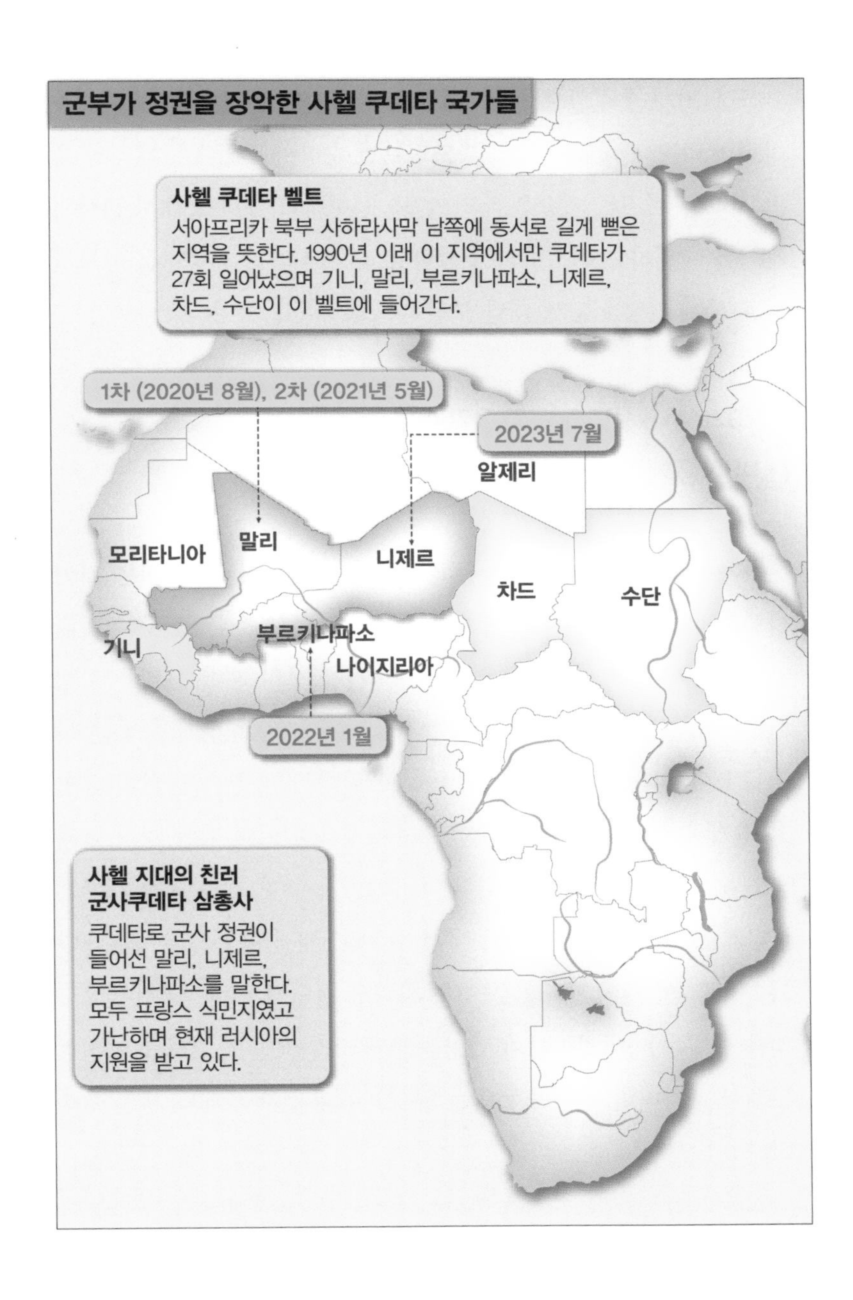
군부가 정권을 장악한 사헬 쿠데타 국가들
사헬 쿠데타 벨트
서아프리카 북부 사하라사막 남쪽에 동서로 길게 뻗은 지역을 뜻한다. 1990년 이래 이 지역에서만 쿠데타가 27회 일어났으며 기니, 말리, 부르키나파소, 니제르, 차드, 수단이 이 벨트에 들어간다.
1차 (2020년 8월), 2차 (2021년 5월)
2023년 7월
알제리
말리
모리타니아
니제르
차드
수단
기니
부르키나파소
나이지리아
2022년 1월
사헬 지대의 친러 군사쿠데타 삼총사
쿠데타로 군사 정권이 들어선 말리, 니제르, 부르키나파소를 말한다. 모두 프랑스 식민지였고 가난하며 현재 러시아의 지원을 받고 있다.

한편 2022년에 발생한 두 차례의 쿠데타 끝에 당시 34세의 이브라힘 트라오레 대위가 말리 과도정부의 수장이 되었으나 테러와 폭력 사태는 여전히 기승을 부리고 있다. 미국과 프랑스 대신 군사와 무기를 지원하는 러시아와 밀착한 트라오레 임시 대통령은 안보를 핑계 삼아 민정 이양에 대한 부정적인 입장을 밝혔다.

2020년대 사헬 지대의 국가에서 쿠데타가 발생, 미국 등 서방 대신 군사 지원하는 러시아와 밀착

최근 말리와 니제르 북부 국경 지대에서 두각을 나타내는 것이 사하라광역이슬람국가(ISGS)이다. ISGS는 IS의 분파로, 사헬 지대가 주 활동 무대이며 2020년에는 500건 이상의 테러 공격을 실행했다. 2021년 1월, 니제르 서부에서 100여 명의 희생자를 낳은 사건도 ISGS의 범행일 가능성이 높다고 한다. 이들은 자금원인 금광을 장악하기 위해 다른 무장 단체와 항쟁을 벌이며 활동 영역을 넓히고 있다.

니제르의 경우에도 말리와 부르키나파소에서 활동하는 알카에다와 IS 계열의 테러 단체가 서북부 지역을 장악한 데다, 남쪽으로 국경을 이루는 나이지리아의 악명높은 테러 단체인 보코하람까지 침투해서 무자비한 테러와 폭력을 일삼으며 무정부 상태의 혼란에 빠졌다.

또한 2023년 7월, 니제르에서 군사쿠데타가 발생해 모하메드 바줌 대통령이 자신의 경호실장이었던 압두라하마네 치아니 장군이 이끄는 군부 세력에 의해 축출되었다. 새로운 군부 세력은 친서방 입장이었던 바줌 전 대통령과 다른 길을 택했다. 그들은 쿠데타를 인정하지 않는 미국과 프랑스 등 서방국과의 군사 협정을 파기하고 아예 결별로 돌아선 것이다.

말리, 부르키나파소, 니제르 등 '사헬 3국'은 미국 등 서방 진영 대신 러시아와 밀착하면서 상호방위조약인 사헬국가동맹(ASS)을 체결해 군부 쿠데타 세력끼리 찰떡궁합을 과시하고 있다. 그리고 2024년 초, 서아프리카 15개국으로 구성된 서아프리카경제공동체(ECOWAS)에서 공동 탈퇴를 선언했고, 3국의 연합군 창설을 약속하기도 했다.

강대국들의 관심이 유럽과 중동의 분쟁 지역에 쏠리는 동안 아프리카에서는 새로운 분쟁의 불씨가 살아나고 있는 게 아닌지 국제사회의 우려가 깊다.

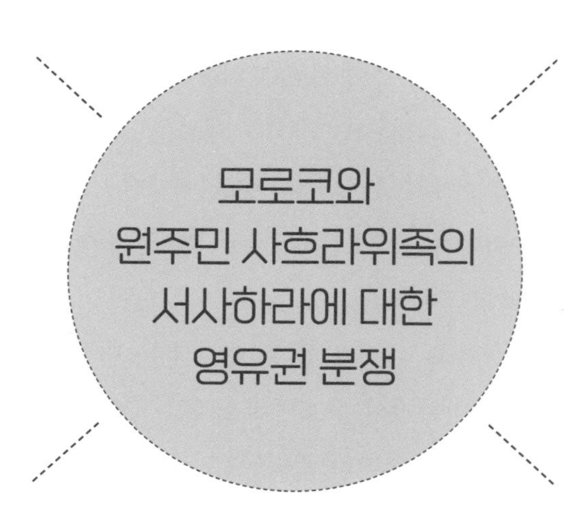

모로코와 원주민 사흐라위족의 서사하라에 대한 영유권 분쟁

모리타니를 몰아내는 데 성공한 폴리사리오는 모로코도 몰아내기 위해 게릴라전과 테러 감행

세계 지도에서 인접 국가와 경계가 애매한 점선의 국경선이 있다면 그곳은 분쟁 지역일 가능성이 높다. 아프리카 서북단에 있는 서사하라도 그런 지역 중 하나다. 서사하라는 1975년 스페인의 식민 통치에서 벗어난 후 모로코와 서사하라 원주민 사흐라위족의 반군 단체 서사하라민족해방전선(폴리사리오전선)이 사흐라위아랍민주공화국(Sahrawi Arab Democratic Republic, SADR)의 독립을 선포하고 서로 영유권을 주장하는 분쟁 지역이다.

서사하라는 그 이름처럼 사하라사막 서단에 있다. 동쪽과 남쪽 국경을 보면 모리타니와의 국경선이 명확히 그어져 있으나, 북쪽 모로코와의 경계선은 점선으로 표시돼 있다. 이 점선이 모로코와 불편한 관계임을 나타내는 것이다.

서사하라는 원래 유목민의 땅이었다. 천지사방 어디를 보아도 사막이 펼쳐져 있는 황량한 땅이었기 때문에 그들에게는 국가나 국경선의 개념이 거의 없었다. 그런데 1880년대에 스페인의 지배를 받게 되었고, 1912년 모로코 남부와 함께 스페인령 서아프리카가 되었다. 하지만 1975년 스페인이 서사하라의 영유권을 포기한 후, 서사하라는 모로코와 모리타니로 분할 통치된다.

서사하라 사람들은 나라를 제멋대로 주무르는 외세에 분노하며 반기를 들었다. 그들은 서사하라의 독립을 꾀하는 폴리사리오전선(Polisario Front)을 결성하고 알제리의 원조로 독립운동을 전개했다. 1976년에는 알제리의 수도 알제에 망명 정권을 수립하기도 했다.

폴리사리오전선은 자신들의 독립을 위해 모리타니를 대상으로 폭탄 테러를 연속적으로 감행했다. 이에 모리타니는 1979년에 폴리사리오 측과 평화협정을 체결하고, 서사하라 지역 일부에 대한 영유권을 포기했다. 모리타니를 몰아내는 데 성공한 폴리사리오는 모로코마저 철수시켜서 사하라 독립을 완성하려고 했다.

그러나 모로코는 철수하지 않았고, 오히려 모리타니가 철수한 틈을 타 서사하라 전 국토를 병합해 버렸다. 모로코가 서사하라 영유권에 집착하는 이유는 영토에 대한 야심도 있지만 문어 등의 어패

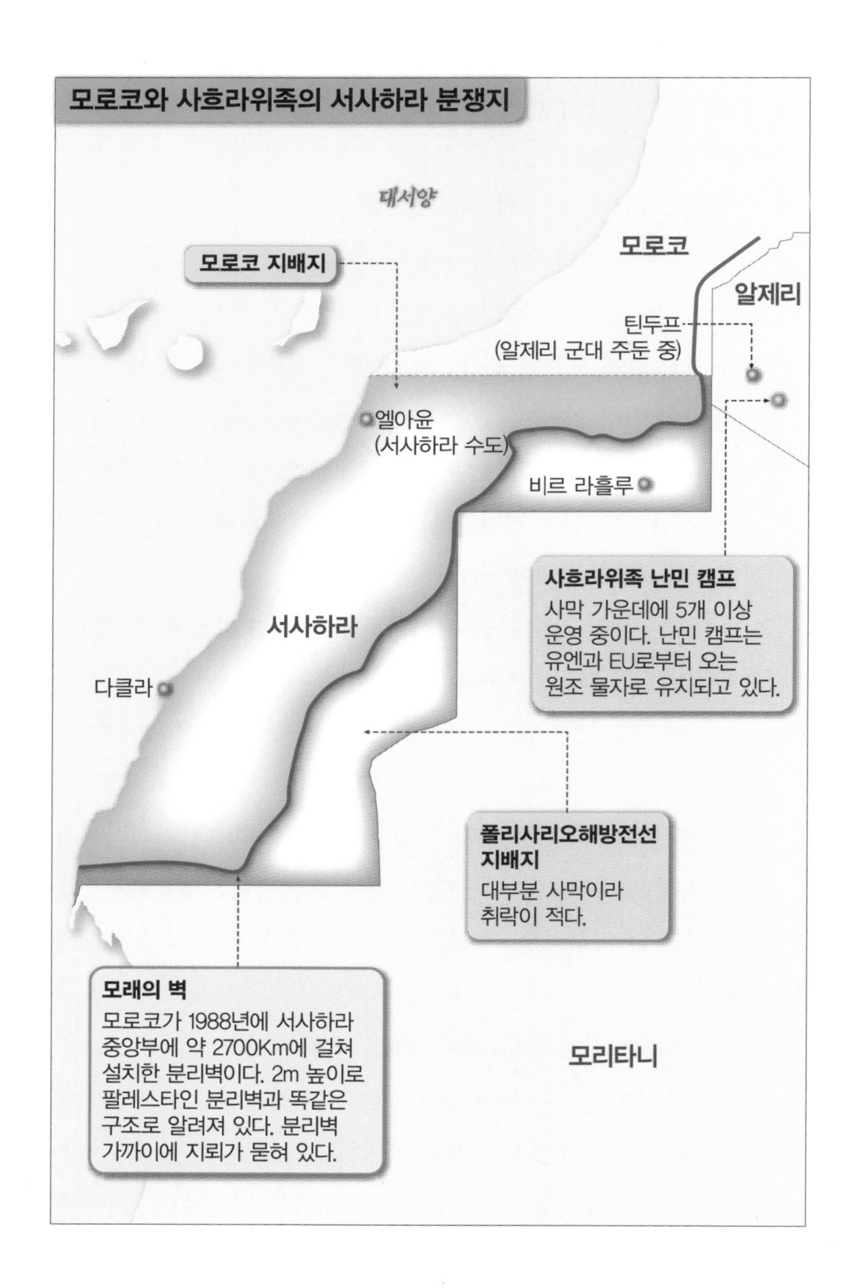
모로코와 사후라위족의 서사하라 분쟁지
대서양
모로코 지배지
모로코
알제리
틴두프
(알제리 군대 주둔 중)
엘아윤
(서사하라 수도)
비르 라흘루
사흐라위족 난민 캠프
사막 가운데에 5개 이상 운영 중이다. 난민 캠프는 유엔과 EU로부터 오는 원조 물자로 유지되고 있다.
서사하라
다클라
폴리사리오해방전선 지배지
대부분 사막이라 취락이 적다.
모래의 벽
모로코가 1988년에 서사하라 중앙부에 약 2700Km에 걸쳐 설치한 분리벽이다. 2m 높이로 팔레스타인 분리벽과 똑같은 구조로 알려져 있다. 분리벽 가까이에 지뢰가 묻혀 있다.
모리타니

폴리사리오 군대의 폴리사리오전선 32주년 기념식, 2005년. © 사흐라위, 폴리사리오, W-C

류와 인, 광석 등의 천연자원이 풍부하기 때문이라고 한다.

물론 폴리사리오전선은 계속해서 게릴라전을 중심으로 모로코에 저항했다. 그것이 결실을 맺어 1984년에 아프리카통일기구(현재 아프리카연합)의 승인으로 독립을 인정받았다.

서사하라는 스페인의 식민지 지배에서 벗어나 약 100년 만에 독립을 이루었다. 이에 불복한 모로코는 항의의 의미로 아프리카통일기구를 탈퇴했으나, 폴리사리오전선을 지원하던 알제리가 모로코와 국교를 회복하면서 평화 분위기가 조성된 덕분에 1991년에 서사하라와 모로코는 휴전에 들어갔다.

알제리의 난민 캠프를 거점으로 삼아 사하라아랍민주공화국의 독립을 주장

서사하라의 독립을 인정한 것은 아프리카통일기구뿐, 유엔 등 국제사회에서 공식적으로 인정받은 것은 아니었다. 그래서 유엔이 서사하라의 미래를 주민투표로 결정하자고 제안했으나, 모로코는 독립 여부를 묻는 주민투표를 몇 년째 실시하지 않고 있다.

2000년대가 되자 모로코는, 모로코의 주권 하에 있는 조건으로 서사하라에 자치권을 제안했다. 그러나 폴리사리오전선은 동의하지 않았고, 알제리의 난민 캠프를 거점으로 삼아 끝까지 사하라아랍민주공화국의 독립을 주장했다. 이렇게 대립만 할 뿐 주민투표는 시행되지 않은 채 시간만 흘러갔다. 그 사이 폴리사리오전선은 물류와 사람의 이동을 방해하고, 휴전 감시 중인 유엔군에게 공격을 가하기도 했다.

그러다가 2020년 모로코가 완충 지대에서 군사 작전을 실시했다. 폴리사리오전선은 이를 도발 행위로 받아들이며 분노했고, 폴리사리오전선의 지도자 브라힘 갈리는 30여 년간 준수해 온 휴전을 파기했다. 국제사회는 일촉즉발의 분위기에 기름을 붓고 부채질했다.

2020년 12월, 미국의 트럼프 대통령(당시)이 모로코가 이스라엘과 국교를 정상화하는 대가로 서사하라에 대한 모로코의 주권을 인정했기 때문이다.

모로코는 광물자원이 풍부한 서사하라에 대한 자국의 영유권을

폴리사리오(Polisario)해방전선 연혁

1971년	스페인령이었던 서사하라 지역 독립을 주장하며 반정부운동 단체 설립.
1973년	스페인에 대항하는 무력 투쟁 진행.
1975년	스페인이 서사하라 영유권 포기.
1976년	사하라아랍민주공화국 수립 선언, 모로코와 모리타니의 서사하라 분할 통치 반대.
1979년	모리타니, 서사하라 영유권 포기.
1988년	모로코, 폴리사리오와의 국경 지대에 모래 장벽 건설.
1991년	모로코, 국제연합 중재로 폴리사리오와 협정 맺음.
2024년	전 세계 60여 개국이 사하라아랍민주공화국 승인, 독립을 인정하지 않는 모로코와 대치 중.

국제사회에서 인정받는 것을 외교 숙원으로 삼고 있다.

이대로 가면 궁지에 몰린 폴리사리오전선이 알제리 등 북아프리카의 이슬람 극단주의 세력과 손을 잡고 새로운 국가 건설을 꿈꾸며 독립 투쟁에 박차를 가할지도 모른다.

이 흐름은 모로코를 방파제로 삼아 이슬람 테러 단체를 저지하려는 서방 진영에게 최악의 도전장이나 다름없다. 결국 사하라사막 서단의 분쟁은 예측할 수 없는 상황으로 치닫고 있다.

유럽의 분쟁

EU를 결성해 하나가 된 유럽에서는 영국의 EU 탈퇴, 카탈루냐 자치주의 독립운동, 구소련을 구성했던 러시아와 우크라이나의 전쟁으로 분쟁과 분열의 불씨가 사그라지지 않고 있다. 게다가 중동과 아프리카 지역의 분쟁으로 발생하는 난민의 불법 이주와 테러로 사회의 불안과 갈등이 심각한 수준이다.

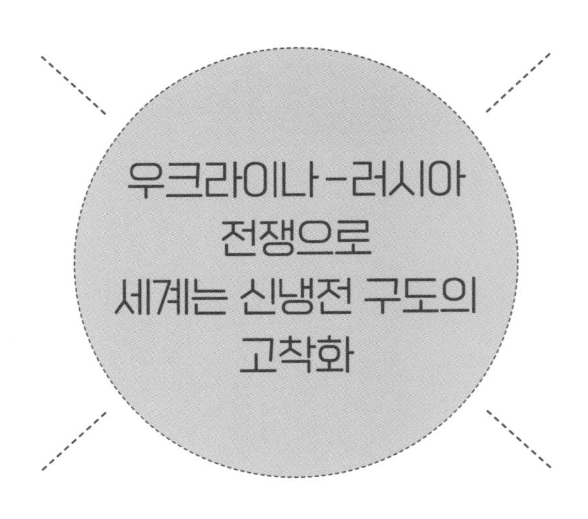

2014년, 러시아는 크림반도를 병합했고, 러시아계가 많은 동부에서도 수차례 도발

동서 냉전 시대에 미국과 패권을 다투던 구소련은 연방 해체 이후 강대국의 자리를 내주게 된다. 그러나 1992년 러시아연방으로 국호를 변경한 이후, 1999년의 총리 취임과 2000년의 대통령 당선 이후 장기 집권에 들어간 블라디미르 푸틴 대통령의 강권 통치 아래 강국으로 부활했다.

최근에는 대외적으로도 반서방 강경 노선을 취하고 있는데, 그러한 확장주의 대외정책이 명확히 드러난 것이 우크라이나와 러시아의 전쟁이다. 2014년, 러시아는 우크라이나 남부의 크림반도를 일방적으로 병합했고, 동부 국경 지대에서도 여러 차례 도발을 일삼았다.

러시아와 우크라이나는 같은 슬라브계 민족으로 종교와 언어가 매우 비슷하고, 구소련 시대는 함께 연방을 구성했던 사이이다. 즉, 형제 같은 관계였던 두 나라가 최근에 원수가 된 셈이다. 그 이유 중 하나는 우크라이나가 친서방 노선을 천명했기 때문이다.

우크라이나 동부에는 러시아어를 쓰는 러시아계 주민이 많아 원래 러시아에 우호적이었다. 또한 동부에 있는 크림반도는 역사적으로 러시아 제국주의 상징과도 같다. 그러나 수도 키이우가 있는 서부는 우크라이나어를 쓰는 우크라이나계 주민이 많은 지역으로 러시아보다 서방 국가들에 더 우호적인 편이다.

구소련 해체 후, 1991년에 독립한 우크라이나는 친러 정권의 집권이 계속됐다. 2004년의 우크라이나 대통령 선거에서도 친러 후보 빅토르 야누코비치가 친서방 후보 빅토르 유셴코와 맞붙어 승리했다. 하지만 야누코비치 후보가 부정선거로 당선된 증거가 발견되자 '오렌지혁명'이라는 민주화운동이 일어났다.

결국 대법원이 대선 결과를 무효화하고 실시한 재선거에서 친서방파 유셴코 대통령이 당선되면서 변혁의 바람이 불기 시작했다. 반면 2010년 대통령 선거에서는 친러파 빅토르 야누코비치 대통령이 당선됨으로써 친러 정권이 부활하자 다시 우크라이나에 먹구름이 몰려오기 시작했다.

오렌지혁명의 첫날 아침, 2004년. © 세르지오, W-C

크림반도에는 러시아계 주민이 많고, 러시아 흑해 함대가 세바스토폴항에 정박

2013년, 야누코비치 대통령은 우크라이나의 EU 가입과 경제 협력 등 통합을 검토했으나 최종적으로 백지화했다. 이에 불만을 품은 친서방 진영은 반정부 시위를 벌였고, 2014년 2월에 친러 정권을 무너뜨렸다.

이러한 움직임에 러시아도 가만히 있지 않았다. 러시아로 피신한 야누코비치는 자신이 합법적인 대통령임을 선언하고, 2월 28일에 러시아 정부는 크림반도에 2,000여 명의 군을 파병했다. 러시아는 국제법을 무시하고 크림반도를 점령, 현지에서 주민투표를 실시해 러시아 편입 찬성자가 압도적 다수(90% 이상)인 것을 확인한 후 순식간에 크림반도를 러시아의 영토로 병합했다.

크림반도에는 러시아계 주민이 많고, 러시아 함대가 정박 중인 세바스토폴항이 있다. 이 항구는 러시아 영내에서 매우 중요한 부동항으로서 러시아 해군의 흑해 함대 기지가 자리 잡고 있다. 이러한 지정학적 요충지인 크림반도를 러시아는 자국의 영토로 편입한 것이다.

국제사회는 러시아의 행동을 비난하며 경제 제재를 가했으나 러시아도 나름의 경제 제재로 대항했다. 푸틴 대통령은 "대부분의 크림 주민과 러시아 국민이 반도의 러시아 편입을 희망한다"라며 자신의 침공을 합리화했다. 이때 러시아 내 푸틴 지지율은 80%에 육박했다고 한다.

크림 병합 이후 러시아계 주민이 많은 우크라이나 동부에서도 무력 충돌이 일어났다. 러시아의 원조를 받은 친러 무장 단체가 우크라이나 정부군과 전투를 벌이면서 진흙탕 싸움이 되었다. 2014년 5월, 분리주의 반군들이 장악했던 돈바스 지역의 도네츠크주와 루한스크주는 각각 도네츠크인민공화국, 루한스크인민공화국으로 독립했다.

크림반도 페레발노예에 있는 우크라이나의 군사 기지를 봉쇄한 러시아군. © 안톤 홀로보로드코, W-C

러시아는 벨라루스를 비롯해 돈바스 지역에 자국 군대를 배치해 우크라이나 포위 작전

2014년 7월에는 우크라이나 동부를 비행하던 말레이시아 항공기가 친러 무장 단체에 의한 지대공 미사일 공격으로 격추당해 300여 명이 사망하는 충격적이고 비극적인 사건도 발생했다. 2015년 2월, 러시아와 우크라이나는 휴전 협정을 맺었으나 전투는 계속되었고, 약 1만 4,000명의 희생자가 발생했다.

2014년 우크라이나 대통령 선거에서 당선된 페트로 포로셴코는 돈바스 지역을 방문하는 등 우크라이나-러시아 전쟁 초기 친러 분리주의 세력의 격퇴에 나서 상당한 성과를 거두었다. 그런데 러시아 정규군이 참전해 일진일퇴의 공방전을 벌이며 평화협정을 체결했으나 무력 충돌은 계속되었다. 전쟁 와중에도 EU는 EU-우크라이나 연합 협정에 서명해 우크라이나의 EU 가입을 진행했다.

2019년 5월, 현직 대통령 포로셴코를 압도적인 표차로 꺾고 제6대 우크라이나 대통령으로 취임한 코미디언 출신 볼로디미르 젤렌스키는 동부에 특별한 지위를 보장하는 평화안을 이행하자고 제안했다. 이듬해에는 러시아와의 완전 휴전을 발효했다. 그러나 평화안은 이행되지 않았으며 다시 전쟁이 시작되었다.

2021년부터 러시아는 동맹국 벨라루스를 비롯해 돈바스 지역에 대규모로 자국 군대를 주둔시키면서 우크라이나 포위 작전에 나섰다. 미국을 비롯한 서방 진영이 러시아의 우크라이나 침공 계획을 비난했지만, 러시아는 부인하면서 오히려 우크라이나의 나토 가입을 반대한다고 천명했다.

2022년 2월 21일, 러시아의 푸틴 대통령은 '특별군사작전'이라는 이름으로 우크라이나 본토에 대한 전면 침공을 시작했다. 러시아군은 우크라이나 동부의 돈바스, 남부의 크림반도, 북부의 벨라루스에서 전면전을 개시했다. 국지전을 예상한 서방 진영의 일반적인 관측을 뒤엎는, 우크라이나 정부를 전복시키려는 전면적인 군사 침공이었다.

개전 직후만 해도 세계는 우크라이나가 며칠을 버티지 못하고 항복할 것으로 전망했다. 그러나 군사력이 절대적으로 열세였던 우크

러시아에 점령되어가는 우크라이나 영토
우크라이나
러시아
하르키우
루한스크
솔레다르
바흐무트
드니프로강
도네츠크
자포리자 원전
자포리자
헤르손
아조우해
러시아
크림반도
흑해
2014년 러시아가
일방적으로
병합했다
러시아 영토 편입 주장
러시아 점령 지역
우크라이나 탈환·반격 지역
바흐무트 전투
바흐무트와 그 옆의 도시
솔레다르에서 2022년 8월부터
지금까지 러시아와 싸우고 있는
중이다. 이미 승기는 바흐무트의 80%
를 장악한 러시아쪽으로 기울었다.
장기화되고 있는 우크라이나 전쟁에서
가장 상징적인 전투로 꼽힌다.

라이나군이 결사항전의 기세로 수도 키이우를 방어하고, 동부전선에서도 세계 제2위의 군사대국 러시아에 밀리지 않고 대등한 공방전을 펼치며 러시아군에 역공을 퍼부었다.

2022년 2월 21일, 러시아의 푸틴 대통령은 우크라이나 본토에 대한 전면 침공을 시작

미국을 비롯한 나토 동맹국들이 전쟁 초기부터 군수물자와 경제적 지원에 발벗고 나섰고, 석유와 천연가스 금수 조치 등 경제 제재를 통해 러시아를 압박하며 외교적 공세를 강화했다. 젤렌스키 대통령은 서방 진영 지도자들을 상대로 적극적인 외교전을 펼치면서 "러시아의 우크라이나 다음 목표는 EU"라며 군사 · 경제 지원을 국제사회에 호소하고 있다.

우크라이나의 나토 가입 반대를 명분 삼아 전격적으로 침공했던 우크라이나-러시아 전쟁도 어느덧 2년이 지나 장기전 · 소모전으로 바뀌었다. 그리고 러시아는 우크라이나 침공의 여파로 2023년 4월 핀란드, 2024년 3월 스웨덴의 나토 가입이라는 '최악의 선물'을 손에 쥐었다. 나토의 동진을 막으려던 푸틴의 전략은 오히려 나토의 확장이라는 결과를 초래했다.

푸틴은 2024년 3월에 실시된 대선에서 5선 대통령에 당선돼 종신집권의 길을 열었다. 반면 러시아의 우크라이나 침공을 계기로 나토 동맹국들은 재무장 등 군비 확장에 나섰다.

미국의 지속적인 우크라이나 지원도 미국내 여론과 차기 대선의 향방에 달려 있다. 우크라이나-러시아 전쟁이 어떤 결말을 맞이하든 친서방과 반서방이라는 신냉전 구도의 고착화에 결정적인 원인으로 작용할 전망이다.

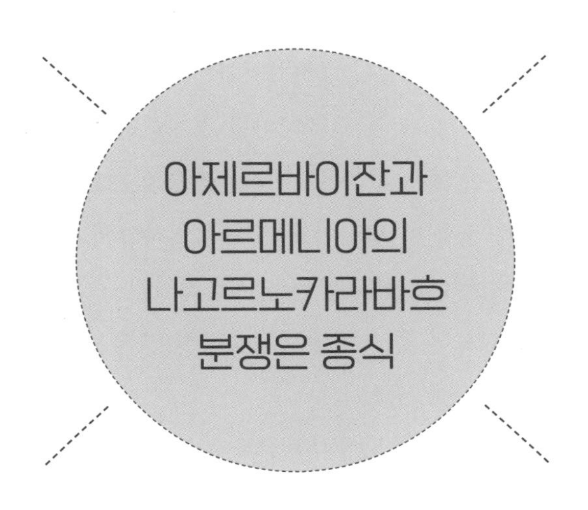

1992년, 나고르노카라바흐가 독립을 선언하자 아제르바이잔과 아르메니아 간에 무력 충돌

2020년 10월, 세계는 미국 대통령 선거와 신형코로나바이러스 뉴스로 연일 시끄러웠다. 그 무렵 구소련 남부 산악 지대인 캅카스에서는 수천 명이 목숨을 잃은 분쟁이 발생했다. 당시 세계인의 이목에서 멀어진 채 벌어진 전쟁이 바로 나고르노카라바흐 분쟁이다.

나고르노카라바흐는 아제르바이잔 영내의 자치구다. 이곳은 원래 이슬람교 시아파 세력이 다수를 차지했지만, 대부분 기독교도인 아르메니아인이 실효 지배를 하고 있었다. 즉, 나고르노카라바흐는 아르메니아의 고립된 영토나 마찬가지였다.

구소련 시대인 1923년, 아르메니아를 경계했던 이오시프 스탈린은 아르메니아인이 많은 나고르노카라바흐를 아제르바이잔에 편입시켰다. 그 결과 구소련 해체 이후 각각 독립하면서 이렇게 비정상적인 상황이 된 것이다. 종교가 허용되지 않았던 구소련 시대는 큰 문제가 되지 않았으나, 구소련이 붕괴하면서 민족 대립이 심각해졌고 서로를 학살하기에 이르렀다.

그리고 1992년, 나고르노카라바흐의 아르메니아인들이 이 지역의 독립(아르차흐공화국)을 선언하자, 이를 막으려는 아제르바이잔과 자기네 동포를 지지하는 아르메니아 사이에 격렬한 무력 충돌이 일어났다.

이 분쟁은 러시아의 원조로 첨단 무기를 갖춘 아르메니아의 승리로 끝나, 나고르노카라바흐 대부분을 아르메니아가 실효 지배하게 되었다. 1994년 휴전 협정이 이루어지기까지 양측의 희생자는 약 2만 5,000명에 달했다. 당시 나고르노카라바흐에 살던 약 100만 명의 아제르바이잔인은 모두 본국으로 피해 대부분 아르메니아인만 남게 되었다.

휴전 이후에도 나고르노카라바흐에서 몇 차례 작은 충돌이 발생했으나 대규모로 발전하지는 않았고, 아르메니아의 비호 아래 나고르노카라바흐는 국가의 틀을 잡아가고 있었다. 그러나 2020년 9월, 25년 만에 다시 무력 충돌이 일어났다. 이 충돌은 튀르키예나 이란 등 지역 강국과 미국 등 서방 강국도 개입하면서 국제전의 양상으

고립 영토와도 같았던 나고르노카라바흐
러시아
나고르노카라바흐 분쟁
아제르바이잔 영토 내
아르메니아인들의 거주지
나고르노카라바흐를 서로
자신들의 영토라고 주장해서
벌어진 분쟁이다.
조지아
아르메니아
(기독교도가 많다)
예레반
아제르바이잔
(이슬람교도가 많다)
바쿠
(아제르바이잔 수도)
스테파나케르트
(나고르노카라바흐 주도)
튀르키예
카스피해
이란
나고르노카라바흐 분쟁 종식
2024년 1월 1일,
나고르노카라바흐의
아르차흐공화국은 소멸해
아제르바이잔에 공식적으로
통합되었다.
이라크

로 변해갔다.

양국의 무력 충돌이 처음에는 일진일퇴를 거듭하다가, 10월이 되자 아제르바이잔이 대대적인 공격에 나섰다. 아제르바이잔군은 튀르키예산 드론(무인 항공기)과 로켓탄으로 나고르노카라바흐공화국의 수도 스테파나케르트를 공격했다. 이에 제대로 대응하지 못한 아르메니아군은 큰 피해를 보았다. 11월 10일에는 러시아의 중재로 휴전이 이루어졌다. 결국 아르메니아는 여러 지배 지역을 잃었고, 이 분쟁은 사실상 아제르바이잔의 승리로 끝났다.

2024년 1월 1일, 아르차흐공화국은 소멸해 아제르바이잔에 공식적으로 통합되었다

한동안 조용하다가 갑자기 대규모 분쟁이 일어난 이유는 무엇일까. 일설에 따르면 아제르바이잔이 국민의 불만을 잠재우기 위해 전쟁을 벌였다는 이야기가 있다.

아제르바이잔은 카스피해 연안에서 산출되는 원유와 천연가스로 외화를 벌어들이고 있는데, 당시 석유 가격 하락으로 국내 경제에 큰 타격을 입었다고 한다. 거기에 신형코로나바이러스 문제까지 겹쳐 사회가 불안정한 상태였다. 그래서 국내에 쌓인 불만이 아르메니아 분쟁으로 향했다는 것이다.

또 아제르바이잔에 신형 무기를 제공했다는 튀르키예의 존재도 눈여겨볼 필요가 있다. 아제르바이잔 인구의 90% 이상은 튀르키예

아제르바이잔의 승리를 기리기 위해 제작한 트럭으로 "카라바흐는 아제르바이잔이다"라는 슬로건이 적혀 있다, 2020년. 아제르바이잔 대통령실

계 아제르바이잔인이며, 카스피해에서 생산된 석유도 수도 바쿠에서 출발해 터키 영토를 경유하는 송유관을 거쳐 지중해 연안의 제이한에 도착한다. 이에 따라 터키는 한 해 2억 달러에 달하는 석유 통관료 수입을 거두고 있다. 그만큼 튀르키예 입장에서는 아제르바이잔이 중요하다는 뜻이다.

아제르바이잔은 이 석유를 이스라엘로 수출하고 첨단 무기를 수입하는 등 이스라엘과도 종교와 무관하게 우호적인 관계를 유지하고 있다. 이란과는 같은 시아파임에도 세속주의를 추구할 뿐 아니라, 지역 강대국임을 감안해 매년 정상회담을 개최하는 등 실용외교를 구사하고 있다.

튀르키예는 19세기 말부터 20세기 초까지 기독교계 아르메니아

나고르노카라바흐 분쟁 역사

1988년	아르메니아, 나고르노카라바흐 지역과의 통합을 주장. 아제르바이잔, 대대적인 반아르메니아 운동과 나고르노카라바흐의 합병 반대 시위.
1989년	소련최고회의에서 나고르노카라바흐 직할 통치 결정.
1990년	아제르바이잔인들, 수도 바쿠에서 아르메니아인들을 집단 학살. 소련최고회의, 아제르바이잔에 비상사태 선포.
1991년	소련의 아제르바이잔 편향 지원으로 아르메니아가 반발하며 전투 시작.
1992년	아르메니아, 나고르노카라바흐 인접 지역 점령. 아제르바이잔, 극심한 정국 불안으로 온건파 무탈리보프 대통령 실각해 급진 민족주의자 엘치베이 대통령 당선.
1993년	아르메니아, 전투 재개 후 나고르노카라바흐와 아그담 주변 도시 점령.
1994년	러시아 중재로 아르메니아–아제르바이잔 휴전협정 체결.
2020년	다시 전투 시작했지만 석유로 부를 축적하고 군사력을 키운 아제르바이잔이 승기 잡음. 아르메니아, 아제르바이잔의 송유관 시설 폭격.
2023년	아제르바이잔 '반테러 작전' 선언으로 무력 충돌.
2024년	1월 1일에 나고르노카라바흐, 아제르바이잔으로 넘어감.

인을 박해한 적이 있고, 지금도 튀르키예와 아르메니아의 관계는 좋지 않다. 그래서 튀르키예는 우호국인 아제르바이잔을 지원함으로써 아르메니아의 성장을 막으려 한 것이라 볼 수 있다.

한편 러시아가 우호국인 아르메니아를 돕지 않은 것은 튀르키예가 시리아 내전 등에서 자국에 협력했기 때문으로 보인다. 나고르노카라바흐에서 25년 만에 벌어진 무력 충돌의 이면에는 이처럼 각국의 복잡한 계산이 얽혀 있다.

2023년 5월, 아르메니아의 니콜 파시냔 총리는 나고르노카라바흐를 아제르바이잔의 영토로 인정했다. 그리고 석유 자본을 기반으로 군사력에서 압도적 우위를 점한 아제르바이잔은 9월에 대테러 작전을 명분 삼아 아르차흐공화국의 방위군을 무장 해제시키고 국가 소멸의 서명까지 받아냈다.

2024년 1월 1일, 나고르노카라바흐의 아르차흐공화국은 소멸해 아제르바이잔에 공식적으로 통합되었다. 주민 12만 명 가운데 약 10만 명이 아르메니아로 돌아갔고, 나머지 주민은 귀화하는 조건으로 남게 되었다.

강대국 사이에 있는 캅카스 지역의 분쟁지 가운데 하나인 나고르노카라바흐의 분쟁은 급변하는 국제 정세의 흐름에 따라 이렇게 막을 내렸다.

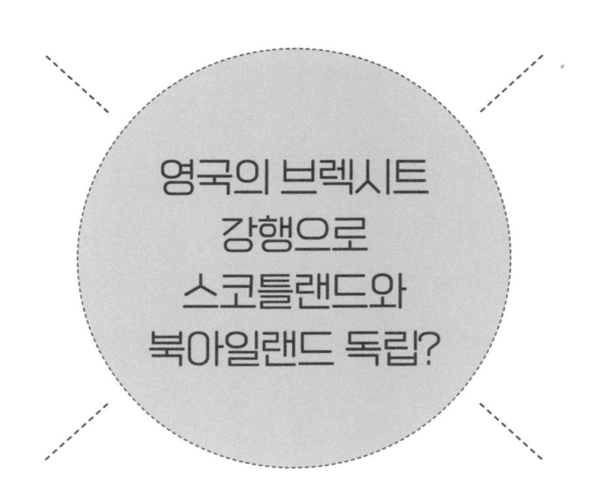

스코틀랜드와 북아일랜드 사람들 대부분은 브렉시트 투표 결과 잔류파가 다수를 차지

영국의 정식 명칭은 '그레이트브리튼과 북아일랜드연합왕국'이다. 이 국명이 바로 와 닿지 않더라도 유럽 축구를 보면, 영국이 연합왕국이라는 사실을 쉽게 알 수 있다. 국가대표 시합에는 영국 단일팀이 아닌 잉글랜드, 스코틀랜드, 북아일랜드, 웨일스 축구팀으로 각자 출전하기 때문이다.

그중에서도 중심 지역은 잉글랜드이다. 9세기에 통일된 잉글랜드는 1536년 웨일스, 1707년 스코틀랜드, 1801년에 영국 왕 조지 3

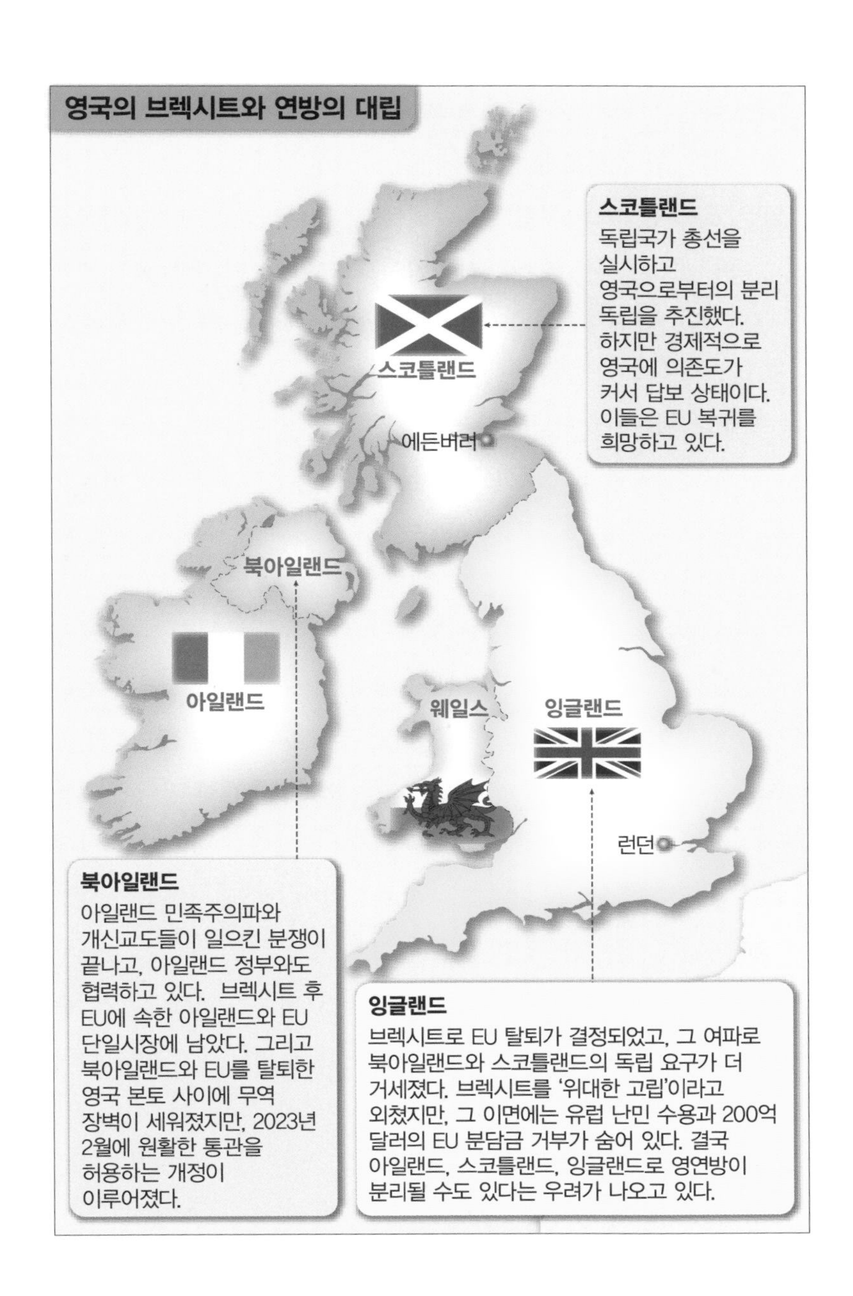
영국의 브렉시트와 연방의 대립
스코틀랜드
독립국가 총선을 실시하고 영국으로부터의 분리 독립을 추진했다. 하지만 경제적으로 영국에 의존도가 커서 답보 상태이다. 이들은 EU 복귀를 희망하고 있다.
스코틀랜드
에든버러
북아일랜드
아일랜드
웨일스
잉글랜드
런던
북아일랜드
아일랜드 민족주의파와 개신교도들이 일으킨 분쟁이 끝나고, 아일랜드 정부와도 협력하고 있다. 브렉시트 후 EU에 속한 아일랜드와 EU 단일시장에 남았다. 그리고 북아일랜드와 EU를 탈퇴한 영국 본토 사이에 무역 장벽이 세워졌지만, 2023년 2월에 원활한 통관을 허용하는 개정이 이루어졌다.
잉글랜드
브렉시트로 EU 탈퇴가 결정되었고, 그 여파로 북아일랜드와 스코틀랜드의 독립 요구가 더 거세졌다. 브렉시트를 '위대한 고립'이라고 외쳤지만, 그 이면에는 유럽 난민 수용과 200억 달러의 EU 분담금 거부가 숨어 있다. 결국 아일랜드, 스코틀랜드, 잉글랜드로 영연방이 분리될 수도 있다는 우려가 나오고 있다.

세가 아일랜드 국왕을 겸하게 되어 '그레이트아일랜드연합왕국'이 탄생했다. 영국 본토의 영토가 가장 넓었던 시대였다. 그러다가 아일랜드는 1922년 자치령으로 분리됐고, 1949년 아일랜드공화국으로 독립했으나 북부 지역은 북아일랜드로서 영국이 계속 통치했다. 이에 따라 국가 명칭이 '그레이트브리튼과 북아일랜드연합왕국'으로 바뀐 것이다.

영국 사람들은 자신들의 나라를 연합왕국(United Kingdom), 또는 간단하게 줄여서 'UK'라고 부른다. 현재 영국은 4개 지역이 연방으로 하나의 국가를 이루고 있으나 머지않아 분열될지도 모른다는 견해도 있다.

영국 분열은 그동안 몇 차례 거론되었는데 번번이 흐지부지되었다. 그러나 영국이 2020년 EU에서 탈퇴(브렉시트)하면서 분열 가능성이 한층 높아졌다. 브렉시트(Brexit)는 Britain(영국)과 Exit(탈퇴)를 합친 조어로 영국의 EU 탈퇴를 뜻한다. 영국은 EU의 정책에서 벗어나 독립적으로 정치와 경제를 운용하고자 했다. 특히 EU 협약에 따라 많은 이민자를 받아야 했던 것에 불만이 높았다고 한다.

2016년에 실시한 국민 투표에서는 '탈퇴'에 투표한 사람이 51.9%, '잔류'에 투표한 사람이 48.1%로 탈퇴파가 간발의 차로 승리해 브렉시트가 결정된 것이다. 이렇게 해서 영국은 2020년 정식으로 EU에서 탈퇴했다. 그러나 스코틀랜드와 북아일랜드 사람들은 대부분 투표 결과에 대해 부정적인 입장이었다. 두 지역에서는 잔류파가 다수를 차지했기 때문이다.

2021년 5월 스코틀랜드 의회 선거에서는 독립과 EU 복귀를 바라는 세력이 과반수 획득

스코틀랜드는 원래 독립을 강하게 원했으며, 20세기 중반부터 꾸준히 독립 의지를 보여 왔다. 1960년대에 북해 유전의 권익을 영국 정부가 장악하자, 스코틀랜드는 분노했고 이를 계기로 독립을 바라는 사람이 늘게 되었다. 1990년대 말에는 자치 의회 설립, 지방 분권 등의 요구가 인정되어 스코틀랜드 의회와 자치 정부가 설치되었으나 독립의 기운은 수그러들지 않았다.

2014년 처음으로 스코틀랜드 독립에 관한 주민투표가 실시되었다. 결과는 찬성 44.7%, 반대 55.3%로 독립파가 패했으나, 2021년 5월 스코틀랜드 의회 선거에서는 독립과 EU 복귀를 바라는 세력이 과반수를 얻었다. 과연 독립을 통한 경제적 이득이 있겠느냐에 대한 논란은 여전하다. 그러나 다시 독립에 관한 주민투표가 실시되면, 이번에는 독립파가 승리할 것으로 예상된다.

스코틀랜드의 주민 일부가 다시 독립 여부를 결정하는 투표를 2023년 10월에 실시하려는 계획을 추진했다. 그런데 2022년 11월에 영국 대법원이 스코틀랜드 의회는 그럴 권한이 없고, 영국 정부의 동의 없이는 주민투표가 가능하지 않다고 판결해 상황은 불투명해졌다.

영국으로서는 국토의 3분의 1이자, 북해 유전과 주요 군사 기지가 있는 스코틀랜드의 독립을 받아들일 수 없었다. 그러나 스코틀

노르웨이에서 건설 중인 북해 유전 해상 플랫폼, 스코틀랜드가 독립할 경우 북해 유전은 매우 중요한 자원이 된다, 2009년. W-C

랜드의 독립이 현실로 다가왔을 때 영국의 장래에 대한 우려도 만만치 않은 게 현실이다. 게다가 스코틀랜드처럼 요란하지는 않지만, 웨일스 분리주의자의 움직임도 만만치가 않다. 이미 웨일스 주민의 52%가 독립에 찬성한다는 조사도 있다.

브렉시트를 둘러싼 북아일랜드 문제와 영국 내부의 갈등은 해결이 쉽지 않을 전망

제1차 세계대전이 끝난 후 아일랜드는 1937년에 '에이레'로 국명을 바꾸고 독립했으며, 제2차 세계대전 후인 1947년에는 아일랜드 공화국으로 완전히 독립했다. 그러나 아일랜드섬 동북부의 북아일랜드는 영국령에 남기로 결정했고, 독자적인 의회를 갖는 등 자치권을 인정받았다.

북아일랜드가 영국에 남기로 한 이유는 개신교 주민들 때문이었다. 과거 영국이 가톨릭계 아일랜드를 침공할 때 잉글랜드계 개신교 주민과 스코틀랜드인들이 대거 이주해 정착했다. 이후 개신교계 지배층의 탄압을 받은 가톨릭계 주민들이 결성한 반정부 무장 단체 아일랜드공화군(IRA)은 영국에 독립을 요구하며 주도 벨파스트 등지에서 폭탄 테러를 일으킨 일도 있다.

북아일랜드에는 아일랜드의 가톨릭계 주민과 잉글랜드의 개신교계 주민이 섞여 있으며, 아일랜드와 통합하려는 IRA가 주도한 무장 테러 활동이 이른바 북아일랜드 분쟁이다.

1998년 8월, 북아일랜드의 오마시 번화가에서 발생한 승용차 폭탄 테러는 28명이 숨지는 최악의 참사였다. IRA의 무장 투쟁은 영국 정부의 오랜 골칫거리였지만, 1998년의 평화협정과 2005년의 무장 해제를 통해 평화 분위기가 조성되었다.

그러나 영국이 브렉시트를 추진하면서 북아일랜드와 갈등이 재

IRA 폭탄 테러로 부서진 브라이튼그랜드호텔, 1984년. W-C

현될 수 있다는 우려가 제기되었다. 북아일랜드는 영국 영토이지만 EU 회원국인 아일랜드와 같은 생활권이라 브렉시트 이후에도 EU 단일시장에 남았다.

당시 북아일랜드에 있는 아일랜드계 주민들이 "EU에서 탈퇴하면 경제가 무너진다"라며 강하게 반발했기 때문이다.

북아일랜드는 EU에 가입 중인 아일랜드와 땅이 이어져 있고, 영국의 EU 탈퇴로 사람과 물자의 이동이 제한되면서 주민들의 불만이 높아져 갔다. 그래서 2020년 브렉시트가 발효되고 3년이 지난 2023년 2월, 영국과 EU는 유럽과 북아일랜드 사이의 교역장벽을

낮추는 협약에 합의했다.

영국의 EU 탈퇴는 과연 올바른 결정이었을까? 브렉시트를 둘러싼 북아일랜드 문제와 영국 내부의 갈등은 쉽게 해결되지 않을 전망이다.

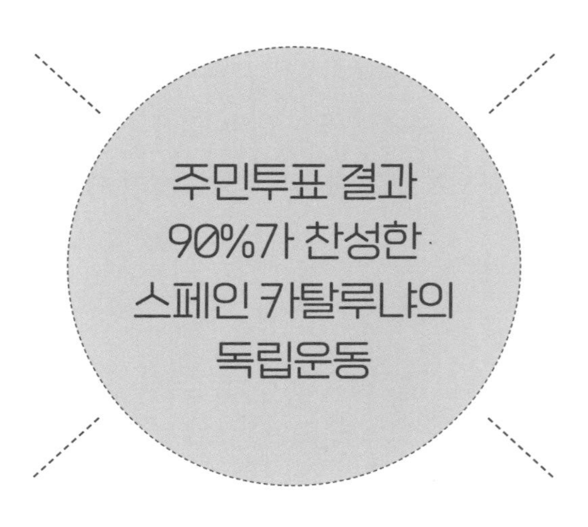

카탈루냐가 독립운동에 박차를 가하게 된 것은 2010년대 리먼 쇼크 이후의 경제 불황 때문

스페인은 카스티야인, 바스크인, 카탈루냐인, 갈리시아인, 발렌시아인 등 다양한 민족으로 구성되어 있다. 그중에 바스크인, 카탈루냐인, 갈리시아인은 독자적인 언어와 문화를 갖고 있어 독립 의지가 강하다.

바스크 지방의 반정부 무장 단체 바스크조국과자유(ETA)는 장기간 격렬한 무력 투쟁을 벌여왔다. 바스크의 분리 독립을 주장하는 ETA는 1960년대부터 폭탄 테러 등으로 수많은 정치인과 군 간부,

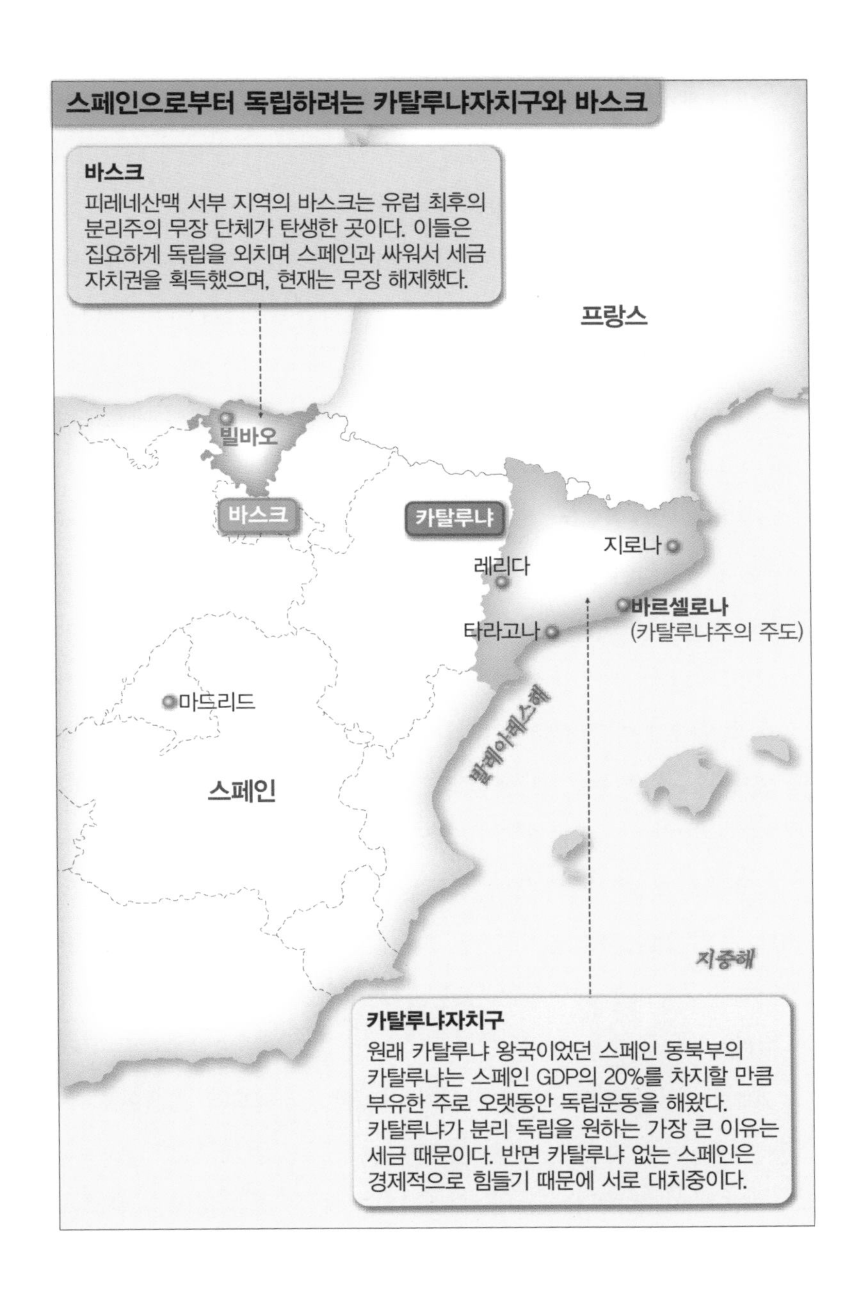
스페인으로부터 독립하려는 카탈루냐자치구와 바스크
바스크
피레네산맥 서부 지역의 바스크는 유럽 최후의 분리주의 무장 단체가 탄생한 곳이다. 이들은 집요하게 독립을 외치며 스페인과 싸워서 세금 자치권을 획득했으며, 현재는 무장 해제했다.
프랑스
빌바오
바스크
카탈루냐
지로나
레리다
바르셀로나
(카탈루냐주의 주도)
타라고나
마드리드
발레아레스해
스페인
지중해
카탈루냐자치구
원래 카탈루냐 왕국이었던 스페인 동북부의 카탈루냐는 스페인 GDP의 20%를 차지할 만큼 부유한 주로 오랫동안 독립운동을 해왔다. 카탈루냐가 분리 독립을 원하는 가장 큰 이유는 세금 때문이다. 반면 카탈루냐 없는 스페인은 경제적으로 힘들기 때문에 서로 대치중이다.

경찰 관계자들의 목숨을 앗아갔다. 2000년대에는 지도자들이 체포되어 힘을 잃었고, 자연히 독립운동의 기세도 수그러들었다. 2014년에는 ETA의 무장 해제가 시작되었다.

이로써 스페인은 국가의 단결을 기대했으나 이번에는 카탈루냐가 거세게 독립운동을 전개했다. 스페인 북동부에 있는 카탈루냐는 지리적인 위치상 이베리아반도에서 로마 제국의 영향을 가장 많이 받은 곳이다. 카탈루냐인들은 민족적 자부심이 대단해서 예로부터 마드리드의 중앙 정부(카스티야인)와 라이벌 관계를 형성해 왔다.

카탈루냐의 주도는 스페인 제2의 도시 바르셀로나이며 자동차 산업과 관광업이 발달했다. 바르셀로나는 스페인 굴지의 인기 관광 명소 사그라다 파밀리아 대성당이 있는 곳이며, 명문 축구팀 FC바르셀로나의 연고지이다.

카탈루냐가 독립운동에 박차를 가하게 된 것은 2010년대 리먼 쇼크 이후의 경제 불황 때문이었다. 카탈루냐는 15세기 후반 카스티야에 흡수되어 스페인 일부가 되었다. 20세기 전반에는 프랑코 독재 정권에 의해 카탈루냐어 사용을 제한당하는 등 민족적 탄압을 당하기도 했다. 하지만 1970년 자치권 확대에 성공해 카탈루냐어를 주의 공용어로 채택하는 등 꾸준히 카탈루냐인의 정체성을 지켜나갔다.

2008년에 미국에서 리먼 사태가 터지자, 그 여파로 스페인도 부동산 거품이 붕괴했다. 이때 카탈루냐는 스페인 전체 GDP(국내총생산)의 약 20%를 담당하는 경제 중심지로, 많은 돈을 벌어들이는 만큼 중앙 정부에 많은 세금을 내야 했다. 반면 중앙 정부의 교부금은 적어 카탈루냐인 입장에서는 불공평함을 느낄 수밖에 없었다. 게다가 2010년에는 더욱 강력한 자치를 요구하고자 직접 자치 헌법을 제정했으나 스페인의 헌법재판소가 이를 위헌으로 판결했다.

이 같은 일련의 사건들로 인해 카탈루냐는 스페인으로부터 분리 독립을 원하게 되었다. 2012년 9월 시위에는 무려 150만 명이 결집했고, 11월 카탈루냐주 의회 선거에서는 독립파 정당이 의석의 과반수를 차지했다.

카탈루냐주는 독립의 찬반을 묻는 투표 실시, 중앙 정부는 '투표는 헌법 위반'이라며 봉쇄

이후 세계의 이목을 집중시킨 일이 있었다. 2017년 10월, 카탈루냐 독립의 찬반을 묻는 주민투표가 실시된 것이다. 카탈루냐주 정부는 '독립 찬성이 과반수면 스페인으로부터 독립을 선언하겠다'라고 주장했다. 그러자 중앙 정부는 '투표는 헌법 위반'이며, 경찰기동대가 투표소를 봉쇄할 것이라 발표했다. 이때 양측의 물리적 충돌로 인해 부상자가 발생했다.

혼란 속에서 주민투표가 실시된 결과 약 90%가 독립을 지지하는 것으로 나타났다. 물론 중앙 정부는 '독립은 무효'라며 주의 자치권을 일시 정지시켰으나, 12월 주 의회 선거에서도 독립파가 과반수를 차지했다. 그러나 실제 총투표율은 40% 초반 수준이어서 독립에 반대하는 여론도 만만치 않음을 짐작할 수 있다.

그렇다면 카탈루냐는 정말 독립한 것인지, 만약 독립한 것이라면 FC바르셀로나는 스페인 리그에 참가할 수 없는 것인지 등 독립에 관련된 화제로 유럽은 연일 뜨겁다. 다만 EU는 카탈루냐 독립이 EU의 자동 가입을 보장하지 않는다고 선을 그었다.

스페인 중앙 정부나 의회에서도 카탈루냐 분리주의자에 대한 대우와 처벌을 놓고 논쟁이 한창이다. 실제로 분리 독립 투표를 주도해 기소되자 벨기에로 망명한 카를레스 푸지데몬 전 카탈루냐 자치정부 수반 등 분리주의 지도자의 사면과 귀국도 여전히 뜨거운 감자다.

카탈루냐에서도 분리와 독립에 대한 의지는 분명하지만, 지금도 여전히 스페인에 속해 있고 무력 충돌도 없다. 그러나 주 의회의 과반수는 여전히 독립파이며 마음만 먹으면 독립에 필요한 경제력도 갖추고 있기에 뭔가 새로운 분쟁이 일어나도 이상하지는 않을 것이다.

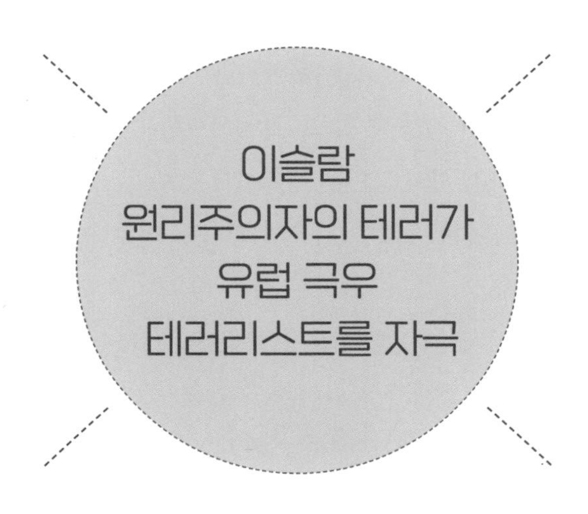

유럽 각국에서는 반난민 정서와 함께
테러와 극우주의로 인해 사회 불안 증폭

유럽 각국은 아시아, 중동, 아프리카에서 이민자와 난민이 쏟아져 들어와 통제 불가능한 상황이다. 2010년 12월에 시작한 아랍의 민주화운동이 북아프리카와 중동 지역의 내전으로 확대되고, 분쟁 지역의 테러, 전쟁, 기아를 피해 부유한 유럽 각국으로 피난 행렬이 이어진 것이다.

특히 중동과 북아프리카에서 시리아 내전과 IS의 창궐이 겹친 2015~2016년에는 수백만 명의 난민과 피난민이 발생하면서 유럽은 사회 문제로 열병을 앓고 있다. 쏟아져 들어오는 난민으로 인해 남유럽과 북유럽이 갈등을 빚고, 각국에서는 반난민 정서와 함께 테러와 극우주의가 사회 불안을 부추기고 있다.

영국이 EU를 탈퇴한 이유 가운데 하나도 바로 '난민 문제'라고 알려져 있다.

2020년대 들어서서 사헬 지대 등 북아프리카에서는 쿠데타와 내전 등으로 자국의 경제가 악화하자 국경을 넘는 난민들이 많아졌다. 2021년 전반에는 모로코에서 스페인으로 이어지는 서지중해를 통해 유럽에 들어온 사람이 약 20% 증가했으며, 리비아에서 이탈리아로 이어지는 중앙 지중해로 들어온 사람이 약 2.5배 증가했다. 그리스와 터키를 거쳐 동유럽으로 가려는 난민도 급증하고 있다.

내전이 한창인 시리아와 예멘 등 중동의 이슬람 극단주의 때문에 정세가 불안한 조국을 떠나 유럽에서 새 출발을 하려는 사람들도 대거 몰려왔다. 러시아가 침공한 우크라이나 전쟁 때문에 주변국으로 피란민들이 대거 이주했고, 2023년에 발발한 이스라엘-하마스 전쟁도 이집트 등 주변국에 팔레스타인 난민 유입에 대한 공포를 안겨주었다.

한편, 노동 인구 감소가 심각한 유럽은 이들을 고용해 문제를 해결할 수 있다는 장점도 있다. 그러나 현실적으로는 유럽의 수용 능력이 이미 한계치에 달했고, 세계의 양극화와 경제 불황으로 일자리를 잃는 사람들이 속출해 이민자와 난민에 대한 반감도 만만치가 않다.

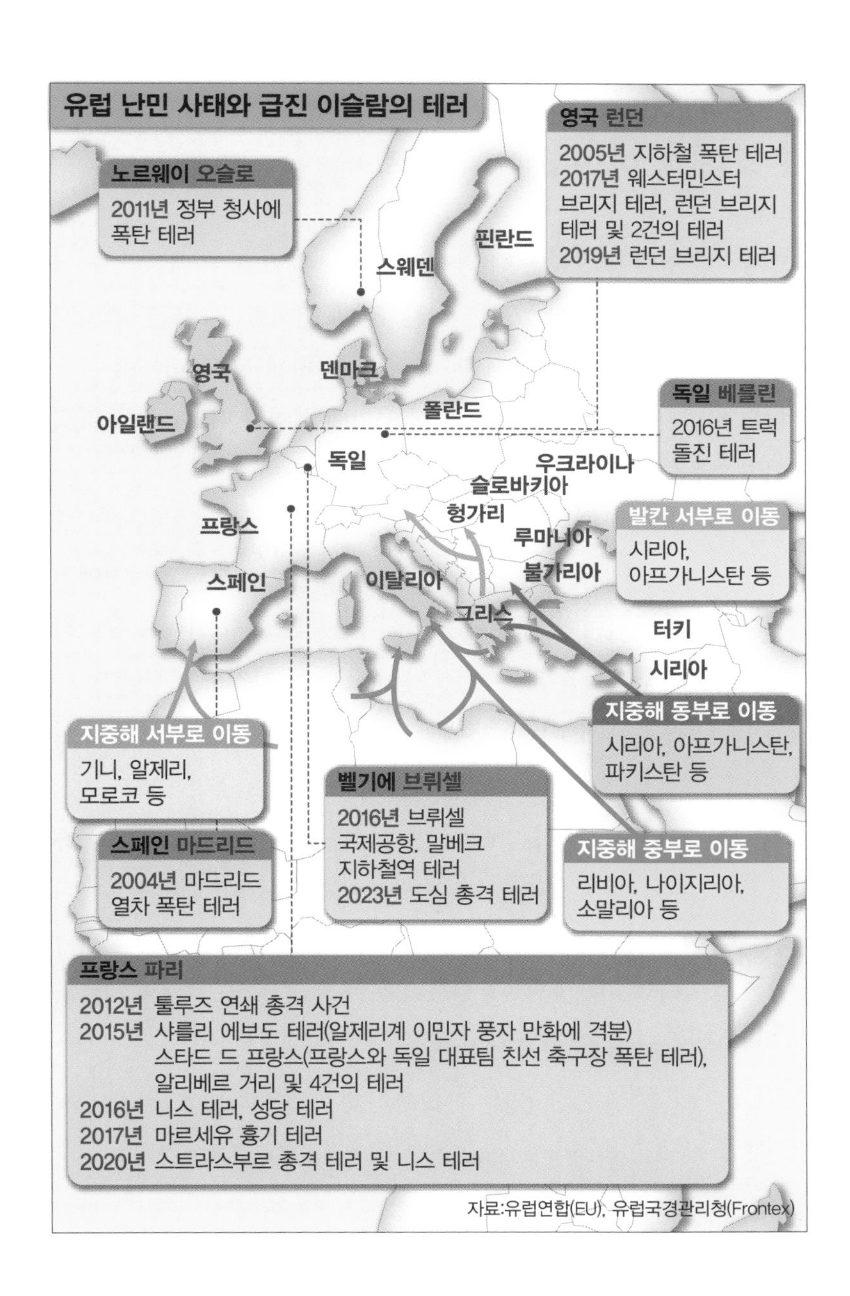
유럽 난민 사태와 급진 이슬람의 테러
노르웨이 오슬로
2011년 정부 청사에
폭탄 테러
영국 런던
2005년 지하철 폭탄 테러
2017년 웨스터민스터
브리지 테러, 런던 브리지
테러 및 2건의 테러
2019년 런던 브리지 테러
핀란드
스웨덴
영국
덴마크
아일랜드
폴란드
독일 베를린
2016년 트럭
돌진 테러
독일
우크라이나
슬로바키아
헝가리
프랑스
루마니아
발칸 서부로 이동
시리아,
아프가니스탄 등
스페인
이탈리아
불가리아
그리스
터키
시리아
지중해 동부로 이동
시리아, 아프가니스탄,
파키스탄 등
지중해 서부로 이동
기니, 알제리,
모로코 등
벨기에 브뤼셀
2016년 브뤼셀
국제공항, 말베크
지하철역 테러
2023년 도심 총격 테러
지중해 중부로 이동
리비아, 나이지리아,
소말리아 등
스페인 마드리드
2004년 마드리드
열차 폭탄 테러
프랑스 파리
2012년 툴루즈 연쇄 총격 사건
2015년 샤를리 에브도 테러(알제리계 이민자 풍자 만화에 격분)
스타드 드 프랑스(프랑스와 독일 대표팀 친선 축구장 폭탄 테러),
알리베르 거리 및 4건의 테러
2016년 니스 테러, 성당 테러
2017년 마르세유 흉기 테러
2020년 스트라스부르 총격 테러 및 니스 테러
자료:유럽연합(EU), 유럽국경관리청(Frontex)

가난한 이민자 지구에서 성장한 소년들이 소외감에 '홈그로운 테러리스트'로 성장

이러한 상황이 지속될 때 가장 우려되는 것이 바로 테러다. 이민자와 난민이 증가하면 그들에게 일자리와 사회복지 제도를 빼앗길 수도 있다는 불안감 때문에 외국인을 배척하게 된다. 사회에서 소외된 이민자와 난민은 종교적 과격 사상에 심취해 테러를 일으키기 쉽기 때문이다.

2020년 10월, 프랑스 파리 외곽에서 이슬람교 예언자 무함마드의 풍자화를 교재로 사용한 교사가 체첸 출신 이슬람교도 남성에게 참수당하는 사건이 발생했다. 2주 후에는 니스에서 튀니지 출신의 이슬람교도 남성이 칼로 3명을 무참히 살해한 사건도 일어났다. 다음 달인 11월, 오스트리아 빈에서도 이슬람 극단주의 테러리스트의 소행으로 추정되는 총격 사건이 일어나 4명이 목숨을 잃었다.

요즘 테러리스트들의 경향을 보면 이민자와 난민 2세, 3세가 유럽에서 성장기를 보내던 중 과격 사상에 물들어 테러 단체로 넘어간 경우가 많다. 가난한 이민자 지구에서 소외감과 상실감에 괴로워하던 소년들이 테러리스트로 성장하는 것이다. 이 신세대 테러리스트가 '홈그로운 테러리스트'이다.

한편 '론 울프'라고 일컫는 테러리스트도 증가 추세다. 이것은 말 그대로 한 마리 늑대(또는 소수)로 활동하는 테러리스트를 말한다. '론 울프'는 몸통을 이루는 테러 단체와 직접 접촉이 없고, 훈련도 받지 않으며 충동적으로 테러 사건을 저지르는 단독범인 경우가 많다.

한편 유럽에 불법 체류하는 이민자들이 자행하는 테러에 대한 불안감도 커지고 있다. 수많은 불법 체류자와 이주자들이 무법 지대에서 저지르는 폭력도 사회의 불안정을 부추긴다. 이러한 테러와 폭력이 빈발하면서 유화적인 이민 정책에 반발하는 극우 정치인들이 반이민의 기치를 내걸고 강제 추방과 국경 폐쇄를 강하게 요구하고 있다.

유럽 내 이슬람교도와 아랍 출신 주민들은 이슬람 혐오와 함께 인종차별에 대해 우려

유럽 내 이슬람교도와 아랍 출신 주민들은 확산하는 이슬람 혐오와 함께 인종차별에 대해서도 우려하고 있다. 일부 이슬람 원리주의자가 저지르는 테러가 인종적 편견과 사회적 차별을 부추기고, 이주민과 난민이 극우 테러리스트의 표적이 되기도 한다는 것이다.

2011년 7월, 노르웨이에서 77명이 사망하는 충격적인 연쇄 테러 사건이 일어났다. 범인은 아네르스 브레이비크라는 노르웨이인이었다. 그는 먼저 수도 오슬로 중심부에 폭탄을 터뜨려 8명을 살해했다. 그리고 2시간 후, 오슬로 외곽의 우토야섬에서 개최 중이던 여당 청년 캠프에 침입해 총기로 69명을 사살했다. 범인은 이민자에 대한 극단적 반감을 품은 극우 테러리스트로, 이민 정책에 적극적인 정부 여당과 그 여당을 지지하는 청년층에 분노해 이 같은 일

노르웨이에서 연쇄 테러 사건을 일으킨 극우파 테러리스트 브레이비크, 2018년. © 울프만

을 저질렀다고 한다.

2020년 2월에는 독일 서부 하나우시의 한 술집에서 총기 난사 사건으로 9명이 숨지는 사건이 발생하기도 했다. 사망자는 모두 쿠르드족 출신의 이민자로 테러범은 극우 사상에 심취된 토비아스 라텐으로 밝혀졌다.

현재 유럽이 당면한 '난민 위기'의 원인을 단순하게 설명하기는 불가능하다. 따라서 난민 문제에 대한 명쾌한 해결책도 없다.

다만 가난한 나라에서 부자 나라로 향하는 이주 행렬은 앞으로도 끊이질 않을 것이다. 또한 하루라도 빨리 서로를 향한 화해와 수용의 손길을 내밀지 않으면 감당할 수 없는 일이 생길 수도 있다고 판단된다.

밀려오는 이주민의 정주민에 대한 증오가 깊어지고 그 마음이 반사되어 이주민을 향한 증오로 커지는 악순환이 되풀이 될 수도 있을 것이기 때문이다.

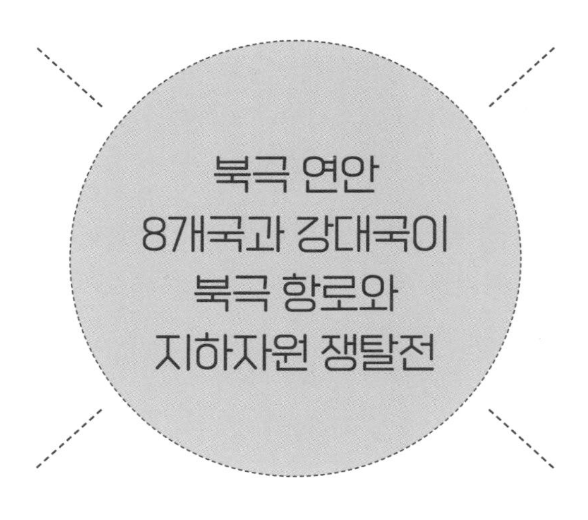

유럽과 아시아를 잇는 최단 북극 항로는 수에즈운하 항로보다는 3분의 2로 단축

북극은 얼음에 갇힌 불모지라는 이미지가 있는데 사실은 그렇지 않다. 북극권 빙상(얼음덩이) 밑에는 아직 발견되지 않은 원유의 13%, 천연가스의 30%, 금, 다이아몬드, 희소 금속 등의 광물자원이 묻혀 있다고 한다.

그동안은 북극에서 자원을 채굴하는 것이 어려웠으나, 지구 온난화의 영향과 해빙으로 인해 빙상의 면적이 점차 축소되어 자원 채굴 가능성도 커지고 있다. 전문가의 예측에 따르면, 2050년부터는

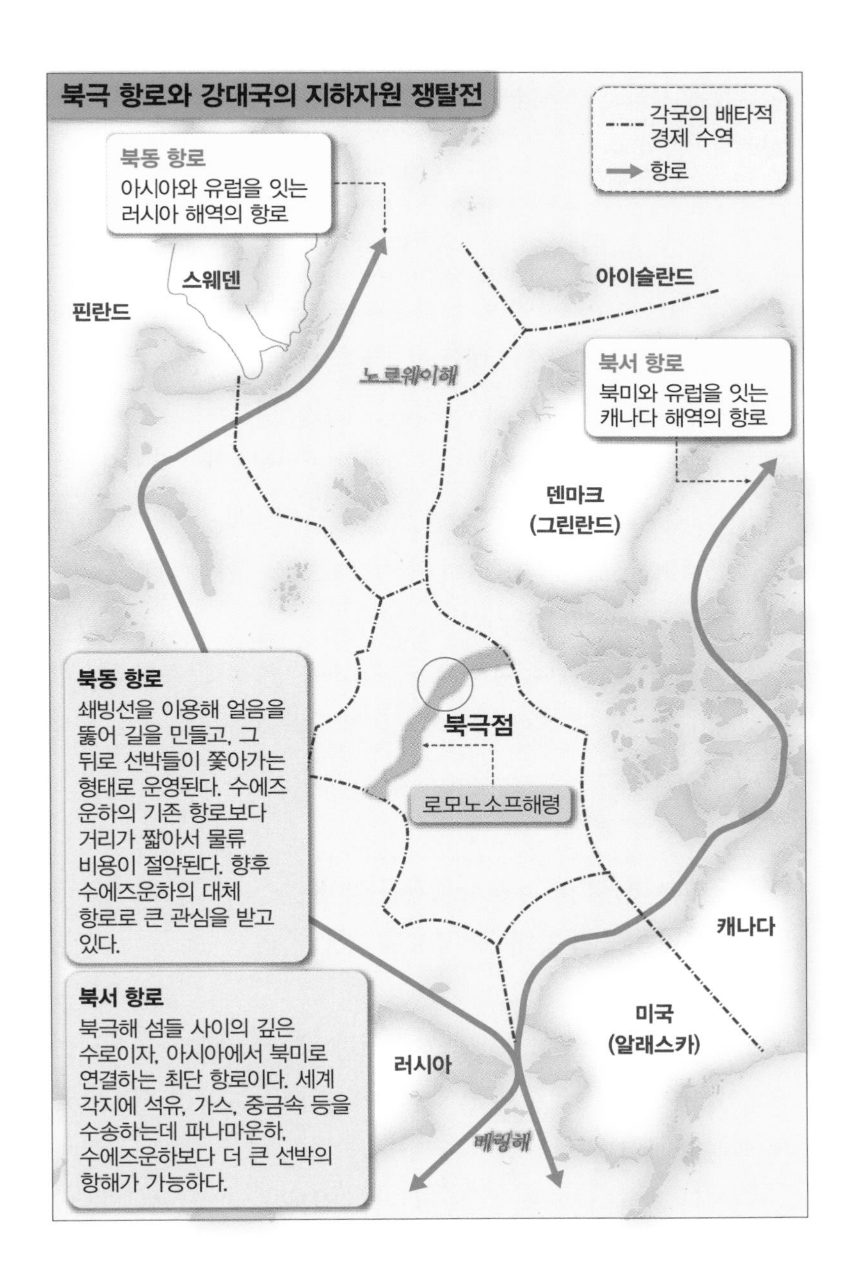
북극 항로와 강대국의 지하자원 쟁탈전
각국의 배타적 경제 수역
항로
북동 항로
아시아와 유럽을 잇는 러시아 해역의 항로
스웨덴
핀란드
아이슬란드
노르웨이해
북서 항로
북미와 유럽을 잇는 캐나다 해역의 항로
덴마크 (그린란드)
북극점
로모노소프해령
북동 항로
쇄빙선을 이용해 얼음을 뚫어 길을 만들고, 그 뒤로 선박들이 쫓아가는 형태로 운영된다. 수에즈 운하의 기존 항로보다 거리가 짧아서 물류 비용이 절약된다. 향후 수에즈운하의 대체 항로로 큰 관심을 받고 있다.
캐나다
북서 항로
북극해 섬들 사이의 깊은 수로이자, 아시아에서 북미로 연결하는 최단 항로이다. 세계 각지에 석유, 가스, 중금속 등을 수송하는데 파나마운하, 수에즈운하보다 더 큰 선박의 항해가 가능하다.
미국 (알래스카)
러시아
베링해

여름철에 북극의 얼음이 녹는다고 하니 자원 채굴의 기회가 더욱 확대될 전망이다.

북극의 경제적 가치는 자원뿐만 아니다. 얼음이 녹으면서 연중 8~9개월 선박이 항해할 수 있는 북극 항로에 관한 관심이 높아졌다. 최근에는 이스라엘-하마스 전쟁과 예멘 후티 반군의 공습으로 홍해가 분쟁지로 변하면서 대안 항로로 떠오르는 중이기도 하다.

북극 항로는 유럽에서 아시아를 잇는 최단 항로로, 북극 러시아 연안과 북극해 남부의 바렌츠해~카라해~랍테프해~동시베리아해~추크치해를 통과해 태평양에 이른다. 유럽에서 아시아로 갈 때도 기존에는 수에즈운하를 거쳐 가는 것이 일반적이었으나, 북극해 경로를 경유하면 항해 거리가 약 3분의 2로 단축되어 연료 소비량을 대폭 절약할 수 있다. 이 항로를 이용하면 당연히 물류비용이 저렴해지기 때문에 북극 항로의 이용 가치가 더 높아지는 것도 사실이다.

북극에서 이권 다툼과 군사 활동을 벌이는 러시아와 미국 등 강대국의 주도권 경쟁

불모지가 아닌 땅, 이제 새로운 자원과 항로의 개척이 기대되는 북극이 강대국이 충돌하는 분쟁의 장이 될 수도 있다는 우려가 벌써부터 제기되고 있다.

북극에서 이권 다툼을 벌이는 나라는 러시아, 미국, 캐나다, 노

카라해(북극해에 딸린 바다)에 있는 러시아의 핵 쇄빙선 야말, 2015년. © 투오마스 로무

르웨이, 덴마크, 아이슬란드, 스웨덴, 핀란드 등 북극 연안 8개국이다. 이 나라들은 1996년 북극이사회를 조직해 북극의 평화와 안정에 협력한다는 선언문을 채택했다. 그러나 영유권 주장이나 사유화를 금지할 국제법이 미비하기 때문에 강대국과 주변국들이 선점 효과를 노리고 '북극 쟁탈전'에 본격적으로 뛰어들었다.

오래전부터 적극적으로 움직인 나라는 북극해 인근의 러시아와 노르웨이로, 양국은 자원 채굴을 위한 인프라와 항만 정비, 쇄빙선 개발을 추진해 왔다. 노르웨이는 북극해의 일부인 바렌츠해에서 천연가스 개발 사업을 진행 중이다. 러시아는 2007년 여름, 북극점 근처 해저의 로모노소프 해령에 자국 국기를 세우고 영유를 주장해 국제적 물의를 일으켰다.

중국의 움직임도 활발하다. 중국은 북극권에 영토가 없지만, 2004년에 노르웨이 스발바르 제도에 북극 관측을 위한 황허 기지를 건설했다. 2017년에는 북극을 돌며 기상과 항로를 조사했다. 그리고 2018년 북극 정책을 정리한 백서를 발표해 북극 항로를 '빙상 실크로드'로 정비하려는 야심을 드러냈다.

최근에는 북극에서의 군사 활동도 눈에 띈다. 북극에서 군사적 우위에 있는 나라는 러시아다. 러시아는 북극권 안에 여러 개의 군사 시설을 세웠고, 2021년에는 북극권 방위를 담당하는 북방함대 잠수함이 얼음을 뚫는 훈련을 실시했다.

한편 미국은 그동안 북극에 큰 관심을 보이지 않았다. 쇄빙선 보유 수가 러시아의 10분의 1에 불과하며, 북극권 내 군사 기지도 고작 한 군데만 있기 때문이다. 그러나 트럼프 대통령(당시)이 2019년 "덴마크령 그린란드를 매입하고 싶다"라고 발언한 것은 시사하는 바가 크다. 즉 미국이 북극 개발에 본격적으로 뛰어들겠다는 신호탄으로 해석된다는 것이다.

북극이 황폐한 불모지에서 거대한 가능성을 품은 개척지가 된 지금, 이 땅이 강대국의 분쟁터가 되지 않도록 서둘러 제도를 마련해야 할 것이다.

지도로 읽는다

세계의 전쟁·분쟁 지식도감

초판 1쇄 인쇄 | 2024년 6월 21일
초판 1쇄 발행 | 2024년 6월 24일

지은이 | 라이프사이언스
펴낸이 | 황보태수
기획 | 박금희
편집 | 오윤
교열 | 이동복
지도 일러스트 | 박해리
디자인 | 디자인 붐
마케팅 | 유인철
인쇄 · 제본 | 한영문화사

펴낸곳 | 이다미디어
주소 | 경기도 고양시 일산동구 강석로 145, 2층 3호
전화 | 02-3142-9612
팩스 | 070-7547-5181
이메일 | idamedia77@hanmail.net
블로그 | https://blog.naver.com/idamediaaa
페이스북 | http://www.facebook.com/idamedia
인스타그램 | http://www.instagram.com/ida_media
네이버 포스트 | http://post.naver.com/idamediaaa

ISBN 979-11-6394-066-1 04900
978-89-94597-65-2(세트)